JOHANN HATZL

AMTSFÜHRENDER STADTRAT
FÜR BÜRGERDIENST, INNERES, PERSONAL
UND WIENER STADTWERKE
VON WIEN

W0065406

Sehr geehrte Friedhofsbesucher!

Als Wien über die Stadtmauern hinauswuchs, wurden auch die Friedhöfe zu klein, bald auch die in den Vororten neu angelegten Ersatzfriedhöfe. So mußte die Stadtverwaltung eine Lösung dieses Problems suchen.

Nachdem die geologischen Verhältnisse geprüft, die Grundstücksverhandlungen durchgeführt und alle Beschlüsse gefaßt waren, konnte mit der Errichtung des Zentralfriedhofes begonnen werden. Dieser Friedhof, der auf eine Reichshauptstadt mit vier Millionen Einwohnern abgestimmt war, ist der zweitgrößte Europas und hat auf einer Fläche von fast 2,5 Millionen Quadratmetern, zur Zeit etwa 330.000 Grabstellen mit drei Millionen Verstorbenen.

Eine wesentliche Forderung bei der Errichtung des Zentralfriedhofes war, daß hier Verstorbene ohne Rücksicht auf ihre Glaubens- und Volkszugehörigkeit ihre letzte Ruhestätte finden.

Viele Wienerinnen und Wiener erhielten als Dank für ihre Leistungen für die Stadt Wien, aber auch für Österreich hier als letzte Ruhestätte ein Ehrengrab zuerkannt. Wenn Sie sich hier ein bißchen umsehen, werden Sie bemerken, daß für Mittellose von der Gemeinde ansprechende Gräber zur Verfügung gestellt werden, daß hier alle jene bestattet werden, die ihren Körper der Wissenschaft zur Verfügung gestellt haben. Sie werden aber hier auch die Träger der Kultur, Politik und Wissenschaft von vielen Jahrzehnten entdecken.

Als zuständiger amtsführender Stadtrat erlaube ich mir, Sie bei Ihrem Besuch am Wiener Zentralfriedhof und bei Ihrem Rundgang durch die „Ehrengräber der Stadt Wien", die in dieser Broschüre dokumentiert sind, willkommen zu heißen. Gleichzeitig möchte ich Sie aber auch zu einem Spaziergang durch den gesamten Zentralfriedhof einladen, um dessen einmalige Größe, Anlage und Stimmung auf sich wirken zu lassen.

INHALTSVERZEICHNIS

Gräber, die wohl an bevorzugten Stellen liegen, jedoch auf das ganze Areal verteilt sind. Auf dem Zentralfriedhof gibt es derzeit 338 Ehrengräber und 571 ehrenhalber gewidmete Gräber.

Da die Frankfurter Architekten Mylius und Bluntschli bei der Betreuung ihrer Projekte unzuverlässig blieben, wurde 1899 ein neuerlicher Wettbewerb für die Warte- und Leichenhallen, die weiteren Arkadengrüfte und Kolumbarien, den Haupteingang und die Begräbniskirche ausgeschrieben, den der Architekt Max Hegele für sich entscheiden konnte. Die Bauwerke wurden in den Jahren 1903 bis 1911 realisiert. Besonders erwähnenswert ist die Jugendstilkirche, die in Form eines erhöhten Zentralkuppelbaus mit drei Säulenportalen und breiten Freitreppen von Hegele als beherrschender Mittelpunkt des Zentralfriedhofes angelegt wurde. Vier Ecktürme flankieren den Baukörper. Der Innenraum des Hauptgeschosses ist reich mit Jugendstilornamentik verziert, die Unterkirche mit ihrer Gruftkapelle schlichter gestaltet. Zahlreiche namhafte Künstler wie Kolo Moser oder Arthur Strasser wirkten an der Ausgestaltung mit. Die Kirche ist dem Hl. Karl-Borromäus geweiht und nach dem 1910 verstorbenen und jetzt in der Gruftkapelle beigesetzten Bürgermeister „Dr. Karl Lueger-Gedächtniskirche" benannt. Die Kolumbarien mit 786 Nischen, 70 Arkadengrüften und je zwei Mausoleen an ihren Enden schließen sich halbkreisförmig links und rechts der Kirche an.

Insgesamt wurde der Zentralfriedhof siebenmal erweitert, zuletzt 1921, im selben Jahr fiel auch die Entscheidung im Wiener Gemeinderat, eine Feuerbestattungsanlage zu errichten, für die schließlich dem drittplazierten Entwurf von Clemens Holzmeister der Vorrang gegeben wurde.

Heute zählt der Zentralfriedhof zu den größten und schönsten Anlagen in ganz Europa, die Geschichte der Grabdenkmäler ist ein Stück Kulturgeschichte dieser Stadt, wie auch die in den Ehrengräbern bestatteten Persönlichkeiten einen interessanten Querschnitt durch das gesellschaftliche Leben Wiens bis in die jüngste Vergangenheit bilden.

Präsidentengruft

RENNER Karl, Dr., Dr. h.c.
Politiker
✴ 14.12.1870, ✝ 31.12.1950
Der sozialdemokratische Politiker zählt zu den wichtigsten Persönlichkeiten Österreichs im 20. Jahrhundert. Zweimal, 1918 und 1945, hatte er als Staatskanzler wesentlichen Anteil an der Gründung bzw. dem Wiederaufbau der Republik Österreich. Im Dezember 1945 wurde er von der Bundesversammlung einstimmig zum Bundespräsidenten gewählt. Ehrenbürger der Stadt Wien (1948).

Präsidentengruft

KÖRNER Theodor, Dr. h.c.
Politiker
✴ 24.4.1873, ✝ 4.1.1957
Er war der erste, direkt vom Volk gewählte Bundespräsident (1951-57). Der Offizier der k. u. k. Armee und Sozialdemokrat war nach dem Ersten Weltkrieg maßgeblich am Aufbau des neuen republikanischen Heeres beteiligt. Als Wiener Bürgermeister (1945-51) erwarb er sich beim Wiederaufbau große Verdienste, seine Korrektheit und Volksnähe verschafften ihm eine ungeheure Popularität. Ehrenbürger der Stadt Wien (1948).

Präsidentengruft

SCHÄRF Adolf, Dr., Dr. h.c.
Politiker
✴ 20.4.1890, ✝ 28.2.1965
Der SPÖ-Politiker wurde 1957 Bundespräsident, er führte das Amt mit großer Korrektheit und staatsmännischem Geschick und wurde 1963 mit großer Mehrheit wiedergewählt. Als Mitbegründer der Zweiten Republik und der SPÖ, deren Vorsitzender er von 1945 bis 1957 war, war es sein bleibender Verdienst, die SPÖ zur staatstragenden Partei gemacht zu haben. Ehrenbürger der Stadt Wien (1955).

Präsidentengruft

JONAS Franz Josef, Dr. h.c.
Politiker
✴ 4.10.1899, ✝ 24.4.1974
Er war der erste Arbeiter, der das höchste Amt im Staate bekleidete. 1965 und 1971 wurde er zum Bundespräsidenten gewählt. Als langjähriger Bürgermeister von Wien (1951-65) hat jene Periode im hohen Maße geprägt, in der aus den Trümmern des Zweiten Weltkrieges ein neues, modernes Wien gebaut wurde. Ehrenbürger der Stadt Wien (1961).

EHRENGRÄBER GRUPPE O:

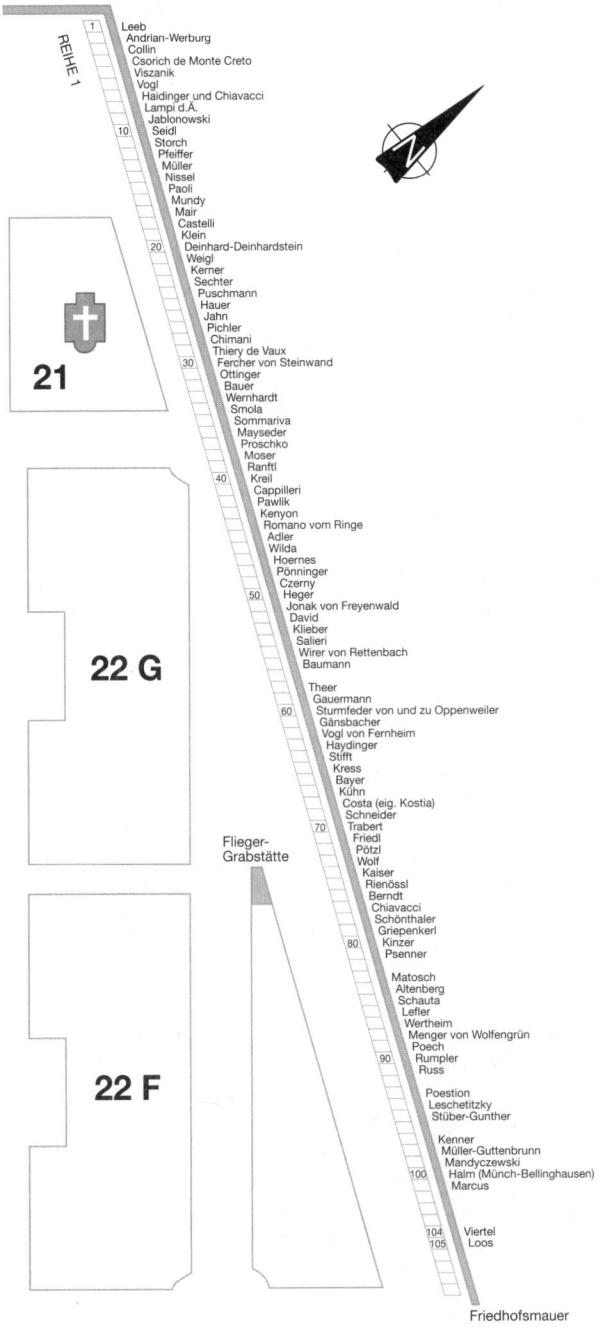

REIHE 1

1 Leeb
Andrian-Werburg
Collin
Csorich de Monte Creto
Viszanik
Vogl
Haidinger und Chiavacci
Lampi d.Ä.
Jablonowski
10 Seidl
Storch
Pfeiffer
Müller
Nissel
Paoli
Mundy
Mair
Castelli
Klein
20 Deinhard-Deinhardstein
Weigl
Kerner
Sechter
Puschmann
Hauer
Jahn
Pichler
Chimani
Thiery de Vaux
30 Fercher von Steinwand
Ottinger
Bauer
Wernhardt
Smola
Sommariva
Mayseder
Proschko
Moser
Ranftl
40 Kreil
Cappilleri
Pawlik
Kenyon
Romano vom Ringe
Adler
Wilda
Hoernes
Pönninger
Czerny
50 Heger
Jonak von Freyenwald
David
Klieber
Salieri
Wirer von Rettenbach
Baumann

Theer
Gauermann
60 Sturmfeder von und zu Oppenweiler
Gänsbacher
Vogl von Fernheim
Haydinger
Stifft
Kress
Bayer
Kühn
Costa (eig. Kostia)
Schneider
70 Trabert
Friedl
Pötzl
Wolf
Kaiser
Rienössl
Berndt
Chiavacci
Schönthaler
Griepenkerl
80 Kinzer
Psenner

Matosch
Altenberg
Schauta
Lefler
Wertheim
Menger von Wolfengrün
Poech
Rumpler
90 Russ

Poestion
Leschetitzky
Stüber-Gunther

Kenner
Müller-Guttenbrunn
Mandyczewski
100 Halm (Münch-Bellinghausen)
Marcus

104 Viertel
105 Loos

21

22 G

Flieger-
Grabstätte

22 F

Friedhofsmauer

Gruppe 0

Reihe 0　　**TAUTENHAYN** Josef d. Ä., Prof.
Nummer 17　*Bildhauer*
　　　　　　　✶ 5.5.1837, ✝ 1.4.1911
　　　　　　　Schuf zahlreiche Porträtmedaillen und Bauplastiken wie die Giebel-
　　　　　　　gruppe „Geburt der Athene" an der Fassade der Universität, auch die
　　　　　　　zwei sitzenden weiblichen Figuren am Athene-Brunnen vor dem Par-
　　　　　　　lament sind von ihm. 1874-81 Leiter der Graveurakademie, 1881-
　　　　　　　1905 Professor an der Akademie der bildenden Künste in Wien.

Reihe 0　　**ENDLICHER** Stephan Ladislaus, Dr., Prof.
Nummer 38　*Botaniker*
　　　　　　　✶ 24.6.1804, ✝ 28.3.1849
　　　　　　　Professor für Botanik an der Universität Wien. Entwickelte ein natür-
　　　　　　　liches Pflanzensystem, das sich durch treffende Charakteristik der
　　　　　　　Gattungen auszeichnete. Als Direktor des botanischen Gartens ge-
　　　　　　　staltete er die Anlage neu. 1847 Mitbegründer der Akademie der
　　　　　　　Wissenschaften. 1848 Abgeordneter im Frankfurter Parlament.

Reihe 0　　**SÖGNER** Karl, Edler von
Nummer 85　*Magistratsbeamter*
　　　　　　　✶ 30.10.1793, ✝ 19.7.1880
　　　　　　　War als Magistratsrat und Kanzleisyndikus 1839 mit der Anlage des
　　　　　　　Ehrenbürgerbuches der Stadt Wien befaßt, in das rückwirkend ab
　　　　　　　1801 16 Ehrenbürger aufgenommen wurden, 22 aber unberück-
　　　　　　　sichtigt blieben. Major der Bürgerwehr.

Reihe 0　　**POKORNY** Alois, Dr., Prof.
Nummer 411　*Botaniker und Pädagoge*
　　　　　　　✶ 23.5.1826, ✝ 29.12.1886
　　　　　　　Veröffentlichte grundlegende Beiträge über die Flora Niederöster-
　　　　　　　reichs, Böhmens und Mährens sowie der Karsthöhlen. 1857 bis 1868
　　　　　　　Privatdozent an der Universität Wien. Mitbegründer der Österreichi-
　　　　　　　schen Botanischen Gesellschaft. Als Pädagoge setzte er sich für den
　　　　　　　Schultyp des Realgymnasiums ein und verfaßte mehrere Schul-
　　　　　　　bücher.

Reihe 1　　**LEEB** Anton Josef, Edler von
Nummer 1　*Kommunalpolitiker*
　　　　　　　✶ 13.6.1769, ✝ 6.12.1837
　　　　　　　Wurde 1835 als einer der rangältesten Magistratsbeamten zum Wie-
　　　　　　　ner Bürgermeister ernannt. Verwaltungsjurist, trat 1793 in den Dienst
　　　　　　　der Stadt Wien, während der französischen Besetzung 1805 und
　　　　　　　1809 konnte er sich besondere Verdienste erwerben. War auch um
　　　　　　　den Ausbau des Bürgermilitärs bemüht.

Gruppe O

Reihe 1 **ANDRIAN-WERBURG** Viktor, Freiherr von, Dr.
Nummer 2 *Politiker*
✴ 17.9.1813, ✝ 25.11.1858
Liberaler Politiker, Jurist, 1834-46 im Staatsdienst; 1847 in den
niederösterreichischen Landtag gewählt. 1848/49 Mitglied der
Frankfurter Nationalversammlung, wo er für die Vormachtstellung
Österreichs im Deutschen Bund eintrat. In den 1842 und 1847 an-
onym erschienenen Werken „Österreich und dessen Zukunft" übte er
scharfe Kritik am Metternich-System.

Reihe 1 **COLLIN** Heinrich Joseph
Nummer 3 *Schriftsteller*
✴ 26.12.1771, ✝ 28.7.1811
Französisch beeinflußter klassizistischer Dramatiker von stark rhe-
torischem Pathos, kraftvolle patriotische Lyrik und Balladen. Wegen
seiner „Lieder österreichischer Wehrmänner" (1809) von den Franzo-
sen verfolgt. Zu der Tragödie „Coriolan" (1802) komponierte
Beethoven 1807 die „Coriolan-Ouvertüre".

Reihe 1 **CSORICH DE MONTE CRETO** Anton, Freiherr von
Nummer 4 *Offizier*
✴ 29.3.1795, ✝ 15.7.1864
War als Divisionär im Oktober 1848 maßgeblich an der Niederschlagung der Revolution in Wien beteiligt (Einnahme der Inneren Stadt
und der Burg), 1849 kämpfte er in Ungarn. 1850-1853 Kriegsminister. 1859 als Feldzeugmeister in den Ruhestand.

Reihe 1 **VISZANIK** Michael, Dr.
Nummer 5 *Arzt*
✴ 10.10.1792, ✝ 3.11.1872
Er hatte wesentlichen Anteil an der Reform des „Irrenwesens" in
Österreich. Als Arzt im Allgemeinen Krankenhaus schaffte er die
Fesseln und die Zellenhaft ab, trat für die Beschäftigung der Kranken
ein und wurde mit der Errichtung einer neuen Station für Geistes-
kranke beauftragt, die den berüchtigten Narrenturm ablöste.

Reihe 1 **VOGL** Johann Nepomuk, Dr. h.c.
Nummer 6 *Schriftsteller*
✴ 7.2.1802, ✝ 16.11.1866
Gemütvoller Lyriker und Balladendichter der Wiener Spätromantik,
auch Dramatiker und Erzähler. Herausgeber mehrerer Almanache.
Freundschaft mit F. Stelzhammer, E. v. Bauernfeld, E. v. Feuchtersleben. Herausgeber der ersten Werksausgabe Ferdinand Raimunds. Beamter der niederösterreichischen Landstände.

Gruppe O

Reihe 1   **HAIDINGER** Wilhelm, Ritter von
Nummer 7   *Mineraloge und Geologe*
           ✶ 5.2.1795, ✝ 19.3.1871
Einer der erfolgreichsten Mineralogen seiner Zeit. Er veranlaßte die genaue geologische Erforschung der Donaumonarchie, und unter seiner Leitung wurde die erste geologische Übersichtskarte Österreichs erstellt. Er erfand die „Haidinger-Lupe", in Australien ist ein Gebirgszug nach ihm benannt.

Reihe 1   **LAMPI D. Ä.** (eigentl. Lamp) Johann Baptist, Edler von, Prof.
Nummer 8   *Maler*
           ✶ 31.12.1751, ✝ 11.2.1830
Führender Porträtmaler seiner Zeit, ihm gelang der Übergang vom adelig-barocken Prunkbild zum sachlich-bürgerlichen Porträt. Nach Studien in Salzburg, Brixen und Verona kam er 1783 über Trient, Innsbruck und Klagenfurt nach Wien, wo er 1786 Professor an der Akademie der bildenden Künste wurde. Ehrenbürger von Wien (1799).

Reihe 1   **JABLONOWSKI** Felix, Fürst
Nummer 9   *Offizier*
           ✶ 18.5.1808, ✝ 25.10.1857
Aus einem alten polnischen Adelsgeschlecht entstammend, schlug er die Militärlaufbahn ein. Bei der Niederschlagung der 48er-Revolution war er maßgeblich an der Einnahme Wiens beteiligt. Er befehligte das Landwehr-Bataillon, das am 31. Oktober das Burgtor stürmte.

Reihe 1   **SEIDL** Johann Gabriel, (Ps. Meta Communis, Emil Ledie u.a.)
Nummer 10 *Schriftsteller*
           ✶ 21.6.1804, ✝ 18.7.1875
Lyriker, Erzähler, Dramatiker, auch Herausgeber von Almanachen, von ihm ist der Text der alten österreichischen Kaiserhymne „Gott erhalte". Studierte in Wien Jus, 1829 Gymnasialprofessor in Cilli, 1840 Kustos des Münz- und Antikenkabinetts in Wien, 1856-71 Hofschatzmeister.

Reihe 1   **STORCH** Anton Michael
Nummer 11 *Komponist*
           ✶ 22.12.1813, ✝ 31.12.1887
Er komponierte Opern, Operetten, Chöre und die Musik für mehr als 100 Theaterstücke, darunter Johann Nestroys Posse „Frühere Verhältnisse". 1843 Mitbegründer und Chormeister des Wiener Männergesangvereines. Bundesmeister des Österreichischen Sängerbundes.

Reihe 1   **PFEIFFER** Ida (geb. Reyer)
Nummer 12   *Weltreisende und Schriftstellerin*
     ✳ 14.10.1797, ✝ 27.10.1858
     Pfeiffer unternahm 1842 bis 1858 allein und mit bescheidenen Geld-
     mitteln fünf große Reisen, die sie u.a. in den Nahen Osten, nach
     Nord- und Südamerika sowie Madagaskar brachten. Ihre Reisebe-
     schreibungen begeisterten ein großes Publikum. Sie brachte auch
     umfangreiche ethnologische und zoologische Sammlungen mit.

Reihe 1   **MÜLLER** Johann Georg, Prof.
Nummer 13   *Architekt*
     ✳ 15.9.1822, ✝ 2.5.1849
     Der gebürtige Schweizer kam nach dem Studium in München und
     einem mehrjährigen Italienaufenthalt 1847 nach Wien, wo er im Ate-
     lier von Ludwig Förster arbeitete. 1849 Professor an der Ingenieura-
     kademie. Er gewann die Konkurrenz für den Bau der Altlerchenfel-
     der Pfarrkirche im Renaissancestil des „romantischen Historismus".

Reihe 1   **NISSEL** Franz
Nummer 14   *Schriftsteller*
     ✳ 14.3.1831, ✝ 20.7.1893
     Nissel verfaßte zahlreiche Jambendramen, in denen er den Helden
     als Träger der liberalen Idee wegen der Wahl unmoralischer Mittel
     untergehen läßt, der Idee jedoch zum Sieg verhilft. In seinem Volks-
     stück „Ein Wohltäter" (1856) zeigen sich Ansätze, die ihn als Vorläu-
     fer Anzengrubers erweisen.

Reihe 1   **PAOLI** Betty (eigentl. Elisabeth Glück)
Nummer 15   *Schriftstellerin*
     ✳ 30.12.1814, ✝ 5.7.1894
     Lyrikerin, Erzählerin und Essayistin, die mit ihren formstrengen, tief-
     empfundenen Gedichten von leiser Melancholie und fraulicher In-
     nerlichkeit ihr Publikum fand. Zu ihrem Bekanntenkreis gehörten
     Grillparzer, Stifter, Feuchtersleben und Ebner-Eschenbach.

Reihe 1   **MUNDY** Jaromir, Freiherr von, Dr., Prof.
Nummer 16   *Arzt und Philanthrop*
     ✳ 3.10.1822, ✝ 23.8.1894
     Mundy gilt als einer der Begründer des modernen Rettungswesens,
     insbesondere des Kranken- und Verletztentransportes. Nach einer
     militärischen Laufbahn (1845-56) studierte er Medizin (Dr. med.
     1859) und entwickelte die Verwundeten-Fürsorge. Mitbegründer der
     „Freiwilligen Rettungsgesellschaft" in Wien.

Gruppe O

Reihe 1   **MAIR** Franz
Nummer 17   *Komponist und Chormeister*
                ✻ 15.3.1821, ✝ 30.11.1893
                Komponierte zahlreiche Chorwerke, Kammer- und Klaviermusik,
                aber auch Bühnenwerke, Opern und Operetten. Neben seiner Tätig-
                keit als Lehrer und Schuldirektor wirkte Mair in zahlreichen Chören
                mit, u.a. gründete er 1863 den Chor „Die Volksschule", der später in
                „Schubertbund" umbenannt wurde.

Reihe 1   **CASTELLI** Ignaz Franz, Dr. (Ps. Kosmas, Rosenfeld u.a.)
Nummer 18   *Schriftsteller*
                ✻ 6.3.1781, ✝ 5.2.1862
                Erfolgreicher, künstlerisch wenig bedeutsamer Theaterdichter, ver-
                faßte etwa 200 Unterhaltungsstücke. Vertreter des gemütlichen, zu-
                weilen etwas derben Wiener Humors. In seinen Memoiren treffende
                Schilderung des kulturellen Lebens in Wien. Jurist, Beamter der nie-
                derösterreichischen Stände; 1835 Ehrenbürger von Wien.

Reihe 1   **KLEIN** Johann Wilhelm
Nummer 19   *Schriftsteller und Pädagoge*
                ✻ 11.4.1765, ✝ 12.5.1848
                Der Jurist kam 1899 aus Bayern nach Wien und fand eine Anstellung
                bei der neueingerichteten Hofkommission, die das Armenwesen neu
                ordnen sollte. Regte 1804 die Einrichtung der ersten Blindenschule
                im deutschen Sprachgebiet sowie 1825 eine Beschäftigungsanstalt
                für erwachsene Blinde an.

Reihe 1   **DEINHARD - DEINHARDSTEIN** Johann Ludwig, Dr., (Ps. Dr.
Nummer 20   Römer)
                Schriftsteller
                ✻ 21.6.1794, ✝ 12.7.1859
                Lyriker, Dramatiker, Erzähler und Übersetzer. Verfaßte oberflächliche
                Komödien ohne künstlerische Ansprüche, doch von geschickter Büh-
                nentechnik. Studierte Jus, arbeitete bis 1832 bei Gericht. 1827 Pro-
                fessor für Ästhetik am Theresianum, 1832-41 Dramaturg bzw. Leiter
                des Hofburgtheaters.

Reihe 1   **WEIGL** Joseph
Nummer 21   *Komponist*
                ✻ 28.3.1766, ✝ 3.2.1846
                Weigl komponierte italienische und deutsche Opern, Ballette, Orato-
                rien und Messen. Schüler von Johann Georg Albrechtsberger und
                Antonio Salieri, dessen Nachfolger als Kapellmeister am Hof-
                operntheater er 1791 wurde. 1827 wurde er Vizehofkapellmeister,
                eine Stellung, um die sich auch Franz Schubert beworben hatte.

Reihe 1 **KERNER** Anton, Ritter von Marilaun, Dr., Prof.
Nummer 22 *Botaniker*
✳ 12.11.1831, ✝ 21.6.1898
Professor der Botanik an der Universität Wien (1878), gestaltete den botanischen Garten aus. Begründer der geographisch-morphologischen Methode der systematischen Botanik. Seine pflanzengeographische Einteilung Österreichs in vier Florengebiete (baltisch, pontisch, alpin, mediterran) gilt im allgemeinen noch heute.

Reihe 1 **SECHTER** Simon, Prof.
Nummer 23 *Komponist und Musikpädagoge*
✳ 11.10.1788, ✝ 10.9.1867
Von seinen Zeitgenossen wurde er als Fugen-Improvisator und Lehrer des Kontrapunktes geschätzt. Er komponierte vor allem Kirchenmusik (Messen und Gradualien), aber auch Streichquartette und Klaviervariationen. Professor für Harmonie- und Kompositionslehre am Wiener Konservatorium. Ab 1825 erster Hoforganist.

Reihe 1 **PUSCHMANN** Theodor, Dr., Prof.
Nummer 24 *Medizinhistoriker*
✳ 4.5.1844, ✝ 28.9.1899
Professor für die Geschichte der Medizin an der Universität Wien (1888). Beschäftigte sich vor allem mit der Medizingeschichte Wiens. Er hinterließ seine Bibliothek und sein Vermögen der Universität Wien für die Einrichtung eines Museums der Medizingeschichte und einer Bibliothek.

Reihe 1 **HAUER** Franz, Ritter von, Dr. h.c.
Nummer 25 *Geologe und Geograph*
✳ 30.1.1822, ✝ 20.3.1899
Hauers Arbeiten zur Geologie der Alpen - ihm gelang der erste Nachweis der Trias in den Nordostalpen - und seine Leistungen beim Aufbau wissenschaftlicher Institutionen und des neuen Naturhistorischen Museums machten ihn zu einem der Begründer der wissenschaftlichen Geologie in Österreich.

Reihe 1 **JAHN** Wilhelm
Nummer 26 *Dirigent*
✳ 24.11.1835, ✝ 21.4.1900
Engagements als Kapellmeister in Pest, Zagreb, Krakau, Amsterdam und Prag, ab 1864 leitete er das Theater in Wiesbaden, 1881 Berufung nach Wien als Direktor der Hofoper. Er führte zahlreiche soziale Einrichtungen und technische Neuerungen ein. Als Dirigent bevorzugte er italienische und Buffo-Opern.

Reihe 1   **PICHLER** Karoline (geb. v. Greiner)
Nummer 27   *Schriftstellerin*
✴ 7.9.1769, ✝ 9.7.1843
Sie schrieb zahlreiche patriotische Romane mit Stoffen aus der österreichischen Geschichte, auch in der Lyrik und den Dramen bevorzugte sie historische Themen. Ihr literarischer Salon war Mittelpunkt
des kulturellen Lebens Wiens. Grillparzer, F. und D. Schlegel, Lenau
u.v.a. waren ihre Gäste.

Reihe 1   **CHIMANI** Leopold
Nummer 28   *Schriftsteller*
✴ 20.2.1774, ✝ 21.4.1844
Verfaßte mehr als hundert Kinder- und Jugendbücher, die weite Verbreitung fanden. Ursprünglich Lehrer und 1798 mit der Direktion der
Haupt- und Industrieschule Korneuburg betraut, mußte er krankheits-
halber den Beruf wechseln und wurde 1817 Bücherzensor.

Reihe 1   **THIERY** Karl, Freiherr de Vaux
Nummer 29   *Offizier*
✴ 4.6.1748, ✝ 4.4.1820
Nahm an zahlreichen Schlachten, Gefechten und Belagerungen im
Türkenkrieg 1788/89 sowie an den Napoleonischen Kriegen teil, ent-
warf als erfahrener Ingenieur zahlreiche Befestigungsanlagen. 1806
Feldmarschall-Leutnant, 1809 General-Genie-Prodirektor, 1813
Feldzeugmeister.

Reihe 1   **FERCHER VON STEINWAND** Johann (eigentl. Kleinfercher)
Nummer 30   *Schriftsteller*
✴ 22.3.1828, ✝ 7.3.1902
Bekannte sich in seinen gesamten Werken zur deutschen Klassik und
Romantik. Am zeitgenössischen literarischen Schaffen kritisierte er
das Fehlen geistiger Zusammenhänge. Seine Dramen sind gedanklich überfrachtet und bühnenunwirksam.

Reihe 1   **OTTINGER** Franz, Freiherr von
Nummer 31   *Offizier*
✴ 28.9.1793, ✝ 8.4.1869
Einer der vortrefflichsten Reiter-Generäle seiner Zeit. Trat 1810 in
den Militärdienst. Erste Auszeichnungen bei den Kämpfen in Italien
1813-15 und 1821. Besonders hervorgetreten ist Ottinger dann bei
der Niederschlagung der revolutionären Bewegung in Ungarn
1848/49.

Reihe 1   **BAUER** Franz Lukas, Prof.
Nummer 32   *Bildhauer*
✶ 28.9.1798, ✝ 14.3.1872
Schuf zahlreiche Skulpturen, vor allem für Kirchen, „Pieta" im Kunsthistorischen Museum. Studierte an der Wiener Akademie der bildenden Künste. In Rom schloß er sich unter dem Einfluß Thorwaldsens dem Klassizismus an. Ab 1845 Professor an der Akademie der bildenden Künste in Wien.

Reihe 1   **WERNHARDT** Paul, Freiherr von
Nummer 33   *Offizier*
✶ 23.1.1776, ✝ 13.9.1846
General der Kavallerie. Erwarb sich militärische Verdienste auf den Schlachtfeldern der Napoleonischen Kriege und in Italien. In zwölf Feldzügen nahm er an drei Belagerungen, 19 Schlachten und 36 Gefechten teil. 1834-46 leitete er die Militär-Administration von Siebenbürgen.

Reihe 1   **SMOLA** Joseph, Freiherr von
Nummer 34   *Offizier*
✶ 12.6.1764, ✝ 29.11.1820
In seiner fast vierzigjährigen Dienstzeit als Artillerieoffizier nahm er an 32 Schlachten und drei Belagerungen teil, in denen er sich durch Mut und Unerschrockenheit auszeichnete. Wesentlichen Anteil hatte er auch an der Modernisierung der Artillerie, u.a. geht die Einführung des Batteriesystems auf seinen Vorschlag zurück.

Reihe 1   **SOMMARIVA** Hannibal, Marquis de
Nummer 35   *Offizier*
✶ 10.3.1755, ✝ 10.7.1829
General der Kavallerie, aus einem alten lombardischen Geschlecht stammend, trat er 1771 in die kaiserliche Armee ein. In zahlreichen Schlachten und Gefechten, von den Türkenkriegen bis zu den Napoleonischen Kriegen stellte er seinen Mut und seine Entschlossenheit unter Beweis.

Reihe 1   **MAYSEDER** Josef
Nummer 36   *Violinvirtuose und Komponist*
✶ 26.10.1789, ✝ 21.11.1863
Der geigenspielende Wunderknabe – er trat bereits mit elf Jahren öffentlich auf – entwickelte sich zum unübertroffenen Solisten und Quartettspieler der Werke von Haydn, Mozart und Beethoven. Von seinen Kompositionen sind 63 in Druck erschienen, vor allem Kammermusikwerke und Messen.

Gruppe 0

Reihe 1   **PROSCHKO** Franz Isidor, Dr., (Ps. Franz v. Hohenfurth)
Nummer 37   *Schriftsteller*
            ✷ 2.4.1816, ✞ 6.2.1891
            Vorlagen seiner in schlichter Form abgefaßten Erzählungen und Romane sind meist Sagen und Stoffe aus der österreichischen Geschichte. Er verarbeitete oft auch mündlich überlieferte Sagen und Fabeln. Als Polizeijurist in Linz, Graz und Wien von 1842 bis 1883 tätig.

Reihe 1   **MOSER** Johann Baptist (eigentl. Müller)
Nummer 38   *Volkssänger und Komponist*
            ✷ 23.11.1799, ✞ 6.12.1863
            Komponierte und dichtete viele Wienerlieder und gilt als Reformator des Wiener Sängerwesens. Er führte das Klavier statt der Harfe als Begleitinstrument ein. Von ihm stammt das Refrainlied.

Reihe 1   **RANFTL** Mathias Johann
Nummer 39   *Maler*
            ✷ 20.1.1804, ✞ 1.11.1854
            Ranftl widmete sich vor allem dem Genrebild. Mit seinen Hundebildern war er so erfolgreich, daß er den Spitznamen „Hunde-Raffael" erhielt. Viele seiner Bilder wurden durch Lithographien und Stiche verbreitet. Seine Gemälde sind auch wichtige Zeugen zur Theatergeschichte seiner Zeit (u.a. Rollenbilder von Nestroy).

Reihe 1   **KREIL** Karl, Dr., Prof.
Nummer 40   *Astronom, Meteorologe und Geophysiker*
            ✷ 4.11.1798, ✞ 21.12.1862
            Kreil wurde 1851 als erster Direktor der neu gegründeten Zentralanstalt für Meteorologie und Erdmagnetismus und als Professor für Physik an die Universität Wien berufen. Er erarbeitete die Grundlagen für die Theorie des Erdmagnetismus und betrieb die Errichtung und den Ausbau eines meteorologischen Beobachtungsnetzes.

Reihe 1   **CAPPILLERI** Wilhelm (Ps. Roman), Prof.
Nummer 41   *Schriftsteller*
            ✷ 21.11.1834, ✞ 3.7.1905
            Schrieb Gedichte, Lustspiele und Possen. Zunächst Schauspieler an verschiedenen Provinzbühnen und in Hamburg, lebte er ab 1868 als Schriftsteller ständig in Wien. Auch seine Gattin Herma, ebenfalls Schriftstellerin, ist hier beigesetzt.

Reihe 1   **PAWLIK** Franz Xaver
Nummer 42   *Medailleur*
            ✷ 2.8.1865, ✞ 23.8.1906
            Schuf Prägestempel für Münzen sowie verschiedene Porträtmedaillen vom österreichischen Herrscherhaus, Politikern und Künstlern. Er erlernte zuerst das Graveurhandwerk und studierte dann an der Akademie der bildenden Künste in Wien. Ab 1892 Gravureleve, 1904 Münz- bzw. Medaillen-Graveur im Wiener Hauptmünzamt.

Gruppe O

Reihe 1   **KENYON** Eugenia, Gräfin
Nummer 43 *Philanthropin*
       ✶ 8.11.1806, ♱ 8.10.1877
Verwendete den Großteil ihres Vermögens für die Gründung eines 1872 projektierten Krankenhauses für den 6. und 7. Bezirk, das Sophienspital.

Reihe 1   **ROMANO,** Johann Julius, Ritter vom Ringe
Nummer 44 *Architekt*
       ✶ 10.10.1818, ♱ 14.4.1882
Vertreter des romantischen Historismus. Baute in Partnerschaft mit August Schwendenwein Ritter von Lonauberg zahlreiche Palais in Wien, u.a. das Palais Metternich (1846-48), das Palais Khevenhüller-Metsch (1858), das Palais Dumba (1865/66) und viele Wohn- und Geschäftshäuser. Mitglied zahlreicher Baukommissionen.

Reihe 1   **ADLER** Michael
Nummer 45 *Politiker*
       ✶ 2.6.1856, ♱ 23.10.1905
Er erwarb sich Verdienste um das Genossenschaftswesen in Österreich. Der christlich-soziale Gewerbepolitiker wurde vom Handelsministerium zum „Genossenschaftsinstructor" ernannt und belebte durch seine rege Vortragstätigkeit auf zahlreichen Versammlungen die genossenschaftliche Idee für das Kleingewerbe.

Reihe 1   **WILDA** Charles
Nummer 46 *Maler*
       ✶ 20.12.1854, ♱ 11.6.1907
Sein Hauptgebiet war die Orientmalerei, er bereiste mehrmals Ägypten. Daneben pflegte er das dörfliche und das Märchengenre sowie das Porträt.

Reihe 1   **HOERNES** Moriz, Dr.
Nummer 47 *Geologe und Paläontologe*
       ✶ 14.7.1815, ♱ 4.11.1868
Veranlaßte als Kustos bzw. Direktor des Hofmineralienkabinetts (ab 1856) die Neuaufstellung der Sammlung. Früh verwaist, arbeitete er ab 1833 als Rechnungsbeamter, daneben studierte er an der Universität Wien (Dr. phil. 1841). Im gleichen Grab beigesetzt ist sein Sohn, Prof. Dr. Moriz Hoernes (1852-1917).

Reihe 1   **PÖNNINGER** Franz, Prof.
Nummer 48 *Bildhauer*
       ✶ 29.12.1832, ♱ 6.8.1906
Seine Arbeiten sind durch nüchterne Wiedergabe und Vorliebe für das Detail geprägt. Schüler und später Mitarbeiter von Anton Dominik Fernkorn (1813-1878), dessen Kunsterzgießerei er 1866 übernahm. Er schuf mehr als 90 Monumentalwerke.

Gruppe O

Reihe 1   CZERNY Carl
Nummer 49   *Klavierpädagoge und Komponist*
      ✳ 20.2.1791, ✝ 15.7.1857
      Von seinen zahlreichen Kompositionen haben sich nur seine Werke
      für den Klavierunterricht auf Dauer behaupten können, wie etwa die
      „Schule der Geläufigkeit". Bereits mit 15 Jahren war er einer der ge-
      fragtesten Klavierlehrer Wiens, er unterrichtete u.a. Franz Liszt.

Reihe 1   HEGER Ignaz Jakob, Prof.
Nummer 50   *Stenograph*
      ✳ 5.7.1808, ✝ 11.5.1854
      Gilt als „österreichischer Apostel" der Gabelsbergerschen Stenogra-
      phie. Er widmete sein ganzes Leben der Entwicklung und Verbrei-
      tung der Kurzschrift in Österreich, aber auch in den slawischen Spra-
      chen. Er gründete Schulen und Vereine, verfaßte Lehrbücher und
      wurde mit der Leitung des ersten parlamentarischen Stenographen-
      büros betraut.

Reihe 1   JONAK VON FREYENWALD Gustav, Edler
Nummer 51   *Offizier*
      ✳ 2.11.1841, ✝ 24.2.1908
      General der Kavallerie, nahm 1866 am Feldzug in Böhmen teil; 1883
      mit der Inspizierung des Landwehrkavalleriekaders betraut; 1907
      wurde ihm für seine Verdienste anläßlich der Reorganisation der
      Landwehrkavallerie der Titel eines Landwehrkavallerie-Inspektors
      verliehen.

Reihe 1   DAVID Jakob Julius, Dr.
Nummer 52   *Schriftsteller*
      ✳ 6.2.1859, ✝ 20.11.1906
      Schwermütiger Erzähler in der Nachfolge des Realismus. Studierte
      in Wien Deutsch und Geschichte (Dr. phil 1889), daneben Broter-
      werb als Journalist und Hauslehrer. Höhepunkte seines literarischen
      Schaffens sind Erzählungen aus der mährischen Heimat und seine
      Wiener Romane über im Lebenskampf resignierende Existenzen.

Reihe 1   KLIEBER Joseph, Prof.
Nummer 53   *Bildhauer*
      ✳ 1.11.1773, ✝ 11.1.1850
      Als virtuoser Beherrscher der Technik und von Canova beeinflußt,
      gestaltete er bildhauerisch zahlreiche große Bauwerke des vormärzli-
      chen Wiens mit Reliefs und Plastiken aus. Direktor der Graveurschu-
      le an der Akademie der bildenden Künste in Wien (1814-45).

Reihe 1   **SALIERI** Antonio
Nummer 54   *Komponist*
✶ 18.8.1750, ✝ 7.5.1825
Komponierte rund 40 Opern, die zum Teil in der Tradition der italienischen Opera seria, teilweise an Gluck orientiert sind. Auch seine Kirchenmusik und seine Instrumentalmusik verbinden italienische Grundlagen mit zeitgenössischen Strömungen. 1788-1824 Hofkapellmeister. Lehrer u.a. von Beethoven, Schubert und Liszt.

Reihe 1   **WIRER** Franz, Ritter von Rettenbach, Dr., Prof.
Nummer 55   *Arzt*
✶ 1771, ✝ 30.3.1844
Erwarb sich besondere Verdienste um Bad Ischl, wo er die erste Solebadeanstalt in Österreich einrichtete und damit die Basis für die Entwicklung des Ortes zum Kurort legte. Mitbegründer der Gesellschaft der Ärzte in Wien. Leibarzt Erzherzog Rudolfs (1788-1831).

Reihe 1   **BAUMANN** Alexander Moritz
Nummer 56   *Schriftsteller*
✶ 7.2.1814, ✝ 25.12.1857
Schrieb volkstümliche Bühnenstücke und Mundartgedichte, trat aber auch als Komponist, v.a. Lieder für Zither, hervor. Selbst ein typischer Repräsentant des geistigen Lebens der Biedermeier-Ära, war sein Haus Treffpunkt der Literaten. Als Archivbeamter war er im Hofkammerarchiv ein Kollege von Grillparzer.

Reihe 1   **THEER** Robert
Nummer 58   *Maler*
✶ 5.11.1806, ✝ 15.7.1863
Schuf zahlreiche Miniaturbildnisse aus Elfenbein oder Email, Porträtlithographien und Kopien nach alten Meistern; entwickelte in den Werken seiner Reifezeit vor allem bei größeren Formaten anstelle starrer Charakteristik modellierende Kraft und Durchgeistigung des Ausdruckes.

Reihe 1   **GAUERMANN** Jakob
Nummer 59   *Maler*
✶ 3.9.1773, ✝ 27.3.1843
Seine Landschaftsdarstellungen zeichnen sich durch technische Feinheit und Naturwahrheit aus. Begleiter Erzherzog Johanns, der ihn 1818 zu seinem Kammermaler ernannte. Mitglied der Wiener Akademie der bildenden Künste. Vater des Landschaftsmalers Friedrich Gauermann (1807-62).

Gruppe 0

Reihe 1
Nummer 60
STURMFEDER VON UND ZU OPPENWEILER Maria Luise, Freiin von und zu
Hofdame
✶ 3.10.1789, ✝ 10.9.1866
Erzieherin von Franz Joseph (1830-1916), Maximilian von Mexico (1832-67) und Erzherzog Karl Ludwig (1833-1896). Zuletzt Hofdame der Kaiserin Karoline Auguste (1792-1873).

Reihe 1
Nummer 61
GÄNSBACHER Johann Baptist
Komponist
✶ 28.5.1778, ✝ 13.7.1844
Komponierte zahlreiche kirchliche Werke, darunter 35 Messen und sieben Requiems, Kammermusik, Märsche und Lieder; 1823 Kapellmeister zu St. Stephan. Im gleichen Grab beigesetzt ist sein Sohn, Prof. Dr. Josef Gänsbacher (1829-1911), Komponist und Gesangslehrer am Wiener Konservatorium.

Reihe 1
Nummer 62
VOGL August Emil, Ritter von Fernheim, Dr., Prof.
Pharmazeut
✶ 3.8.1833, ✝ 25.7.1909
Mit seinen Forschungen und Untersuchungen über Nahrungs- und Genußmittel mit Hilfe des Mikroskopes war er einer der Begründer der mikroskopischen und mikrochemischen Untersuchung von Nahrungsmitteln. Professor für Pharmakologie und Pharmakognosie an der Universität Wien. Präsident des Obersten Sanitätsrates.

Reihe 1
Nummer 63A
HAYDINGER Franz
Sammler
✶ 21.9.1797, ✝ 15.1.1876
Der Gastwirt war einer der ersten Viennensia-Sammler. Seine Sammlung von Viennensia, Geschichte des deutschen Theaters, Reformation und Gegenreformation, Hexenprozesse usw. umfaßte bei seinem Tod 12.000 Exponate. Die Viennensia-Sammlung wurde von der Wiener Stadtbibliothek erworben.

Reihe 1
Nummer 64
STIFFT Andreas Joseph, Freiherr von, Dr.,
Arzt
✶ 30.11.1760, ✝ 16.6.1836
Leibarzt von Kaiser Franz. Initiierte zahlreiche Reformen, u.a. wurde nach seinen Vorschlägen das medizinisch-chirurgische Studium neu organisiert und das öffentliche Sanitätswesen ausgebaut, er hatte aber auch wesentlichen Anteil an der Wiederaufnahme der Verhandlungen über die Errichtung eines Polytechnischen Institutes in Wien (1811).

Gruppe O

Reihe 1   **KRESS** Wilhelm, Ing.
Nummer 65 *Luftfahrtpionier*
        ✶ 29.7.1836, ✝ 24.2.1913
Von Beruf Klavierbauer, kam der Sohn deutscher Eltern, die nach Rußland ausgewandert waren, 1873 nach Wien. Ab 1876 verschiedene Versuche mit Flugmaschinen und später mit Drachenfliegern mit Motorantrieb, die an den zu schweren Motoren scheiterten.

Reihe 1   **BAYER** Josef
Nummer 66 *Komponist*
        ✶ 6.3.1852, ✝ 12.3.1913
Komponierte zahlreiche Ballette, Operetten und Musik zu Lustspielen. Nach Absolvierung des Konservatoriums 1870 Geiger im Orchester der Hofoper, 1883-1913 Hofballettdirektor.

Reihe 1   **KÜHN** Josef, Edler von, Dr.
Nummer 67 *Philanthrop*
        ✶ 5.12.1833, ✝ 10.4.1913
Gründete 1873 den „Ersten Wiener Volksküchenverein". Die ohne öffentliche Zuschüsse arbeitende Volksküche wurde zum Vorbild ähnlicher Einrichtungen in ganz Europa und in den USA. Erwarb sich auch Verdienste um die Ausspeisung von Schulkindern. Liberaler Gemeinderat 1873-85.

Reihe 1   **COSTA** Karl, (eigentl. Kostia)
Nummer 68 *Schriftsteller*
        ✶ 2.2.1832, ✝ 11.10.1907
Verfaßte Wiener Volksstücke, Possen, Parodien und Libretti zu Operetten. Nach 20jähriger Tätigkeit als Beamter 1879-1891 Redakteur der humoristisch-satirischen Zeitschrift „Komische Briefe des Hans-Jörgl von Gumpoldskirchen an seinen Schwager Maxel in Feselau". 1882-85 war er Direktor des Theaters in der Josefstadt.

Reihe 1   **SCHNEIDER** Ernest
Nummer 69 *Politiker*
        ✶ 19.10.1850, ✝ 17.7.1913
Er zählte zu den Veteranen der christlich-sozialen Ideen in Wien, der aus dem deutschnationalen antisemitischen Lager kommend, besonders auf dem Gebiet der Gewerbepolitik wirkte. Der Erzeuger astronomischer Instrumente war ab 1890 Abgeordneter im niederösterreichischen Landtag, 1891-1907 im Reichsrat.

Reihe 1   **TRABERT** Adam
Nummer 70 *Schriftsteller*
        ✶ 27.1.1822, ✝ 8.12.1914
Kam 1866 als politisch Verfolgter aus seiner Heimat Kurhessen nach Wien und war ein eifriger Vertreter der katholischen Sache. Schrieb Gedichte über seine Heimat Hessen und seine Wahlheimat Österreich. Leitete das christlich-soziale politische „Volksblatt für Stadt und Land".

Gruppe O

Reihe 1   **FRIEDL** Theodor
Nummer 71 *Bildhauer*
          ✻ 13.2.1842, ✝ 5.9.1900
          Schüler Anton Fernkorns, schuf dekorative Plastiken für Gebäude, etwa für die Börse (1877) und die Arkadenhäuser in der Reichsratsstraße, hauptsächlich aber für die von den Architekten F. Fellner und H. Hellmer in der ganzen Monarchie errichteten Theater, in Wien für das Volkstheater und das Ronacher.

Reihe 1   **PÖTZL** Eduard (Ps. Kleinpetz)
Nummer 72 *Journalist und Schriftsteller*
          ✻ 17.3.1851, ✝ 21.8.1914
          Verfaßte als Redakteur des „Neuen Wiener Tagblatts" (1874-1914) hunderte Feuilletons mit konservativer Tendenz, die beim Wiener Bürgertum äußerst beliebt waren. Meister der Kleinform, schlagfertiger Wortwitz und Pointiertheit sind durchgehende Merkmale seiner Erzählkunst. Im gleichen Grab beigesetzt Prof. Otto Pötzl, Neurologe.

Reihe 1   **WOLF** Cyrill, Prof.
Nummer 73 *Komponist*
          ✻ 9.3.1825, ✝ 21.10.1914
          Professor für Harmonielehre. Er schrieb v.a. Kirchenmusik (Messen, Lieder und Graduale), aber auch Entr'acts und Ouvertüren für das Hofburgtheater. Organist der Pfarre St. Leopold (1847-60), 1860 Chordirektor bei den Dominikanern, ab 1862 auch an der Universitätskirche und ab 1869 auch an der italienischen Nationalkirche.

Reihe 1   **KAISER** Friedrich Anton
Nummer 74 *Schriftsteller*
          ✻ 3.4.1814, ✝ 7.11.1874
          Schrieb mehr als hundert Bühnenstücke, die großen Erfolg beim Publikum hatten. Tritt in seinen Werken, die oft sehr lebendige Bilder des ungefälschten Wiener Volkslebens geben, für Gedankenfreiheit und gegen Vorurteile auf. Gründer der Künstlergesellschaft „Concordia" (1840) in Nachfolge der aufgelösten „Ludlamshöhle".

Reihe 1   **RIENÖSSL** Franz
Nummer 75 *Kommunalpolitiker*
          ✻ 4.7.1853, ✝ 1.4.1915
          Der langjährige christlich-soziale Bezirksvorsteher des 4. Bezirkes (Wieden) wirkte u. a. führend bei der Verlegung und Modernisierung des Naschmarktes über dem eingewölbten Wienfluß mit. Der Wiedner Hausbesitzer war ab 1896 Bezirksvorsteher, 1902 wurde er in den niederösterreichischen Landtag gewählt, 1907 in den Reichsrat.

Reihe 1   **BERNT** Rudolf der Ältere
Nummer 76 *Architekt und Maler*
        ✶ 20.2.1844, ✝ 24.8.1914
Nach Studium an der Technischen Hochschule und der Akademie der bildenden Künste ab 1870 Mitarbeit im Atelier von Otto Wagner, an dessen Arbeiten er vielfach beteiligt war. Ab den 90er Jahren tritt er als Veduten- und Architekturaquarellist in der Nachfolge von Rudolf v. Alt hervor.

Reihe 1   **CHIAVACCI** Vinzenz
Nummer 77 *Schriftsteller*
        ✶ 15.6.1847, ✝ 2.2.1916
Humorvoller Schilderer des Wiener Alltagslebens. Er schuf in seinen mundartlich gefärbten Skizzen typische Wiener Gestalten wie den „Herrn Adabei", einen ewig nörgelnden Kleinbürger, oder die „Frau Sopherl vom Naschmarkt", die das Zeitgeschehen bissig dokumentierten.

Reihe 1   **SCHÖNTHALER** Franz
Nummer 78 *Bildhauer und Dekorateur*
        ✶ 21.1.1821, ✝ 26.12.1904
Schuf zahlreiche ornamentale Holzschnitzereien, Möbel u.a. kunstgewerbliche Erzeugnisse. Seine Arbeiten zieren zahlreiche Palais der Gründerzeit, u.a. die Palais Harrach, Kinski und Coburg sowie die Börse.

Reihe 1   **GRIEPENKERL** Christian, Prof.
Nummer 79 *Maler*
        ✶ 17.3.1839, ✝ 21.3.1916
Gestaltete Fresken und Wandgemälde mit allegorischen Darstellungen der antiken Mythologie an öffentlichen Gebäuden und Palais (Oper, Parlament u.v.a.). Schüler von Carl Rahl, dessen Stil er beibehielt, ohne eine eigene Entwicklung zu zeigen. 1875-1910 Professor an der Akademie der bildenden Künste.

Reihe 1   **KINZER** Karl, Dr.
Nummer 80 *Techniker*
        ✶ 8.1.1857, ✝ 10.10.1916
Maßgeblich am Bau der Zweiten Wiener Hochquellenwasserleitung (1901-10) und an der Erweiterung der Ersten Hochquellenleitung beteiligt. Arbeitete auch an Wasserversorgungsprojekten in Athen und Bayern mit.

Gruppe O

Reihe 1 **PSENNER** Ludwig, Dr.
Nummer 81 *Politiker*
✳ 29.5.1834, ✞ 5.2.1917
Publizist, Agitator und Ideologe der christlich-sozialen Bewegung. Aus dem Reformverein, einer antiliberalen und stark antisemitischen Organisation des gewerblichen Mittelstandes kommend, gründete er 1887 den Christlichsocialen Verein, der vorübergehend die Plattform aller antiliberalen Kräfte in Wien bildete.

Reihe 1 **MATOSCH** Anton, Dr.
Nummer 83 *Schriftsteller*
✳ 10.6.1851, ✞ 8.5.1918
Oberösterreichischer Dialektdichter. Studierte in Wien Deutsch, Geographie, Geschichte und Philosophie (Dr. phil. 1883). 1890-1918 Bibliothekar an der Geologischen Reichsanstalt. Verfaßte als erster ein Stelzhammer-Idiotikon (Franz Stelzhammer, 1802-1874, Dialektdichter) und begründete den Stelzhammer-Bund.

Reihe 1 **ALTENBERG** Peter (eigentl. Richard Engländer)
Nummer 84 *Schriftsteller*
✳ 9.3.1859, ✞ 8.1.1919
Legendäre Figur der Wiener Kaffeehausszene der Jahrhundertwende. In seinen sprachlich und gedanklich gedrängten aphoristischen Prosaskizzen gibt er Augenblickseindrücke aus dem Alltagsleben mit seinen Merkwürdigkeiten und der Fin-de-siècle-Stimmung wieder. Einer der Hauptvertreter des Wiener Impressionismus.

Reihe 1 **SCHAUTA** Friedrich, Dr., Prof.
Nummer 85 *Arzt*
✳ 15.7.1849, ✞ 10.1.1919
Universitätsprofessor in Innsbruck (1884), Prag (1887) und Wien (1891). Entwickelte die operativen Techniken seines Faches wesentlich weiter, v.a. bei der operativen Bekämpfung des Gebärmutterkrebses. Gemeinsam mit Rudolf Chrobak (1843-1910) entwarf und leitete er den Neubau der Frauenkliniken im Wiener Allgemeinen Krankenhaus.

Reihe 1 **LEFLER** Heinrich
Nummer 86 *Maler*
✳ 7.11.1863, ✞ 14.3.1919
Nach dem Studium an der Akademie der bildenden Künste in Wien und München begann er mit Genre-, Märchen- und Landschaftsbildern mit Jugendstiltendenzen. Später fand er zu einer Linie biedermeierlicher Idyllik und entwarf u.a. Interieurs, Bühnenkostüme, Buchschmuck und Illustrationen, Möbel, Stickereien.

Gruppe O

Reihe 1   **WERTHEIM** Ernst, Dr., Prof.
Nummer 87 *Arzt*
✳ 21.2.1864, ✝ 15.2.1920
Primarius des Bettina-Stiftung-Pavillons (1897) und Vorstand der II.
Universitäts Frauenklinik im Allgemeinen Krankenhaus (1910). Verfaßte zahlreiche Aufsätze über Geburtshilfe, Gynäkologie und Urologie sowie über neue Operationsmethoden in der Gynäkologie. Er entwickelte auch neue Unterrichtsmethoden.

Reihe 1   **MENGER** Karl, Edler von Wolfensgrün, Dr., Prof.
Nummer 88 *Nationalökonom*
✳ 23.2.1840, ✝ 26.2.1921
Begründer der „österreichischen Schule der Nationalökonomie". In seinen Hauptwerken „Grundsätze der Volkswirtschaftslehre" (1871) und „Untersuchungen über die Methoden der Sozialwissenschaften" (1883) vertritt er die analytische Methode; seine Grenznutzenlehre fand weltweite Beachtung. Mitglied des Herrenhauses (1900-18).

Reihe 1   **PÖCH** Rudolf, Dr., Prof.
Nummer 89 *Anthropologe*
✳ 17.4.1870, ✝ 4.3.1921
Ursprünglich als Arzt tätig, wandte er sich ab 1900 anthropologischen Studien zu. Bei seinen Forschungsreisen nach Neuguinea (1904-06) und Südafrika (1907-09) erbrachte er Pionierleistungen auf dem Gebiet der Film- und Tondokumentation. Begründer der Lehrkanzel für Anthropologie und Ethnographie in Wien (1913).

Reihe 1   **RUMPLER** Franz, Prof.
Nummer 90 *Maler*
✳ 4.12.1848, ✝ 7.3.1922
Professor an der Akademie der bildenden Künste in Wien (1886), Leiter der Spezialschule für Historienmalerei (1898-1917). Malte in den 70er und 80er Jahren hauptsächlich Genrebilder mit hohem technischen Können. In den 90er Jahren trat das Erzählende in seinen Bildern zugunsten oft impressionistischer Naturstudien zurück.

Reihe 1   **RUSS** Robert
Nummer 91 *Maler*
✳ 8.6.1847, ✝ 16.3.1922
Die österreichischen Alpen bilden den thematischen Schwerpunkt des Hauptteils seines Werkes. Er entwickelte einen persönlichen Malstil mit unruhig flimmernder Bildoberfläche.

Reihe 1 **POESTION** Josef Calasanz, Dr. h.c., (Ps. J.Calion, Svend
Nummer 93 Christensen)
Skandinavist
✳ 7.6.1853, ✝ 4.5.1922
Bibliothekar im Innenministerium. Übersetzte zahlreiche
Schriftsteller aus dem Altnordischen, Isländischen, Dänischen und
Norwegischen ins Deutsche, führte die zeitgenössische skandinavi-
sche Literatur in Österreich ein und erschloß erstmals die neuisländi-
sche Literatur einer Weltsprache.

Reihe 1 **LESCHETIZKY** Theodor, Prof.
Nummer 94 *Klaviervirtuose*
✳ 22.6.1830, ✝ 14.11.1915
Ausbildung bei Carl Czerny. Unternahm Konzertreisen durch Europa. Feierte mit seiner Gattin Anette Essipoff Erfolge. Konzertmeister
und international anerkannter Lehrer, er entwickelte die „L.-Metho-
de" für den Unterricht.

Reihe 1 **STÜBER-GUNTHER** Fritz
Nummer 95 *Schriftsteller*
✳ 22.3.1872, ✝ 15.9.1922
Von Beruf Finanzbeamter, schilderte er in seinen Erzählungen das
Leben des Wiener Durchschnittsbürgers. Ursprünglich sind die im
heiteren, oft auch sozialkritischen Ton abgefaßten Wiener Skizzen in
Zeitungen erschienen, später wurden sie in Sammelbänden veröffent-
licht.

Reihe 1 **KENNER** Friedrich, Edler von, Dr.
Nummer 97 *Archäologe*
✳ 15.7.1834, ✝ 29.11.1922
Römische Ausgrabungen im Wiener Raum waren sein spezielles
Fachgebiet. Er regte die Errichtung eines Museums Vindobonense
und die Erforschung des Limes in Österreich an. Kenner studierte in
Wien, Dr. phil. 1858 und arbeitete ab 1854 im Münz- und
Antikenkabinett, dessen Direktor er 1883-99 war.

Reihe 1 **MÜLLER-GUTTENBRUNN** Adam (Ps. Ignotus, Franz Josef
Nummer 98 Gerhold, Vetter Michel)
Schriftsteller
✳ 22.10.1852, ✝ 5.1.1923
Dramatiker und Erzähler, v.a. Stoffe aus seiner donauschwäbischen
Heimat. Als Direktor des Raimundtheaters (1892-96) und des Stadt-
theaters (1898-1903), heute Volksoper, bemühte er sich um eine na-
tionale Erneuerung der Wiener Bühne. 1919 großdeutscher Nationalratsabgeordneter.

Reihe 1 **MANDYCZEWSKI** Eusebius, Prof.
Nummer 99 *Musikwissenschafter und Komponist*
✳ 18.8.1857, ✝ 13.7.1929
Komponierte Messen, Kantaten, Chöre und Lieder. Freundschaft mit
J. Brahms, der ihn zum Betreuer seines Nachlasses bestimmte. Ar-
chivar und Bibliothekar der Gesellschaft der Musikfreunde (1887-
1929). Professor am Konservatorium in Wien (1896).

Reihe 1 **HALM** Friedrich (eigentl. Münch-Bellinghausen Eligius Franz
Nummer 100 Joseph Frh.), Dr.
Schriftsteller
✳ 2.4.1806, ✝ 22.5.1871
Stellte mit den Erfolgen seiner Theaterstücke in Nachfolge Schillers
und der Spanier Grillparzer in den Schatten. Bedeutender seine an
Cervantes und Kleist orientierten Novellen. Als Kustos der Hofbibliothek führte er neue Arbeitsgrundsätze ein und ließ einen Katalog
anlegen. 1867-70 Intendant beider Hoftheater.

Reihe 1 **MARCUS** Siegfried
Nummer 101 *Erfinder*
✳ 18.9.1831, ✝ 1.7.1898
Marcus war der erste, der ein Fahrzeug mit elektrisch gezündetem
Benzinmotor antrieb (1870). Die ihm oft zugeschriebene Vorrang-
stellung in der Entwicklung des Viertaktmotors mußte revidiert werden, da dieses Fahrzeug nicht vor 1888 gebaut worden sein dürfte,
während das Otto-Patent mit 1876 datiert.

Reihe 1 **VIERTEL** Berthold
Nummer 104 *Schriftsteller und Dramaturg*
✳ 28.6.1885, ✝ 24.9.1953
Lyriker, Erzähler und Dramatiker; in seinen späteren Werken setzte er
sich v.a. mit dem Faschismus auseinander. 1912 Mitbegründer und
bis 1914 Dramaturg der Wiener Volksbühne. 1923 gründete er in Berlin das expressionistische Theater „Die Truppe". In der Emigration
Filmregisseur in Hollywood und London. 1947 Rückkehr nach Wien.

Reihe 1 **LOOS** Adolf
Nummer 105 *Architekt*
✳ 10.12.1870, ✝ 23.8.1933
Er war der traditionsbewußteste unter den großen Erneuerern der Architektur um die Jahrhundertwende. In seinen Arbeiten wie in seinen
Vorträgen und Schriften wandte er sich gegen das Ornament („Ornament und Verbrechen"). 1920-22 war er Chef-Architekt des Sied-
lungsamtes der Gemeinde Wien.

EHRENGRÄBER GRUPPE 14A:

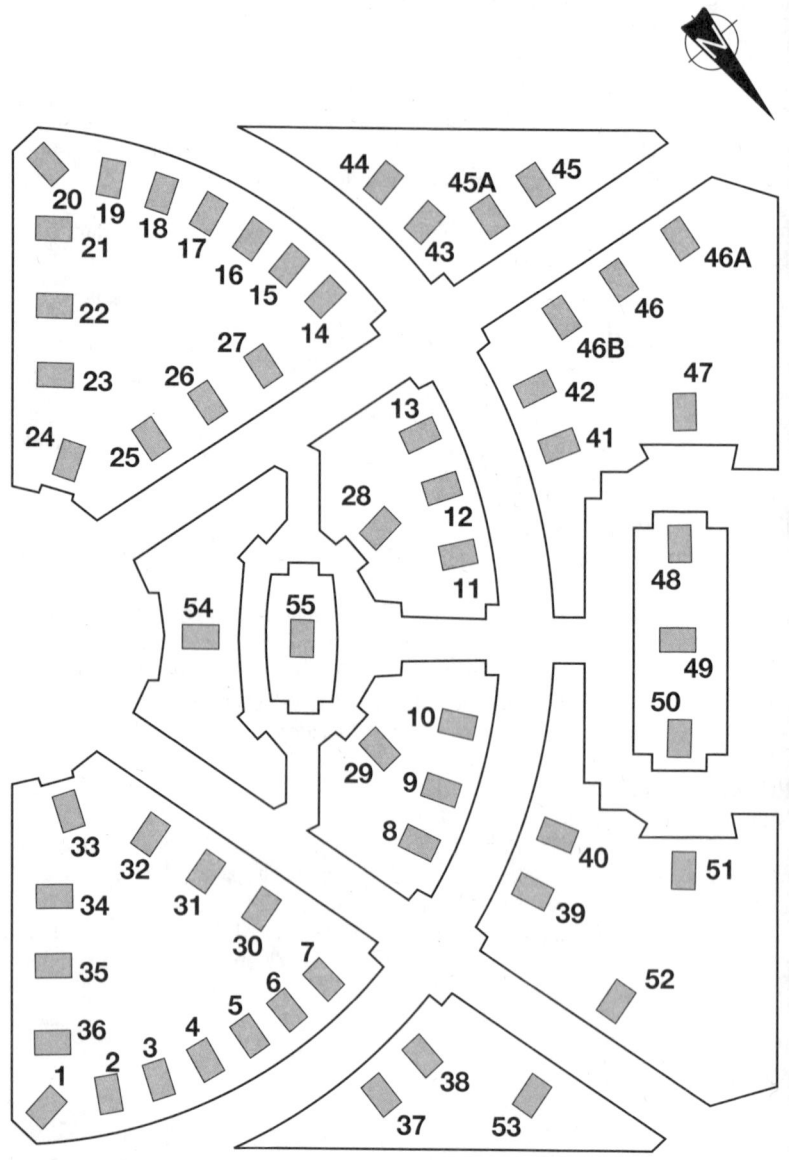

Nummer 1 **ANZENGRUBER** Ludwig (Ps. L. Gruber, Momus)
Schriftsteller
* 29.11.1839, ✝ 10.12.1889
Letzter Klassiker des absteigenden Wiener Volksstückes, das er um zeitgemäße Themen wie soziale Probleme, Gesellschaftskritik und Kulturkampf bereicherte. Den Durchbruch hatte er mit „Der Pfarrer von Kirchfeld" (1870), vorher erfolglos als Schauspieler bei Wandertruppen.

Nummer 2 **BRESTEL** Rudolf, Dr., Prof.
Politiker
* 16.5.1816, ✝ 3.3.1881
Professor für Mathematik an der Universität Wien (1844), 1848 in den Reichstag gewählt, spielte er in Wien und Kremsier eine hervorragende Rolle. 1864-81 liberaler Reichsratsabgeordneter; als Finanzminister (1868-70) im Bürgerministerium führte er Zinsenreduktion und Budgetsanierung durch.

Nummer 3 **WEIL** Joseph, Ritter von Weilen, Prof.
Schriftsteller
* 28.12.1830, ✝ 3.7.1889
Beliebter Dramenautor seiner Zeit, die meisten seiner Stücke wurden am Burgtheater aufgeführt. Lehrer an Militärschulen, dann Scriptor an der Hofbibliothek in Wien (1861-73), 1873 Direktor der von ihm gegründeten Schauspielschule am Konservatorium, 1883 Präsident des Journalisten- und Schriftstellervereines „Concordia".

Nummer 4 **PETZVAL** Josef Maximilian, Ritter von, Dr., Prof.
Mathematiker und Physiker
* 6.1.1807, ✝ 17.9.1891
Pionier der modernen Optik, u.a. berechnete er zwei wesentlich lichtstärkere Objektive für Porträts und Landschaftsaufnahmen, weiters verbesserte er Linsensysteme von Fernrohren und Mikroskopen und konstruierte neuartige Scheinwerfer. Professor für höhere Mathematik in Wien (1837-77).

Nummer 5 **ALBERT** Eduard, Dr., Prof.
Arzt
* 20.1.1841, ✝ 26.9.1900
Vorkämpfer der Antiseptik in Österreich, hervorragender Lehrer und Diagnostiker, förderte die theoretische Orthopädie. Professor an der Universität Innsbruck (1873) und ab 1881 an der Universität Wien. Veröffentlichte ein vierbändiges „Lehrbuch der Chirurgie und Operationslehre".

Gruppe 14 A

Nummer 6 **HOFMANN** Eduard, Ritter von, Dr. med., Prof., Hofrat
Arzt
✻ 27.1.1837, ✝ 27.8.1897
Zählt zu den bedeutendsten forensischen Ärzten des 19. Jahrhunderts, machte sich verdient um die Begründung der wissenschaftlich-gerichtlichen Medizin (u.a. Einführung der Mikroskopie). Professor an der Universität Innsbruck (1869), ab 1875 an der Universität Wien.

Nummer 7 **BILLROTH** Theodor, Dr. med., k. k. Prof., k. k. Hofrat
Arzt
✻ 26.4.1829, ✝ 6.2.1894
Bedeutendster Chirurg seiner Zeit, ein Naturforscher und Kunstfreund; er begründete mit seinen bahnbrechenden Operationen den Weltruf der Wiener Chirurgie. Auf sein Betreiben wurde das Rudolfinerhaus, eine Schule für die Ausbildung weltlicher Krankenschwestern und das Haus der Gesellschaft der Ärzte geschaffen.

Nummer 8 **BERGER** Julius Victor, Prof.
Maler
✻ 9.7.1850, ✝ 17.11.1902
Meister der Historienmalerei, mit Makart befreundet; ab 1887 Professor für dekorative Malerei an der Akademie der bildenden Künste in Wien. Sein bekanntestes Werk ist das Deckengemälde im mittleren Saal des Kunsthistorischen Museums „Die Habsburger als Schützer der Künste" (1886-91).

Nummer 9 **LÜTZOW** Carl von, Dr., Prof.
Kunsthistoriker
✻ 25.12.1832, ✝ 22.4.1897
Wandte sich als Kunsthistoriker gegen eine ausschließlich ästhetische Kunstbetrachtung zugunsten einer rein sachlichen Erforschung. Übersiedelte 1863 nach dem Studium in Göttingen und München nach Wien, 1867 Professor für Architekturgeschichte an der Technischen Hochschule. Herausgeber kunsthistorischer Zeitschriften.

Nummer 10 **NIEDZIELSKI** Julian
Architekt
✻ 18.5.1849, ✝ 20.10.1901
Arbeitete unter der Leitung von Heinrich Ferstl (1828-1883) am Bau der Wiener Universität, den er nach dem Tod Ferstls beendete. Er leitete auch die Restaurierung der Schottenkirche und arbeitete an der Wiederinstandsetzung der Hofburg mit.

Nummer 11 **HOLUB** Emil, Dr.
Forschungsreisender
* 7.10.1847, † 21.2.1902
Unternahm nach seinem Medizinstudium in Prag (Dr. med. 1872) mehrere Afrika-Expeditionen. Seine umfangreichen natur- und völkerkundlichen Materialien verschenkte er an Museen und Schulen. Seine Reisen finanzierte er durch Vorträge und literarische Arbeiten.

Nummer 12 **SCHÖNN** Alois, Prof.
Maler
* 11.3.1826, † 16.9.1897
Erste Erfolge mit Bildern aus dem italienischen Feldzug (1848), an dem er selbst teilgenommen hatte; Reisen nach Italien und in den Orient lieferten ihm dann den Stoff zu einer großen Anzahl von Bildern, die eine lebendige Darstellung zeigen.

Nummer 13 **STORCK** Josef, Ritter von, Prof.
Architekt
* 22.4.1830, † 27.3.1902
Vollendete nach dem Tode von Eduard van der Nüll und August Siccardsburg gemeinsam mit Gustav Gugitz das neue Opernhaus am Ring. Auf zahlreichen kunstgewerblichen Gebieten tätig. 1868-99 Professor und Direktor der Kunstgewerbeschule in Wien.

Nummer 14 **KHUNN** Franz, Ritter von
Kommunalpolitiker
* 4.12.1802, † 12.6.1892
Er war 1848 bis 1888 Mitglied des Wiener Gemeinderats und galt als überzeugter Liberaler. 1851-61 war er Bürgermeister-Stellvertreter. Als Obmann der gemeinderätlichen Finanzsektion unterstand ihm die Armenfürsorge von Wien. Für sein vielseitiges karitatives Wirken wurde er 1875 zum Ehrenbürger von Wien ernannt.

Nummer 15 **ROTTER** Ludwig, Prof.
Organist und Komponist
* 6.9.1810, † 5.4.1895
Seine Kirchenmusikkompositionen wurden bis in die Zwischenkriegszeit häufig in Wiens Kirchen gespielt. In jungen Jahren ein gesuchter Klavierlehrer und Begleiter berühmter Sänger, widmete er sein späteres Leben der Kirchenmusik. Organist und Chordirektor der Kirche Am Hof und der Universitätskirche.

Gruppe 14 A

Nummer 16   **ZELINKA** Andreas, Dr.
Kommunalpolitiker
✳ 23.2.1802, ✝ 21.11.1868
Bürgermeister von Wien 1861-68; mit ihm begann die liberale Ära im Wiener Gemeinderat. In seiner Amtszeit wurden die Planungen für die Donauregulierung, die Hochquellenwasserleitung und die Anlage des Wiener Zentralfriedhofes vorangetrieben. Der angesehene Rechtsanwalt war 1851-60 Bürgermeister-Stellvertreter.

Nummer 17   **FEUCHTERSLEBEN** Ernst, Freiherr von, Dr.
Arzt und Schriftsteller
✳ 29.4.1806, ✝ 3.9.1849
Eine der bedeutendsten Persönlichkeiten des österreichischen Vormärz. Meisterhafter Aphoristiker im Geiste der Klassiker, als Lyriker reflektierend und didaktisch. Setzte sich als Arzt für die empirische Vertiefung der Medizin und Reform des Medizinstudiums ein. 1848 als Unterstaatssekretär maßgeblich an der Unterrichtsreform beteiligt.

Nummer 18   **FERNKORN** Anton Dominik, Ritter von
Bildhauer
✳ 17.3.1813, ✝ 16.11.1878
Seit 1840 in Wien lebend, wurde aufgrund seiner Initiative 1853 die staatliche Erzgießerei gegründet, deren Direktion er übernahm. Verhalf dem Bronzeguß in Österreich zu einem deutlichen Aufschwung. 1858 führte er den Hauptguß des ersten großen Reiterdenkmals von Wien (Erzherzog Karl, Heldenplatz, enthüllt 1860) durch.

Nummer 19   **SCHRÖTTER** Leopold, Ritter von Kristelli, Dr., Prof.
Arzt
✳ 5.2.1837, ✝ 22.4.1908
Seine Bedeutung liegt in den zum Teil bahnbrechenden Arbeiten auf dem Gebiet der Kehlkopf-, Hals- und Brusterkrankungen. Studierte in Wien Medizin, 1870 Vorstand der neuerrichteten Klinik für Kehlkopfkrankheiten. 1890 Vorstand der 3. Medizinischen Klinik im Allgemeinen Krankenhaus.

Nummer 20   **HANSEN** Theophil Eduard, Freiherr von, Prof.
Architekt
✳ 13.7.1813, ✝ 17.2.1891
Hansen nahm in seinen Entwürfen hellenistische, byzantinische, islamische und gotische Stilelemente auf, auch die Renaissance diente ihm als Vorbild. Seine Bauwerke prägen wesentlich den architektonischen Charakter der Wiener Ringstraße. U.a. sind von ihm das Parlament, die Börse und die Akademie der bildenden Künste. Ehrenbürger der Stadt Wien (1883).

Nummer 21 **WIESINGER** Albert, Dr.
Journalist und Priester
✶ 12.8.1830, ✝ 8.10.1896
Unter seiner Leitung als Chefredakteur und Herausgeber wurde die „Wiener Kirchenzeitung" (1861 bis zur Einstellung 1874) zu einem der radikalsten katholischen Blätter Wiens. Seine antiliberale und antisemitische Schreibweise führte zu zahlreichen Prozessen. Wiener Gemeinderat 1895/96.

Nummer 22 **HERBST** Eduard, Dr., Prof.
Politiker
✶ 9.12.1820, ✝ 25.6.1892
Führender liberaler Politiker, Vertreter des großbürgerlichen böhmischen Deutschtums im Reichsrat (1861-92). Justizminister (1868-70), Gegner des föderalistisch-slawenfreundlichen Kurses nach 1870, lehnte auch die bosnische Okkupation ab. Professor für Rechtsphilosophie in Lemberg (1847) und Prag (1858).

Nummer 23 **SCHLESINGER** Josef, Dr., Prof.
Mathematiker und Politiker
✶ 31.12.1831, ✝ 10.4.1901
Erwarb sich bleibende Verdienste durch die grundlegende Neuordnung des Geodäsieunterrichts an der Hochschule für Bodenkultur, deren Professor er ab 1875 war. Ab 1891 war er Abgeordneter zum Reichsrat, ab 1896 zum Wiener Gemeinderat sowie zum niederösterreichischen Landtag (christlich-sozial).

Nummer 24 **JOHN** Franz, Freiherr von
Offizier
✶ 20.11.1815, ✝ 25.5.1876
Verdienste um die Heeresreform und die Neuordnung des Generalstabes, dessen Chef er 1866-69 und 1874-76 war. 1866-69 Kriegsminister. Trat 1866 entschieden für den Friedensschluß ein und war gegen einen Eintritt Österreichs in den Krieg auf seiten Frankreichs.

Nummer 25 **MORZIN** Vincenz, Reichsgraf von
Offizier
✶ 13.6.1813, ✝ 19.5.1882
Er war der letzte Nachkomme einer alten böhmischen Herrenstandsfamilie und vermachte sein ganzes Vermögen im Werte von einer Million Gulden zur Errichtung einer Stiftung für verkrüppelte und epileptische Kinder.

Nummer 26   **STEUDEL** Johann Heinrich
Kommunalpolitiker
✶ 31.3.1825, ✝ 13.9.1891
Linksliberaler Gemeinderat (1861-91), stellte 1873 den Antrag, die
386 Häuser und rund 25.800 Einwohner umfassende Siedlung süd-
lich des Linienwalls vom 4. Bezirk abzutrennen. 1874 wurden die
Grenzen für den neuen, den 10. Bezirk, festgelegt. Vize-Bürgermei-
ster von Wien 1882-1891.

Nummer 27   **UHL** Eduard, Ritter von
Kommunalpolitiker
✶ 12.12.1813, ✝ 1.11.1892
Als Bürgermeister von Wien (1882-89) setzte er zahlreiche Neuerun-
gen zur besseren Versorgung der Bevölkerung durch (Ausbau des
Zentralviehmarktes St. Marx und des Schlachthofes Meidling). Wur-
de als gemäßigter Liberaler 1861 in den neuen Gemeinderat gewählt.
Ehrenbürger der Stadt Wien (1889).

Nummer 28   **TILGNER** Victor, Prof.
Bildhauer
✶ 25.10.1844, ✝ 16.4.1896
Meister des Neobarock, erfreute sich außerordentlicher Beliebtheit
bei den Zeitgenossen. Schuf zahlreiche Porträtbüsten, Bauplastiken,
Brunnen und Denkmäler. Sein großes Talent lag in der Wiedergabe
der Stofflichkeit und der Virtuosität des Faltenwurfes, die starke
Licht- und Schattenwirkungen erzeugt.

Nummer 29   **PETTENKOFEN** August, Ritter von, Prof.
Maler
✶ 10.5.1822, ✝ 21.3.1889
Malte anfangs Porträts und Genrebilder in der Nachfolge von Eybl
und C. Schindler, ab 1848 betätigte er sich auch als Illustrator mit
Szenen aus dem Militärleben. Zwischen 1851 und 1881 wiederholt
Aufenthalte in Szolnok an der Theiß, die dadurch inspirierten The-
men prägten lange seine Bildwelt. Ebenfalls hier beigesetzt:
Müller Leopold Karl, Professor der Akademie der bildenden Künste.

Nummer 30   **AMERLING** Friedrich, Ritter von
Maler
✶ 14.4.1803, ✝ 14.1.1887
Beliebter Porträtmaler der Biedermeierzeit. Die Hauptwerke seiner
fruchtbaren Tätigkeit sind bis etwa 1840 entstanden, doch war er bei
Mitgliedern des Kaiserhauses, bei der Aristokratie und dem Bürger-
tum bis ins hohe Alter als Porträtist gefragt.

Gruppe 14 A

Nummer 31 **EITELBERGER** Rudolf, Edler von Edelberg, Dr., Prof.
Kunsthistoriker
✴ 17.4.1817, ✝ 18.4.1885
Sein Name ist eng mit dem Aufschwung der Wiener Schule der Kunstgeschichte verbunden. Auf seine Initiative wurde 1864 das Museum für Kunst und Industrie (heute Museum für Angewandte Kunst) eröffnet und Eitelberger zum Direktor bestellt, ab 1868 war er auch Direktor der Kunstgewerbeschule. Ehrenbürger der Stadt Wien (1885).

Nummer 32 **MAKART** Hans, Prof.
Maler
✴ 28.5.1840, ✝ 3.10.1884
Populärster Historienmaler seiner Zeit. Bejubelt wurde vor allem die Virtuosität der Malerei und die Kraft der Farben. Den Höhepunkt seiner Popularität erreichte er, als er 1879 den Festzug anläßlich der Silbernen Hochzeit des Kaiserpaares gestaltete. Im selben Grab ruht sein einziger Sohn, Johann Makart.

Nummer 32 **MAKART** Johann
Photograph
✴ 29.11.1870, ✝ 5.7.1946
Betrieb ab 1902 eines der ersten photographischen Ateliers in Wien, das v.a. für den Hochadel arbeitete. Seit 1907 als Photograph für das Unterrichtsministerium und die Zentralkommission zur Erhaltung von Baudenkmälern tätig. Mitbegründer der „Österreichischen Lichtbildstelle", deren Direktor er bis 1933 war.

Nummer 33 **HESS** Heinrich, Freiherr von
Offizier
✴ 17.3.1788, ✝ 13.4.1870
Als Feldzeugmeister 1848/49 in Italien von Generalstabschef Radetzky; besetzte während des Krim-Krieges 1854/55 die Donaufürstentümer. Dann Chef des Generalstabs und Begründer der Wiener Kriegsschule, 1859 Feldmarschall; 1861 Mitglied des Herrenhauses (1861). Ehrenbürger der Stadt Wien (1855).

Nummer 34 **RICHLER** Leopold, Freiherr von
Offizier
✴ 1.1.1754, ✝ 22.12.1830
Nahm an mehr als fünfzig Schlachten und Gefechten im bayerischen Erbfolgekrieg, im Türkenkrieg und den Napoleonischen Kriegen teil, mehrfach verwundet; übernahm 1813 das Kommando des 1. Landwehr-Bataillons Deutschmeister, 1814 Oberst.

Gruppe 14 A

Nummer 35   **UCHATIUS** Franz, Freiherr von
Offizier und Erfinder
* 20.10.1811, † 4.6.1881
Erlangte Weltruhm mit der von ihm 1874 entwickelten Stahlbronze, auch Uchatius-Metall genannt, die sich durch außergewöhnliche Elastizität und Zähigkeit auszeichnete. Vorzüglich für die Herstellung von Geschützrohren geeignet, gelang es ihm bald, 15- und 18-cm-Kanonen herzustellen.

Nummer 36   **SCHRÖTTER** Anton, Ritter von Kristelli, Prof.
Chemiker
* 26.11.1802, † 15.4.1875
Entdecker des amorphen Phosphors, Professor der technischen Chemie in Graz (1843), Professor der allgemeinen Chemie am Polytechnikum (Technische Hochschule) in Wien (1845). Direktor des Hauptmünzamtes (1868). Berater bei der österreichisch-ungarischen Novara-Expedition.

Nummer 37   **KUSÝ VON DÚBRAV** Emanuel, Ritter von, Dr.
Arzt
* 22.2.1844, † 19.12.1905
Als Leiter des Sanitätsdepartementes im Innenministerium (Sektionschef 1899) und als Mitglied des Obersten Sanitätsrates erwarb er sich große Verdienste um die Bekämpfung von Infektionskrankheiten. In seiner Amtszeit wurden staatliche Impfstoffgewinnungsanstalten und das Serotherapeutische Institut in Wien eingerichtet.

Nummer 38   **WATTMANN-MAELCAMP-BEAULIEU** Josef, Freiherr, Dr., Prof.
Arzt
* 6.3.1789, † 14.9.1866
Genoß als Operateur aufgrund seiner Sicherheit, Ruhe und Ausdauer einen ausgezeichneten Ruf. Professor der praktischen Chirurgie und Direktor des Operationsinstitutes in Wien (1824), Leibchirurg von Kaiser Ferdinand I. von Österreich (1834).

Nummer 39   **COSTENOBLE** Karl
Bildhauer
* 26.11.1837, † 20.6.1907
Schuf zahlreiche Büsten und Skulpturen im spätklassizistisch-neobarocken Stil, u.a. für das Arsenal, das Natur- und Kunsthistorische Museum und das Burgtheater; leitete 1883 die Jubiläumsausstellung zur Türkenbelagerung im Rathaus und stellte 1886 die städtische Waffensammlung und die Grillparzer-Ausstellung zusammen.

Gruppe 14 A

Nummer 40 CHARLEMONT Eduard
Maler
✶ 2.8.1848, ✝ 7.2.1906
In seinen meist kleinen Genrebildern zeigt er eine minutiöse Technik und große Eleganz. Von Makart beeinflußt, bilden die drei großen, je 18 Meter langen Deckenbilder im Foyer des Burgtheaters sein Hauptwerk. Malte auch Porträts, v.a. die Kinderbildnisse gelangen ihm vortrefflich. Lebte fast 30 Jahre in Paris.

Nummer 41 HOCHSTETTER Ferdinand, Ritter von, Dr., Prof.
Geologe
✶ 30.4.1829, ✝ 18.7.1884
Als Intendant des Naturhistorischen Museums (1876) erwarb er sich große Verdienste um die Einrichtung der geologisch-paläontologischen Sammlung. Nahm 1857-59 an der Weltumsegelung der österreichischen Fregatte „Novara" teil, 1860-81 Professor am Polytechnikum (Technische Hochschule).

Nummer 42 WEINLECHNER Josef, Dr., Prof.
Arzt
✶ 5.3.1829, ✝ 30.9.1906
Er gehörte zu den populärsten Professoren an der medizinischen Fakultät der Universität Wien und erwarb sich große Verdienste um die operative Behandlung der Luftröhre (erster Luftröhrenschnitt) und der Eierstöcke. 1865 Primarchirurg am St. Anna-Kinderspital, außerdem Primararzt im Rudolfsspital und im Allgemeinen Krankenhaus.

Nummer 43 FENDI Peter
Maler
✶ 4.9.1796, ✝ 26.8.1842
Ein Hauptvertreter der Wiener Biedermeiermalerei; schuf Sitten- und Genrebilder aus dem Wiener Volksleben, Landschaften und Porträts; besonders geschätzt sind seine mit spielerischer Leichtigkeit gemalten Aquarelle. Als Zeichner am Münz- und Antikenkabinett fertigte er zahlreiche Kopien nach Antiken.

Nummer 44 DAFFINGER Moritz Michael
Maler
✶ 25.1.1790, ✝ 21.8.1849
Bedeutendster Wiener Miniaturenmaler der 1. Hälfte des 19. Jahrhunderts. In seinen Porträts und Blumenbildern, die sich durch Feinheit und Wiedergabetreue auszeichnen, verschmelzen Wiener Klassizismus mit französischen und englischen Einflüssen zu einer typischen Formensprache des Wiener Biedermeier.

Nummer 45 BENK Johannes, Prof.
Bildhauer
✶ 27.7.1844, ✝ 12.3.1914
Seine künstlerische Gestaltungsweise reicht von klassizistischen Formen bis hin zum „Zuckerbäckerstil". Dabei gelingt ihm vor allem
die Darstellung weiblicher Anmut und feiner seelischer Empfindungen. Für Ringstraßenbauten fertigte er zahlreiche Skulpturen, u.a. für
die Votivkirche, das Burgtheater und die beiden Museen.

Nummer 45A KORNHÄUSEL Joseph Georg
Architekt
✶ 13.11.1782, ✝ 31.10.1860
Konsequenter Vertreter des Klassizismus im Vormärz, seine Architektur zeichnet sich durch ausgewogene Proportionen und elegante De-
tails aus. Sein Hauptwerk war die Weilburg (1820-23, 1945 zerstört),
zahlreiche Bauten in Wien, darunter das Haus Seitenstettengasse 4
mit der Synagoge im Hof sowie der „Kornhäuselturm" auf Nr. 2.

Nummer 46 KINK Julius, Ritter von
Industrieller
✶ 21.4.1843, ✝ 25.1.1909
Erwarb sich große Verdienste um den 1872 gegründeten Verein
österr.-ung. Papierfabrikanten; von der Handelskammer 1897 als Abgeordneter in den Reichsrat entsandt, trat er im Parlament gegen in-
dustriefeindliche Tendenzen auf und propagierte die Herstellung
gleicher Verhältnisse zwischen Österreich und Ungarn.

Nummer 46A NOBILE Peter von
Architekt
✶ 11.10.1774, ✝ 7.11.1854
Er war als Direktor der Architekturschule der Akademie der bildenden Künste (1819-49) der Lehrer fast aller Wiener Architekten der
zweiten Hälfte des 19. Jahrhunderts. Seine Kunstanschauungen wur-
zeln in der Antike, die romatischen Ideen seiner Zeit blieben ihm
fremd. In Wien sind u.a. das äußere Burgtor (1816-24) und der The-
seustempel (1820-23) von ihm erhalten.

Nummer 46B NEDER Johann Michael
Maler
✶ 29.4.1807, ✝ 30.8.1882
Stellt in seinen rund 500 Bildern und Zeichnungen in naiver Manier
das Leben der dörflichen Bewohner in Wiens Umland dar. Studierte
neben der Schusterlehre an der Akademie der bildenden Künste in
Wien. Stark autodidaktische Züge in seiner Malerei, aber auch an
seinen Zeitgenossen Waldmüller, Ranftl und Gauermann orientiert.

Gruppe 14 A

Nummer 47 **RADINGER** Johann, Edler von, Prof.
Techniker
✳ 31.7.1842, ✝ 20.11.1901
Schöpfer der Radinger'schen Methode der Schwungradberechnung, die den Bau kleiner, weil mit höherer Drehzahl laufender Dampfmaschinen ermöglichte. Professor des Maschinenbaus an der Technischen Hochschule (1873); auch als Planer und Konstrukteur bei zahlreichen industriellen Unternehmen tätig.

Nummer 48 **SITTE** Camillo
Stadtplaner und Architekt
✳ 17.4.1843, ✝ 16.11.1903
Gilt als einer der Begründer des modernen Städtebaus, formulierte seine Vorstellungen in „Der Städtebau nach seinen künstlerischen Grundsätzen" (1889); wandte sich gegen die zu seiner Zeit vorherrschende maximale Ausnützung der Baugründe, die ohne Rücksicht auf topographische Gegebenheiten und hygienische Erfordernisse erfolgte.

Nummer 49 **ARNETH** Joseph Calasanz, Ritter von, Prof.
Historiker und Numismatiker
✳ 12.8.1791, ✝ 31.10.1863
Direktor des Münz- und Antikenkabinetts (1840). Machte sich um die Neuordnung und Neuaufstellung der Bestände verdient, verfaßte dazu eine größere Anzahl von Katalogen. Spielte eine bedeutende Rolle bei der Einrichtung der Akademie der Wissenschaften (1847). Mit der Schauspielerin Antonie Adamsberger verheiratet.

Nummer 49 **ARNETH** Antonie (geb. Adamsberger)
Schauspielerin
✳ 30.12.1790, ✝ 25.12.1867
Verkörperte ab 1807 am Hofburgtheater tragische Rollen. Verlobte sich 1812 mit dem Freiheitsdichter Theodor Körner (1791-1813), gehörte zum Freundeskreis von Karoline Pichler. 1817 heiratete sie den Numismatiker Josef von Arneth. 1820 Vorleserin bei der Kaiserin Karolina Augusta und Vorsteherin des Karolinenstiftes.

Nummer 49 **ARNETH** Alfred, Ritter von, Dr.
Historiker
✳ 10.7.1819, ✝ 30.7.1897
Direktor des Haus-, Hof- und Staatsarchives (1868), trat als erster für die Freigabe der Archive für wissenschaftliche Forschung ein. Präsident der Akademie der Wissenschaften (1879-97). Ab 1861 im niederösterreichischen Landtag, ab 1869 im Herrenhaus (gemäßigt-liberale Verfassungspartei. Ehrenbürger von Wien (1887).

Nummer 50   **COSTENOBLE** Carl Ludwig
Schauspieler
✳ 25.12.1769, ✝ 28.8.1837
Er spielte hauptsächlich komische Rollen und Charakterrollen, zeichnete sich durch Vielseitigkeit und Humor aus. Nach Engagements in Bayreuth, Salzburg und Hamburg ab 1818 am Burgtheater, wo er später auch als Regisseur wirkte. Er verfaßte Komödien, die mit großem Erfolg aufgeführt wurden.

Nummer 51   **SCHINDLER** Emil Jakob
Maler
✳ 27.4.1842, ✝ 9.8.1892
Für seine Malerei, bewußt im Gegensatz zur vorwiegend heroisierenden und romantisierenden Alpenmalerei stehend, wurde der Begriff „Stimmungsimpressionismus" geprägt. Sein Ziel war die Vermittlung des Wesens der Dinge hinter dem realen Erscheinungsbild. Seine Lieblingsmotive waren die Donauauen, der Wienerwald und die Wachau.

Nummer 52   **ALT** Rudolf, Ritter von, Prof.
Maler
✳ 28.8.1812, ✝ 12.3.1905
Neben den Landschaften sind vor allem die Architekturveduten von großem Wert, die zu der künstlerischen Qualität noch großen topographischen Wert besitzen. Er bevorzugte die Aquarelltechnik mit ihren Möglichkeiten der Wiedergabe von Licht und Atmosphäre. Zählt auch zu den wichtigen frühen Wiener Lithographen.

Nummer 53   **BLAAS** Carl, Ritter von, Prof.
Maler
✳ 28.4.1815, ✝ 19.3.1894
Nazarener in der Nachfolge von Johann Friedrich Overbeck (1789-1869) wandte er sich später der naturalistisch-romantischen Malweise zu. Professor für Historienmalerei an der Wiener Akademie (1866-82). Von ihm sind u.a. 45 Freskogemälde im Arsenal mit Darstellungen aus der Geschichte Österreichs.

Nummer 54   **SCHMIDT** Friedrich, Freiherr von, Prof.
Architekt
✳ 22.10.1825, ✝ 23.1.1891
Einer der führenden Vertreter des Wiener Historismus, der im Sakral- wie Profanbau der Neugotik Geltung verschaffte (u.a Kirche Maria vom Siege, St. Othmar, Rathaus, Akademisches Gymnasium). Professor an der Wiener Akademie der bildenden Künste (1859-91). Auch als Denkmalpfleger bedeutend. Ehrenbürger der Stadt Wien (1883).

Nummer 55 **PRIX** Johann Nepomuk, Dr.
Kommunalpolitiker
✶ 6.5.1836, ✝ 25.2.1894
Bürgermeister von Wien (1889-94), Mitglied des Gemeinderates seit 1869 (liberaler Fortschrittsklub). Während seiner Amtszeit wurden die Vororte eingemeindet und Groß-Wien mit 19 Bezirken geschaffen (Gemeindestatut 1890). Die Einwohnerzahl stieg von 525.000 auf 1,365.000, die Fläche Wiens verdreifachte sich.

GRUPPE 14C:

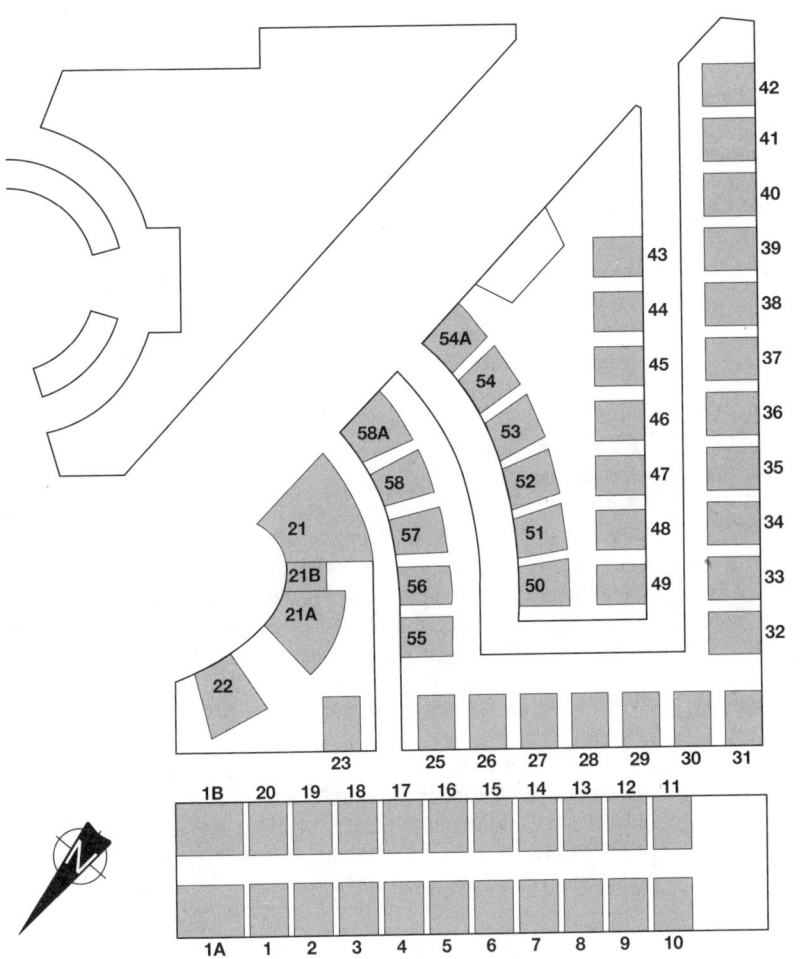

Nummer 1 **BOLTZMANN** Ludwig, Dr., Prof.
Physiker
✳ 20.2.1844, ✝ 5.9.1906
Durch die Vielfältigkeit und Bedeutung seiner wissenschaftlichen Arbeiten zählt er zu den bedeutendsten österreichischen Naturwissenschaftlern. Gilt als Pionier der Atomtheorie, klärte den Zusammenhang von Thermodynamik und Mechanik und befaßte sich u.a. mit der kinetischen Gastheorie sowie der mechanischen Wärmetheorie.

Nummer 1A **JOCHMANN** Rosa
Politikerin
✳ 19.7.1901, ✝ 27.1.1994
Von der Gestapo 1939 verhaftet und bis 1945 im KZ Ravensbrück eingesperrt, wurde sie nie müde, als Mahnerin und Zeitzeugin über das Grauen zu berichten. Seit der frühesten Jugend war sie bereits in der 1. Republik in der sozialdemokratischen Bewegung aktiv, von 1945-67 war sie Mitglied des Parteivorstandes der SPÖ und Abgeordnete zum Nationalrat. Ehrenbürgerin der Stadt Wien (1981).

Nummer 1B **FIRNBERG** Hertha, Dr. phil.
Politikerin (SPÖ)
✳ 18.9.1909, ✝ 14.2.1994
Von Bruno Kreisky 1970 mit dem Aufbau des neugeschaffenen Bundesministeriums für Wissenschaft und Forschung beauftragt, leitete sie bis 1983 ihr Ressort mit großem Erfolg, u.a. wurde das Universitäts-Organisationsgesetz verabschiedet, neue Studienrichtungen geschaffen und das Ephesos-Museum sowie das Museum moderner Kunst eingerichtet. Ehrenbürgerin der Stadt Wien (1979).

Nummer 2 **EXNER** Wilhelm Franz, Dr. h.c., Prof.
Technologe
✳ 9.4.1840, ✝ 25.5.1931
Direktor des auf seine Anregung gegründeten Technologischen Gewerbemuseums in Wien (1879-1904); bis 1910 Präsident des Gewerbeförderungsamtes und dann der Technischen Versuchsanstalt; Obmann des Normenausschusses (1920). Liberaler Reichsratsabgeordneter (1882-97). Mitglied des Herrenhauses (1905-18).

Nummer 3 **WETTSTEIN** Richard, Ritter von Westerheim, Dr., Prof.
Botaniker
✳ 30.6.1863, ✝ 10.8.1931
Gestaltete den Botanischen Garten neu und ließ 1905 ein Institutsgebäude und ein Museum einrichten. Studierte in Wien, 1892 Professor an der Universität Prag, 1899 Ordinarius in Wien. Vizepräsident der Akademie der Wissenschaften (1919-31).

Nummer 4 **NIESE** Hansi
Schauspielerin
✳ 10.11.1875, ✝ 4.4.1934
Gilt als der Urtyp der Komödiantin und als eine der größten Wiener Volksschauspielerinnen. Publikumsliebling in Operetten, Volksstücken und musikalischen Possen, die meist für sie geschrieben wurden, feierte sie auch in Stücken von Gerhart Hauptmann, Arthur Schnitzler und Ludwig Anzengruber Erfolge.

Nummer 4 **JARNO** Josef
Schauspieler und Theaterdirektor
✳ 24.8.1865, ✝ 11.1.1932
Als Direktor des Theaters in der Josefstadt (1899-1918) um die Verbreitung zeitgenössischer Schriftsteller bemüht, setzte u.a. Strindberg, Wedekind, Molnár, Schnitzler und Schönherr auf den Spielplan. Trat meist selbst in den Hauptrollen auf. 1926-31 leitete er die Renaissancebühne. Verheiratet seit 1899 mit der Schauspielerin Hansi Niese.

Nummer 5 **VITTORELLI** Paul, Dr.
Jurist
✳ 9.3.1851, ✝ 20.4.1932
Er war Justizminister im letzten Kabinett der österreichisch-ungarischen Monarchie (Oktober 1918). Er richtete 1897 das neugeschaffene Exekutionsgericht ein und leitete es bis 1903. 1920-30 Präsident des Verfassungsgerichtshofs. Studierte in Graz und Wien Jus und trat 1873 in den Justizdienst ein.

Nummer 6 **WILDGANS** Anton, Dr.
Schriftsteller
✳ 17.4.1881, ✝ 3.5.1932
Als Dramatiker mit vielgespielten Stücken anfangs Naturalist, später Wendung zu einem idealistischen Realismus und schließlich Expressionist; oft zitiert auch seine „Rede über Österreich", die er am 1.1.1930 im Rundfunk verlas. 1921-22 und 1930-31 Direktor des Wiener Burgtheaters.

Nummer 7 **SEIPEL** Ignaz, Dr., Prof.
Politiker
✳ 19.7.1876, ✝ 2.8.1932
„Als den bei weitem bedeutendsten Mann des Bürgertums" würdigte sein Gegenspieler Otto Bauer den „Prälaten ohne Milde", der 1922-24 und 1926-29 als christlich-sozialer Bundeskanzler die Geschicke Österreichs leitete. Zuletzt neigte er zu einem autoritären System nach ständestaatlichem Prinzip. Professor für Moraltheologie.

Nummer 8 **KURZ** Selma (verh. Halban)
Opernsängerin
✶ 15.10.1874, ♱ 10.5.1933
Eine der berühmtesten Koloratursopranistinnen ihrer Zeit, die sich nicht nur in der Oper, sondern auch als Konzert-, Lied- und Oratoriensängerin bewährte. Gustav Mahler holte sie 1899 an die Wiener Oper. Gastspiele an allen großen Bühnen der Welt. Verheiratet mit dem Gynäkologen Prof. Dr. Josef Halban (1910).

Nummer 9 **KRALIK** Richard, Ritter von Meyerswalden, Dr. jur.
Schriftsteller
✶ 1.10.1852, ♱ 5.2.1934
Strebte kulturelle Erneuerung auf Grundlage von Volkstum und Religion (Katholizismus) an. Nach 1918, als Christlich-Sozialer mit großdeutschen Neigungen, gehörte er zu jenen katholischen Kreisen, die als ideologische Wegbereiter für den Nationalsozialismus wirkten. Seine zahlreichen kulturhistorischen Werke waren weit verbreitet.

Nummer 10 **HUSSAREK** Max, Freiherr von Heinlein, Dr., Prof.
Politiker
✶ 3.5.1865, ♱ 6.3.1935
Versuchte als vorletzter Ministerpräsident (25.7.1918-27.10.1918) die österreichisch-ungarische Monarchie durch eine bundesstaatliche Umgestaltung vor dem Zerfall zu retten. Minister für Kultus und Unterricht (1911-17). Initiator der modernen Wiener Kirchenrechtsschule und Hauptvertreter des österreichischen Staatskirchenrechtes.

Nummer 11 **SCHÖNHERR** Karl, Dr.
Schriftsteller
✶ 24.2.1867, ♱ 15.3.1943
Heimat- und volksverbundener Dramatiker, Lyriker und Erzähler des Naturalismus. Erfolgreich mit schlagkräftigen Heimat- und Bauernstücken um erdverwurzelte Menschen der Tiroler Bergwelt und deren elementare Leidenschaften in wortkarger Sprache. Gab 1905 seine Arbeit als Arzt auf und lebte als freier Schriftsteller.

Nummer 13 **CIZEK** Franz, Prof.
Maler und Kunstpädagoge
✶ 12.6.1865, ♱ 17.12.1946
Pionier des Zeichenunterrichtes und Begründer der Jugendkunstbewegung, die auch in England und den USA viele Anhänger fand. 1903 Leiter einer „Versuchsschule für den Zeichenunterricht" an der Wiener Kunstgewerbeschule. Gründete 1914 die Vereinigung „Kunst und Schule" mit der gleichnamigen Zeitschrift.

Nummer 14 **SPEISER** Paul Franz
Kommunalpolitiker
✶ 19.7.1877, ✝ 8.11.1947
Hatte als Stadtrat für Personalangelegenheiten (1920-34) wesentlichen Anteil an der Aufbauarbeit des „Roten Wien". 1945 Obmann der Wiener SPÖ, Vizebürgermeister und Stadtrat für die städtischen Unternehmungen, ab 1946 Stadtrat für Personalangelegenheiten, Verwaltungs- und Betriebsreform.

Nummer 15 **EMMERLING** Georg
Kommunalpolitiker
✶ 12.7.1870, ✝ 12.12.1948
In seine Amtszeit als sozialdemokratischer Vizebürgermeister und Stadtrat für die städtischen Unternehmungen (1919-34) fielen der Ausbau und die Modernisierung der Energieversorgung (u.a. Kreditaktionen für die Einleitung von Strom und Gas) sowie die Übernahme und Elektrifizierung der Stadtbahn. Gemeinderat von 1912-34.

Nummer 16 **PFITZNER** Hans Erich, Dr., Prof.
Komponist und Dirigent
✶ 5.5.1869, ✝ 22.5.1949
Von seinen fünf Opern hat nur „Palestrina" (1917) als unanfechtbares Meisterwerk überlebt. Sein Leben ist vom Widerstand gegen alles „Moderne" gekennzeichnet. Sein betonter „Nationalismus" erhielt später durch die Nazis einen fatalen Beigeschmack und trug dazu bei, daß er fast vergessen ist, als er in einem Salzburger Altersheim stirbt.

Nummer 17 **NOVY** Franz
Kommunalpolitiker
✶ 28.9.1900, ✝ 14.11.1949
Als Stadtrat für das Bauwesen (1946- 1949) gelang es ihm mit Phantasie und Tatkraft, die Schutträumung zu organisieren, die Beseitigung der Kriegsschäden in Schwung zu bringen und mit den ersten Neubauten zu beginnen. Dabei versuchte er, schon die ersten Schritte des Wiederaufbaus in eine neue Gesamtplanung einzubinden.

Nummer 18 **STONNER** Rudolf
Gewerkschaftsfunktionär
✶ 23.1.1890, ✝ 10.4.1950
Er bewährte sich im Aufbau der österreichischen Gewerkschaftsbewegung und im opfervollen illegalen Kampf. Nach dem 1. Weltkrieg an der Gründung einer sozialdemokratischen Gewerkschaftsorganisation der städtischen Angestellten beteiligt. Im November 1945 wurde er Vorsitzender der Gewerkschaft der Gemeindebediensteten.

Nummer 19 KELDORFER Viktor, Prof.
Chordirigent und Komponist
* 14.4.1873, † 28.1.1959
Komponierte rund 200 Werke, v.a. Chor- und Kirchenmusik sowie Lieder. 1902-21 Chormeister des Wiener Männergesangsvereines, 1922-38 und ab 1945 Chormeister des Wiener Schubertbundes. 1938-45 hatte er Arbeitsverbot. Herausgeber der Männerchorwerke von Schubert und Bruckner.

Nummer 20 HOFFMANN Josef, Dr. h.c., Prof.
Architekt
* 15.12.1870, † 7.5.1956
Der Otto-Wagner-Schüler galt als jener Künstler, der die „österreichische Note" in seinen Arbeiten am besten zum Ausdruck brachte. Er gründete mit Kolo Moser 1903 die Wiener Werkstätte und 1912 den Österreichischen Werkbund. Einen internationalen Namen machte er sich mit dem Bau des Palais Stoclet in Brüssel (1905-11).

Nummer 21 KUNSCHAK Leopold
Politiker
* 11.11.1871, † 13.3.1953
Bedeutender christlich-sozialer Arbeiterführer, der wesentlich zum Zusammenschluß der katholischen Arbeitervereine beitrug. In der Zwischenkriegszeit Wortführer der christlich-sozialen Opposition im Wiener Gemeinderat. Er war 1945 Mitbegründer der ÖVP, 1945-46 Vizebürgermeister und 1945-53 1. Präsident des Nationalrates. Ehrenbürger der Stadt Wien (1946).

Nummer 21A RAAB Julius, Dipl.-Ing.
Politiker
* 29.11.1891, † 8.1.1964
In seine Amtszeit als Bundeskanzler (1953-61) fällt der Abschluß des Staatsvertrages 1955, der Österreich die Unabhängigkeit und Souveränität bringt. 1927-34 christlich-sozialer und 1945-61 ÖVP-Nationalrat; 1934-38 Bundeswirtschaftsrat; 1945 Mitbegründer der ÖVP. Bundesobmann der ÖVP (1952-61); Ehrenbürger der Stadt Wien (1961).

Nummer 21B SALLINGER Rudolf, Ing.
Politiker
* 3.9.1916, † 7.3.1992
Als Langzeit-Präsident der Bundeskammer der gewerblichen Wirtschaft (1964-90) ein vehementer Verfechter der Sozialpartnerschaft, die er durch die gute Zusammenarbeit mit dem Gewerkschaftsbund-Präsidenten Anton Benya wesentlich stabilisierte. 1966-90 ÖVP-Abgeordneter zum Nationalrat, Ehrenbürger der Stadt Wien (1984).

Nummer 22 **FIGL** Leopold, Dipl.-Ing., DDr. h.c.
Politiker
✴ 2.10.1902, † 9.5.1965
Er verstand es, als Bundeskanzler (1945-1953) der Bevölkerung selbst in der ärgsten Not der Nachkriegszeit Mut zu machen und trotz ständiger Spannungen mit den vier Alliierten die Gesprächsbasis zu erhalten. 1938-43, 1944-45 im KZ. 1945 Mitbegründer der ÖVP und deren Obmann bis 1951; 1953-59 Außenminister; 1959-62 1. Präsident des Nationalrates, 1962-65 Landeshauptmann von Niederösterreich.

Nummer 23 **AFRITSCH** Josef
Politiker
✴ 13.3.1901, † 25.8.1964
Ein Mann der ersten Stunde, er arbeitete am Wiederaufbau Wiens als sozialistischer Gemeinderat und Stadtrat für allgemeine Verwaltungsangelegenheiten (1945-59) mit; von 1959-63 war er Innenminister, bis 1964 Nationalrat. 1943 wurde er wegen seiner Gesinnung verhaftet und konnte sich der Verfolgung durch Flucht entziehen.

Nummer 25 **RIEMER** Hans
Kommunalpolitiker
✴ 2.8.1901, † 26.12.1963
1945 wurde er als Pressechef der Stadt Wien mit dem Wiederaufbau der Pressestelle betraut. 1946-56 Generalsekretär des Österreichischen Städtebundes. 1949-56 war er SPÖ-Bundesrat, 1956 bis zu seinem Tod Stadtrat für Personalangelegenheiten, ab 1959 Gemeinderat.

Nummer 26 **RESCH** Johann
Kommunalpolitiker
✴ 11.11.1890, † 26.4.1960
Sicherte in der Doppelfunktion als Wiener Finanzstadtrat und Generaldirektor der neugegründeten Wiener Stadtwerke (Verkehrsbetriebe, E-Werke, Gas-Werke, Bestattung, 1949-59) die finanzielle Basis für den Wiederaufbau. 1927 wurde er mit der Reorganisation der Verkehrsbetriebe beauftragt, deren Direktor er 1930-34 und 1945-49 war.

Nummer 27 **HONAY** Karl
Kommunalpolitiker
✴ 22.11.1891, † 5.6.1959
Er hatte wesentlichen Anteil am Wiederaufbau Wiens; 1945 wurde er Finanzstadtrat, 1947 zum Vizebürgermeister gewählt, 1947-49 wurde er Personalstadtrat, 1949-59 Stadtrat für Wohlfahrtswesen. Seit frühester Jugend mit der sozialdemokratischen Arbeiterbewegung verbunden, war er 1932 Verwaltungsstadtrat und 1933 Gesundheitsstadtrat.

Nummer 28 **KOCI** Franz Josef
Kommunalpolitiker
✶ 26.12.1899, ✝ 18.7.1966
Als sozialistischer Gemeinderat 1945-64 wirkte er am Wiederaufbau
Wiens aktiv mit. Er war 1951-54 Wohnungsstadtrat und 1954-64
Stadtrat für öffentliche Einrichtungen in Wien. Bereits in der Jugend
gewerkschaftlich organisiert, schloß er sich nach dem Februar 1934
den Revolutionären Sozialisten an.

Nummer 29 **MANDL** Hans
Kommunalpolitiker
✶ 28.9.1899, ✝ 23.10.1970
Er hatte am Wiederaufbau des Wiener Bildungswesens und des kulturellen Lebens wesentlichen Anteil. Er war 1949-64 sozialistischer
Stadtrat für Kultur und Volksbildung, von 1959-65 auch Vizebürgermeister. In seine Amtszeit fallen die Schaffung der Wiener Festwo-
chen und der Kulturförderung sowie die Reform der Volksbildung.

Nummer 30 **THALLER** Leopold
Kommunalpolitiker
✶ 8.9.1888, ✝ 16.2.1971
In seiner Amtszeit als sozialistischer Wohnungsstadtrat (1949-51)
und als Bautenstadtrat (1951-58) wurde der Wiederaufbau im wesentlichen abgeschlossen und der Übergang in eine neue Ära der
Stadterweiterung eingeleitet. Er war von 1919-34 und 1945-59 Gemeinderat.

Nummer 31 **HILLEGEIST** Friedrich
Politiker
✶ 21.2.1895, ✝ 3.12.1973
Der Vorsitzende der Gewerkschaft der Privatangestellten und SPÖ-
Nationalratsabgeordnete (1945-62) erwarb sich große Verdienste um
die österreichische Sozialgesetzgebung. Bot der Regierung im März
1938 erfolglos gewerkschaftliche Unterstützung gegen die Nazis an.

Nummer 32 **LAKOWITSCH** Karl
Politiker
✶ 5.2.1897, ✝ 2.2.1975
Als Mann des Wiederaufbaus war er 1945-53 ÖVP-Nationalratsab-
geordneter (1946 Errichtung des WIFIs), 1953-64 Stadtrat für bau-
behördliche und sonstige technische Angelegenheiten sowie Fried-
hofsverwaltung, 1959-64 Landeshauptmann-Stellvertreter, 1964-70
Präsident der Kammer der gewerblichen Wirtschaft Wien.

Nummer 33 PROKSCH Anton
Politiker
* 21.4.1897, † 29.4.1975
In seiner Amtszeit als sozialistischer Bundesminister für soziale Verwaltung (1956-66) wurde das moderne Sozialrecht ausgebaut. Er war 1924-34 Jugendsekretär der Freien Gewerkschaften, 1935-36 wegen seiner sozialdemokratischen Gesinnung inhaftiert. Von 1945-66 Nationalratsabgeordneter, 1948-56 Generalsekretär des ÖGB.

Nummer 34 JACOBI Maria
Kommunalpolitikerin
* 12.3.1910, † 8.10.1976
In ihre Amtszeit als Stadträtin für das Wohlfahrtswesen (1959-73) wurden die Wiener Sozialeinrichtungen grundlegend neuorganisiert. Seit 1924 in der sozialdemokratischen Bewegung tätig, gehörte sie 1945 zu den ersten, die sich am Wiederaufbau der sozialpolitischen Einrichtungen Wiens engagierten. Gemeinderätin 1945-75.

Nummer 35 CZERNETZ Karl, Prof.
Politiker
* 12.2.1910, † 3.8.1978
Als unbeirrter Kämpfer für ein vereintes Europa wirkte er ab 1955 im Europarat, dessen Präsident er 1975-78 war. Schon in jungen Jahren in der sozialdemokratischen Bewegung organisiert, emigrierte er 1938 nach England. 1945 baute er das Bildungswesen der SPÖ neu auf, 1949-78 Nationalratsabgeordneter.

Nummer 36 PROBST Otto
Politiker
* 29.12.1911, † 22.12.1978
Er gehörte dem Nationalrat von 1945-78 an, 1963-66 war er Verkehrsminister. Seit der frühen Jugend in der sozialdemokratischen Bewegung tätig, war er im autoritären Ständestaat mehrmals in Haft und wurde von den Nazis ins KZ Buchenwald verschleppt. 1946-65 Zentralsekretär der SPÖ.

Nummer 37 WALDBRUNNER Karl, Dipl.-Ing.
Politiker
* 25.11.1906, † 5.6.1980
Er hatte wesentlichen Anteil an der Verstaatlichung der Großbanken, Großindustrie und der Elektrizitätswirtschaft (1946/47). Unter seiner Leitung wurden die verstaatlichten Unternehmen zum Motor des Wiederaufbaus. Er war SPÖ-Nationalrat 1945-71, Bundesminister für Verkehr und verstaatlichte Betriebe (1949-56), Bundesminister für Verkehr und Elektrizitätswirtschaft (1956-62).

Nummer 38 **NITTEL** Heinz
Kommunalpolitiker
∗ 29.10.1930, † 1.5.1981
Als Stadtrat für städtische Dienstleistungen und Konsumentenschutz
bzw. Straße, Verkehr, Energie (1976-81) bemühte er sich u.a. um die
Beschleunigung des U-Bahn-Baues. Er wurde von einem palästinen-
sischen Terrorkommando ermordet, vermutlich, weil er Präsident der
Österreichisch-Israelitischen Gesellschaft war.

Nummer 39 **MAISEL** Karl
Politiker
∗ 3.11.1890, † 13.3.1982
In seiner Amtszeit als Sozialminister (1945-56) wurden die Grundlagen für die Sozialgesetzgebung der Zweiten Republik geschaffen,
u.a. entstand das Allgemeine Sozialversicherungsgesetz (ASVG).
Bereits in seiner Jugend in der sozialdemokratischen Arbeiterbewegung aktiv, 1945-59 SPÖ-Nationalratsabgeordneter.

Nummer 40 **PITTERMANN** Bruno, Dr.
Politiker
∗ 3.9.1905, † 19.9.1983
Er wird zu den bedeutendsten Persönlichkeiten in der Geschichte des
österreichischen Parlamentarismus gezählt. 1945-71 gehörte er als
sozialistischer Abgeordneter dem Nationalrat an, 1957 wurde er Vi-
zekanzler (bis 1966) und Parteivorsitzender der SPÖ (bis 1967).
1964 bis 1976 war er Präsident der Sozialistischen Internationale.

Nummer 41 **STEMMER** Wilhelm, Dr.
Kommunalpolitiker
∗ 27.8.1909, † 13.10.1984
Ein Politiker der ersten Stunde, er hat als Lehrer und SPÖ-Gemein-
derat (1945-73) nach 1945 entscheidend am Aufbau des Wiener
Schulwesens mitgewirkt. 1954 wurde er Obmann der sozialistischen
Fraktion im Gemeinderat, 1965-73 war er Erster Präsident des Wie-
ner Landtages.

Nummer 42 **HINTSCHIG** Alfred, Dkfm.
Kommunalpolitiker
∗ 3.6.1919, † 4.9.1989
Er war von 1964-78 sozialistischer Mandatar im Wiener Gemeinderat,
1968-73 Stadtrat für allgemeine Verwaltungsangelegenheiten bzw. für
Liegenschafts- und Zivilrechtsangelegenheiten; 1978-87 vertrat er Wien
im Bundesrat. 1976-84 war er Generaldirektor der Wiener Messe.

Nummer 54   **BRODA** Christian, DDr.
Politiker
✶ 12.3.1916, ✝ 1.2.1987
Während seiner zweiten Amtszeit als Justizminister (1970-83, erstmals 1960-66) erfolgten wesentliche Reformen auf dem Gebiet des Familien-, Personen- und Strafrechts, u.a. die Gleichstellung der Frau im Familienrecht und die Fristenlösung. Er war im antifaschistischen Widerstand aktiv; SPÖ-Nationalrat 1959-1983.

Nummer 54A   **MAREK** Bruno
Kommunalpolitiker
✶ 23.1.1900, ✝ 29.1.1991
Wiener Bürgermeister von 1965-70. In dieser Zeit wurde der Bau der U-Bahn beschlossen, die 4. Donaubrücke gebaut und das Fernheizwerk Spittelau eröffnet. Arbeitete 1924-1934 bei der Wiener Messe AG., 1945 übernahm er deren Leitung. SPÖ-Gemeinderat 1945-70, 1949-65 Landtagspräsident. Ehrenbürger von Wien (1970).

Nummer 58A   **SLAVIK** Felix, Dr. h.c.
Kommunalpolitiker
✶ 3.5.1912, ✝ 6.10.1980
Wiener Bürgermeister 1970-73, davor ab 1957 Finanzstadtrat und ab 1959 Vizebürgermeister. Sein Name ist mit wichtigen Weichenstellungen für die Entwicklung Wiens verbunden: die Neuordnung des Wohnungswesens und die Beschlüsse über den Bau der U-Bahn und der Donauinsel. Ehrenbürger der Stadt Wien (1977).

EHRENGRÄBER GRUPPE 32A:

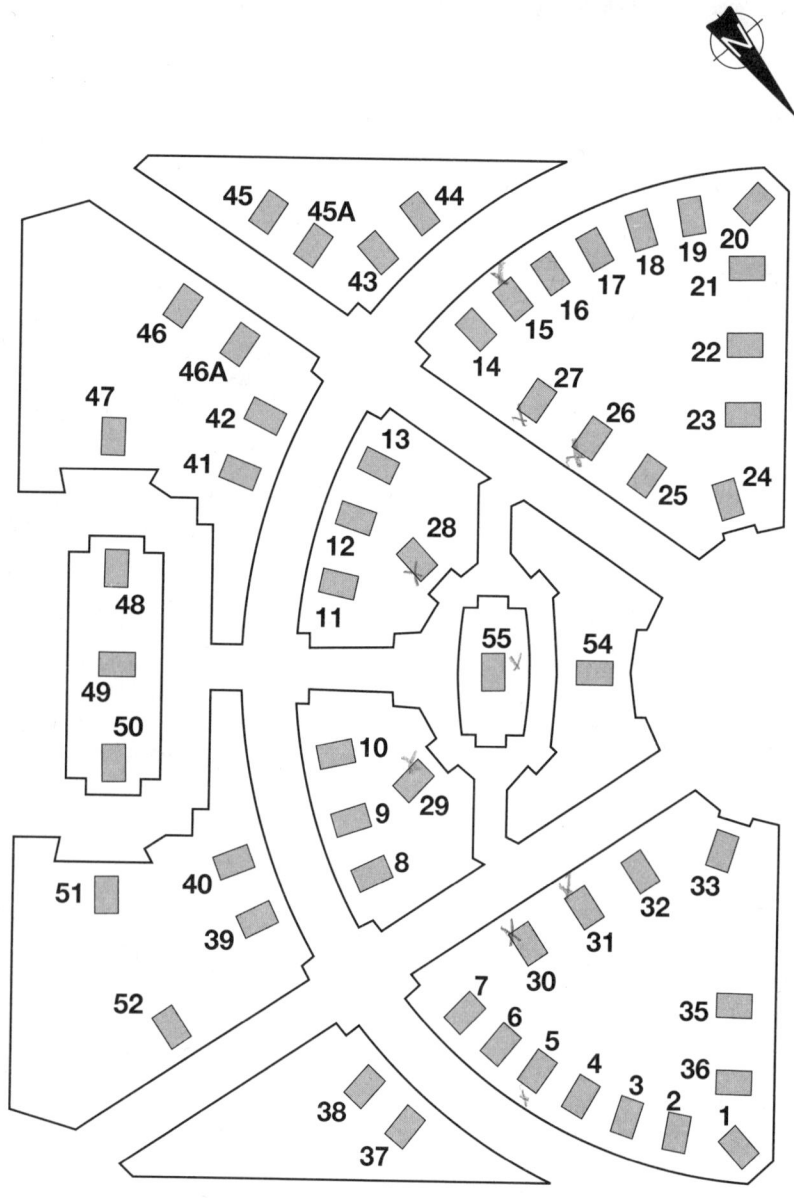

Nummer 1   **BAUERNFELD** Eduard von (Ps. Rusticocampius, Feld), Dr. h.c.
Schriftsteller
* 13.1.1802, † 9.8.1890
Hausdichter des Burgtheaters; bis 1889 erschienen von ihm 43 Stücke mit mehr als 1.000 Aufführungen. Verkehrte mit Schubert, Schwind, Grillparzer, Schreyvogel u.a. 1848 beantragte er gemeinsam mit Anton Graf Auersperg eine liberale Verfassung, zog sich dann aber von jeder politischen Aktivität zurück. Ehrenbürger der Stadt Wien (1882).

Nummer 2   **MEGERLE VON MÜHLFELD** Eugen, DDr.
Politiker
* 3.5.1810, † 24.5.1868
Als Reichstagsabgeordneter (1861-68) gehörte er zu den führenden Männern der großösterreichischen Partei. Er setzte sich für den Schutz der persönlichen Freiheit, für das Briefgeheimnis und für die Abschaffung der Todesstrafe ein. Auf seine Initiative gehen die „Maigesetze" (1868) zurück, die das Konkordat stark abschwächten.

Nummer 3   **FRANK** Johann Peter, DDr., Prof.
Arzt
* 19.3.1745, † 24.4.1821
Er gilt als Begründer der Hygiene als selbständige Wissenschaft. Er kam 1795 nach Wien und reorganisierte hier die Militärmedizin. 1805 wurde er zum Vorstand des Allgemeinen Krankenhauses bestellt, welches unter seiner Leitung völlig neu organisiert wurde. Seine Praxis florierte, sein Salon wurde zum Mittelpunkt des musikalischen Lebens.

Nummer 4   **MOHS** Friedrich, Prof.
Mineraloge
* 29.1.1773, † 29.9.1839
Er war um die naturwissenschaftliche Fundierung und den logisch klaren Aufbau der Mineralogie bemüht. Seine Härteskala, die für einfache Mineralbestimmungen noch heute angewendet wird, fand weite Verbreitung. Er wurde 1826 als Professor für Mineralogie an die Universität Wien berufen, 1834 Kustos der Hofmineraliensammlung.

Nummer 5   **VAN DER NÜLL** Eduard, Prof.
Architekt
* 9.1.1812, † 3.4.1868
Übte als Architekt und akademischer Lehrer (Professor an der Akademie 1845-64), stets in Zusammenarbeit mit Siccardsburg, eine große Wirkung auf die Entfaltung der Baukunst in Österreich aus. Beide Architekten vertraten die Idee des Gesamtkunstwerkes, ihre Arbeiten werden heute zu den Hauptleistungen des Historismus gezählt.

Nummer 6   **NESTROY** Johann
Schriftsteller
✴ 7.12.1801, ✝ 25.5.1862
Erfolgreichster Vertreter des Wiener Volks-Theaters, unübertroffen komischer Charakterschauspieler seiner Zeit. Schildert in seinen Volksstücken und Lokalpossen mit scharfer Ironie, urwüchsiger Komik und beißendem Spott das vormärzliche Wien. Übergang von der Phantasiekomödie zu realistisch-satirischen sozialen Tendenzstücken.

Nummer 7   **RAHL** Carl Heinrich, Prof.
Maler
✴ 13.8.1812, ✝ 9.7.1865
In seinen Werken stark von Renaissance und Barock beeinflußt, trotz eklektischer Züge gewisse Originalität. Auch als realistischer Porträtist von Bedeutung. Zahlreiche Reisen, allein in Italien lebte er 18 Jahre. Professor an der Wiener Akademie der bildenden Künste.

Nummer 8   **PREYER** Gottfried, Edler von
Komponist
✴ 15.3.1807, ✝ 9.5.1901
Von seinen zahlreichen Kompositionen (Requien, Messen, Symphonien, Opern usw.) sind zu seinen Lebzeiten nur wenige in Druck erschienen. 1844-76 Vizehofkapellmeister, 1853-1901 Domkapellmeister von St. Stephan. Bestimmte testamentarisch sein Vermögen zur Gründung des nach ihm benannten Kinderspitals im 10. Bezirk.

Nummer 9   **WEIGL** Robert
Bildhauer
✴ 16.10.1852, ✝ 26.12.1902
Er war Schöpfer vieler Denkmäler, Statuen und Büsten, u.a. der Beethoven-Statue im Heiligenstädter Park (Architektur v. R. Oerley). Auch sein Grabdenkmal ist nach seinem Entwurf geschaffen.

Nummer 10   **WOLF** Hugo
Komponist
✴ 13.3.1860, ✝ 22.2.1903
Spätromantiker, einer der bedeutendsten Liedkomponisten des 19. Jahrhunderts. Seine Lieder zeichnen sich durch deutliche Rücksichtnahme auf die Dichtung aus, jede Textnuance wird ausgeleuchtet. Studierte 1875-77 am Wiener Konservatorium. Als Musikkritiker machte er sich durch seine kompromißlose Art viele Feinde.

Nummer 11 **MÜLLER** Adolf sen. (eigentl. Matthias Schmid)
Komponist
✶ 7.10.1801, ✝ 29.7.1886
Überaus produktiver Bühnenkomponist; er schuf rund 650 Bühnenwerke, u.a. musikalische Possen, Opernparodien, Singspiele und die Musik zu Werken von Johann Nestroy. 1825 erste Erfolge als Bühnenkomponist, ab 1827 Kapellmeister an verschiedenen Wiener Theatern, u.a. im Carls-Theater und im Theater an der Wien.

Nummer 12 **RÜCKAUF** Anton
Komponist und Pianist
✶ 13.3.1855, ✝ 19.9.1903
Seine Bedeutung als Komponist liegt in erster Linie in seinem Liedschaffen. Seine einstimmigen Klavierlieder zeichnen sich durch feinsinnige Empfindungsschilderung und vollendete formale Gestaltung aus. Große Erfolge auch als Liedbegleiter am Klavier.

Nummer 13 **KOMZÁK** Karl
Komponist
✶ 8.11.1850, ✝ 23.4.1905
Erwarb sich vor allem als Dirigent große Popularität und internationale Bekanntheit. Sehr beliebt waren seine Arrangements (Potpourris). Hauptsächlich als Militärkapellmeister tätig, ab 1892 Kurkapellmeister in Baden. Komponierte mehr als 300 Märsche, Walzer, Polkas, Lieder und Männerchöre.

Nummer 14 **ANDER** Alois (eigentl. Anderle)
Opernsänger
✶ 10.8.1821, ✝ 11.12.1864
Feierte sein Debüt als Tenor 1845 an der Wiener Hofoper, deren Hauptstütze er wurde. Ursprünglich Beamter beim Wiener Magistrat, Gesangsausbildung bei Franz Wild. Mitglied des Männergesangsvereines, unternahm auch Gastspielreisen.

Nummer 15 **STRAUSS** Johann (Vater)
Komponist und Kapellmeister
✶ 14.3.1804, ✝ 25.9.1849
Er machte neben Josef Lanner den aufkommenden Walzer salonfähig und zum beliebtesten Gesellschaftstanz der Zeit. Schuf insgesamt 251 Werke, darunter 152 Walzer, 32 Quadrillen und 16 Märsche (besonders berühmt wurde der Radetzkymarsch). Gründete 1825 seine eigene Kapelle, 1835 Hofballmusikdirektor.

Nummer 16 LANNER Josef
Komponist, Kapellmeister
✳ 12.4.1801, ✝ 14.4.1843
Vom Landler ausgehend, schufen er und Johann Strauß Vater die spezifische Form des Wiener Walzers als Walzerkette mit Introduktion und Finale. Er wußte die Klangmöglichkeiten des Orchesters wirkungsvoll auszunützen und genoß auch als Violinvirtuose einen hervorragenden Ruf. 1824 Gründung eines eigenen Orchesters.

Nummer 17 GALLMEYER Josefine (eigentl. Tomaselli)
Schauspielerin
✳ 27.2.1838, ✝ 3.2.1884
Als Soubrette und „Lokalsängerin" in Possen, aber auch in ernsten Charakterrollen galt sie als Epochenerscheinung des Wiener Theaters. Sie kreierte wirkungsvoll Anzengrubers „Trutzige". Auch schriftstellerisch begabt; verlor fast ihr ganzes Vermögen als Direktorin des Strampfertheaters in der Tuchlauben (1874).

Nummer 18 GEISTINGER Marie
Schauspielerin
✳ 26.7.1833, ✝ 29.9.1903
Als „Königin der Operette" kreierte sie mit sensationellem Erfolg alle Offenbach-Operetten und auch die Gesangspartien in Johann Strauß „Cagliostro" und „Fledermaus", trat aber ebenso überzeugend in Anzengruber-Stücken und als Tragödin, u.a. als Medea, Maria Stuart, auf. Ab 1875 ausgedehnte Gastspielreisen, u.a. durch Amerika.

Nummer 19 MATRAS Josef
Schauspieler
✳ 1.3.1832, ✝ 30.9.1887
Einer der beliebtesten Schauspieler seiner Zeit. In Volksstücken, Possen und Operetten auftretend, zählte er zu den letzten Vertretern der gemütvollen Wiener Komik in der Tradition Raimunds. Begeisterte das Publikum mit seiner behäbigen, in der Anwendung der komischen Mittel sparsamen Art.

Nummer 20 WOLTER Charlotte
Schauspielerin
✳ 1.3.1834, ✝ 14.6.1897
Als berühmteste Tragödin des 19. Jahrhunderts im deutschen Sprachraum ist ihre Leistung eng mit der Blütezeit des Wiener Burgtheaters verbunden. 35 Jahre hindurch spielte sie ab 1862 alle Heroinnenrollen am Burgtheater. Ihr „Wolterschrei" ging in die Theatergeschichte ein.

Gruppe 32 A

Nummer 21 **PORZER** Josef, Dr.
Kommunalpolitiker
✱ 1.11.1847, ✝ 28.5.1914
Auf seine Initiative gehen u.a. die Gründung einer Renten-Versicherungsanstalt und des Berufsvormundschaftsamtes zurück. Als Rechtskonsulent Wiens wirkte er u.a. bei der Einrichtung der Zentralsparkasse sowie bei der Übernahme der Leichenbestattung mit. Ab 1895 christlich-sozialer Gemeinderat, Vizebürgermeister (1905-14).

Nummer 22 **STROBACH** Josef
Kommunalpolitiker
✱ 24.12.1852, ✝ 11.5.1905
Bei Hof und Kirche persona non grata, lehnte es der Kaiser dreimal ab, die vom Gemeinderat getroffene Wahl von Dr. Karl Lueger zum Bürgermeister zu bestätigen. Als Übergangslösung wurde schließlich Josef Strobach 1896/97 zum Bürgermeister gewählt. Er war Gemeinderat (1893-1905), Vizebürgermeister (1897-1905).

Nummer 23 **NEGRELLI** Alois, Ritter von Moldelbe, Ing.
Techniker
✱ 23.1.1799, ✝ 1.10.1858
Galt weit über die Grenzen der damaligen Monarchie in allen Verkehrsfragen als erster Sachverständiger. Er war an der Entwicklung des Wasserstraßen- und Eisenbahnwesens in den österreichischen Kronländern, der Schweiz und Oberitalien maßgeblich beteiligt. Seine bedeutendste Arbeit war der Entwurf des Suezkanals.

Nummer 24 **GHEGA** Karl, Ritter von, Dr.
Techniker
✱ 10.1.1802, ✝ 14.3.1860
Seine Leistungen auf dem Sektor des Straßen-, Brücken- und Eisenbahnbaues machten ihn zu einem der bedeutendsten Verkehrstechniker seiner Zeit. Mit der Planung und dem Bau der Semmeringbahn (1848-54) hat er seinen Namen in der Geschichte des Eisenbahnbaus festgeschrieben.

Nummer 25 **DUMBA** Nikolaus
Industrieller und Kunstmäzen
✱ 24.7.1830, ✝ 23.3.1900
Besondere Bedeutung erlangte der Industrielle und Großgrundbesitzer als Kunstmäzen. Er hatte eine große Sammlung zeitgenössischer Skulpturen und ließ sein Ringstraßenpalais von Makart und Klimt ausschmücken. Mitglied des niederösterreichischen Landtages (1870-95), des Reichsrats (1873-85) und des Herrenhauses (ab 1885). Ehrenbürger der Stadt Wien (1890).

Nummer 26 **BRAHMS** Johannes, DDr. h.c.
Komponist, Pianist und Dirigent
✳ 7.5.1833, ✝ 3.4.1897
Er gilt als Hauptvertreter der deutschen klassizistischen Hochromantik und Vollender der Wiener Klassik. Schrieb vier Symphonien, Klavierkonzerte, Gesangswerke mit Orchester und Kammermusik. In seiner Wahlheimat Wien (ab 1862) hatte er einen ausgedehnten Freundeskreis (darunter Billroth, Hanslik, Kalbeck und Johann Strauß Sohn).

Nummer 27 **STRAUSS** Johann (Sohn)
Komponist
✳ 25.10.1825, ✝ 3.6.1899
Seine Operetten eroberten die Bühnen der Welt, er gilt als Begründer der goldenen Wiener Operetten-Ära. Seine Musik ist voll Heiterkeit und Leichtigkeit. Trotzdem nimmt der Walzer, den er vom einfachen Biedermeiertanz zum symphonisch instrumentierten Konzertwalzer weiterentwickelte, einen besonderen Platz ein.

Nummer 28 **SCHUBERT** Franz
Komponist
✳ 31.1.1797, ✝ 19.11.1828
Als „Romantiker der Klassik" ist Schubert in die Musikgeschichte eingegangen, zu Recht auch als „Liederfürst", hat er doch dem Kunstlied neue Wege gewiesen. Trotz seiner geringen Lebensspanne hinterließ er ein großes Werk, u.a. mehr als 600 Lieder, acht Symphonien, sieben Messen, 15 Streichquartette, Tänze und Klavierstücke.

Nummer 29 **BEETHOVEN** Ludwig van
Komponist
✳ 16.12.1770, ✝ 26.3.1827
Von den Vorbildern der Wiener Klassik ausgehend, weist sein Schaffen weit in die Romantik und hat die Entwicklung der Musik nachhaltig beeinflußt. Er schuf eine Oper, neun Symphonien, Kammermusik, Klaviersonaten, Lieder u.v.m. Lebte ab 1792 in Wien, Unterricht bei Albrechtsberger und Salieri. Um 1800 begann sein Gehör zu schwinden, ab 1815 war er taub.

Nummer 30 **STREICHER** Johann Andreas
Klavierfabrikant und Pianist
✳ 13.12.1761, ✝ 25.5.1833
Erfand den „Hammerschlag von oben", die sogenannte „Wiener Mechanik" des Hammerklaviers, die von Mozart und Beethoven sehr geschätzt wurde. Der Pianist kam 1892 nach Wien und gründete 1802 mit seiner Frau Nanette (geborene Stein) eine eigene Pianoforte-Fabrik, die bald zu einem bekannten Unternehmen wurde.

Gruppe 32 A

Nummer 31 **SUPPÉ** Franz von (eigentl. Francesco Ezechiele Ermenegildo Cavaliere Suppé Demelli)
Komponist
✶ 18.4.1819, ✝ 21.5.1895
Seine Musik, in der Nachfolge Offenbachs stehend, leitete den Siegeszug der Operette als neue Form des Singspiels ein. Als Geburtstag der Wiener Operette gilt die Uraufführung seiner einaktigen Operette „Das Pensionat" am 24. 11. 1860 im Carls-Theater. Zu seinen größten Erfolgen zählen „Die schöne Galathee" und „Boccaccio".

Nummer 32 **HERBECK** Johann Franz, Ritter von, Prof.
Komponist
✶ 25.12.1831, ✝ 28.10.1877
Er schuf Symphonien, Messen und Kammermusik. Als Chormeister des Wiener Männergesangsvereines (1856) erwarb er sich große Verdienste um die Chorwerke Schuhmanns und Bruckners sowie die bereits in Vergessenheit geratenen Männerchorwerke Schuberts. Er war u.a. 1870-75 Direktor der Hofoper.

Nummer 33 **HASENAUER** Karl, Freiherr von
Architekt
✶ 20.7.1833, ✝ 4.1.1894
Er vertrat einen sehr dekorativen Neobarock, der besonders von den Formen des Spätmanierismus inspiriert war. Die pompöse Wirkung wurde häufig auf Kosten der Innenlösungen erzielt. Vor allem beim Burgtheater und den beiden Ringstraßenmuseen von Semper abhängig.

Nummer 34 **HEBBEL** Friedrich
Schriftsteller
✶ 18.3.1813, ✝ 13.12.1863
Der aus Schleswig-Holstein stammende Dichter lebte ab 1846 überwiegend in Wien. Mit seinen Dramen „Judith", „Maria Magdalena", „Agnes Bernauer", „Gyges und sein Ring" u.a. gilt er als der größte deutsche Tragiker des 19. Jahrhunderts. Seine Gattin, die Burgschauspielerin Christine Enghaus (1817-1910), ist mit ihm bestattet. Die Gemeinde Wien widmete zur Wiederbestattung des im protestantischen Matzleinsdorfer Friedhof beerdigten Dichters Friedrich Hebbel und seiner Gattin Christine diesen Grabplatz.

Nummer 35 **MILLÖCKER** Karl Joseph
Komponist
✶ 29.4.1842, ✝ 31.12.1899
Er ist nach Suppé und Strauß der dritte große Repräsentant der sogenannten „klassischen" (goldenen) Ära der Wiener Operette. Als seine Stärke galt die zugkräftige Einzelnummer. Einzelne seiner Operetten wurden in der zweiten Glanzzeit der Operette, in den 30er Jahren, erfolgreich neu bearbeitet.

Gruppe 32 A

Nummer 36 **MARTINELLI** Ludwig
Schauspieler und Regisseur
✳ 9.8.1832, ✝ 13.6.1913
Er war einer der bedeutendsten Volksschauspieler seiner Zeit und besonders als Interpret der Gestalten Anzengrubers erfolgreich. Ab Herbst 1889 fand er im neugegründeten Volkstheater eine Wirkungsstätte für seine Schauspielkunst. Hier war er bis 1908 als Schauspieler und Regisseur mit größtem Erfolg tätig.

Nummer 37 **PAYER** Julius, Ritter von, Dr., Prof.
Polar- und Alpenforscher
✳ 2.9.1842, ✝ 29.8.1915
Entdeckte gemeinsam mit Karl Weyprecht auf der österreichisch-ungarischen Nordpolexpedition (1872-74) das Kaiser-Franz-Josef-Land. Die reiche wissenschaftliche Ausbeute der Expedition bildete die Grundlage der weiteren Polarforschung. Er leistete auch Pionierarbeit bei der wissenschaftlichen Erschließung der Ostalpen.

Nummer 38 **EISENMENGER** August, Prof.
Maler
✳ 11.2.1830, ✝ 7.12.1907
Er stattete zahlreiche Gebäude der Ringstraßenära mit Fresken und Gemälden aus, u.a. sind das Deckengemälde „Apollo und die neun Musen" im großen Saal des Musikvereinsgebäudes (1869) und die Sgrafitti an der Rückfront der Universität (1884) von ihm.

Nummer 39 **ZUMBUSCH** Kaspar, Ritter von, Prof.
Bildhauer
✳ 23.11.1830, ✝ 27.9.1915
Er gilt als der bedeutendste Bildhauer des Ringstraßenstils. 1872 an die Akademie der bildenden Künste berufen, lehrte er hier bis 1901. Er schuf für viele Ringstraßengebäude Bauplastiken sowie zahlreiche Porträtbüsten. Seine Hauptwerke in Wien sind Denkmäler für Beethoven (1880) und Maria Theresia (1888).

Nummer 40 **HELMER** Hermann
Architekt
✳ 13.7.1849, ✝ 2.4.1919
Er schloß 1873 mit Ferdinand Fellner d. J. eine gleichberechtigte Architektengemeinschaft. Gemeinsam entwarfen sie 48 Theaterbauten in mittel- und osteuropäischen Städten. In Wien: Ronacher 1887/88, Volkstheater 1887/89, Konzerthaus 1912/13 gemeinsam mit Ludwig Baumann sowie Wohn- und Warenhäuser.

Nummer 41 **FRIEDRICH - MATERNA** Amalia
Opernsängerin
✷ 10.7.1847, ♱ 18.1.1918
Sie galt als ideale Wagnerinterpretin und gab an allen bedeutenden
Opernbühnen Gastspiele. Den künstlerischen Höhepunkt ihrer Karriere bildete ihre Tätigkeit bei den Bayreuther Festspielen, wo sie
1876 die Brünhilde und 1882 die Kundry kreierte. Ab 1902 wirkte
sie noch als Gesangspädagogin.

Nummer 42 **STRAUSS** Eduard
Komponist
✷ 15.3.1835, ♱ 28.12.1916
Der jüngste Sohn von Johann Strauß Vater gründete 1870 ein eigenes
Orchester, mit dem er erfolgreiche Konzertreisen durch ganz Europa
unternahm. Dann trat er in die Kapelle seines Bruders ein und wurde
1871 Hofkapellmeister. Er komponierte, deutlich von seinem Bruder
beeinflußt, mehr als 300 Tänze und Walzer.

Nummer 43 **WILT** Marie
Opernsängerin
✷ 30.1.1834, ♱ 24.9.1891
Ihre außerordentliche dramatische Begabung zeigte sich besonders
bei der Darstellung von Frauenrollen in den Opern Richard Wagners.
1867-77 war sie Mitglied der Wiener Oper, 1886 zog sie sich ganz
von der Bühne zurück.

Nummer 44 **STRAUSS** Josef
Komponist
✷ 20.8.1827, ♱ 22.7.1870
Der zweitälteste Sohn von Johann Strauß Vater schloß das vom Vater
gewünschte Technikstudium ab, erhielt aber daneben auch Geigenun-
terricht. Schließlich vertrat er seinen Bruder Johann fallweise in der
Leitung der Kapelle. Er schuf rund 250 Kompositionen, vor allem
Walzer.

Nummer 45 **SCHREYVOGEL** Joseph, Dr. (Ps. Thomas West, Karl August West)
Schriftsteller
✷ 27.3.1768, ♱ 28.7.1832
In seinen Schriften erweist er sich als gewandter, formsicherer Dramatiker, Erzähler und Übersetzer. Als Dramaturg des Burgtheaters
trug er wesentlich zur Hebung des künstlerischen Niveaus der Bühne
bei. Er engagierte bekannte Schauspieler und ließ die deutschen und
spanischen Klassiker aufführen.

Nummer 45A KRONES Therese
Schauspielerin und Soubrette
∗ 7.10.1801, † 28.12.1830
Sie gilt als die bedeutendste weibliche Erscheinung des Altwiener Volkstheaters. Mit der wehmütig-schelmischen Darstellung der Jugend im „Bauer als Millionär", die ihr Ferdinand Raimund auf den Leib geschrieben hatte, errang sie große Popularität.

Nummer 46 BERGER Alfred, Freiherr von, DDr., Prof.
Dramaturg und Theaterdirektor
∗ 30.4.1853, † 24.8.1912
Als Direktor des Burgtheaters (1910-12) brachte er Hauptmann, Hebbel, Ibbsen, Kleist, Schnitzler, Shaw und Wilde auf den Spielplan. Davor war er 1899-1910 Direktor des neugegründeten Hamburger Schauspielhauses, wo er sich um Klassikeraufführungen verdient machte. Professor für Ästhetik an der Universität Wien (1896).

Nummer 46 BERGER Johann Nepomuk (Ps. Sternau), Dr.
Politiker
∗ 16.9.1816, † 9.12.1870
Nach kurzer Lehrtätigkeit an der Theresianischen Akademie wandte sich der promovierte Jurist der Politik zu, 1848 war er Abgeordneter der Frankfurter Nationalversammlung, 1861-67 Wiener Gemeinderat, 1863-70 Reichsratsabgeordneter (deutsch-liberal) und 1867-70 Minister ohne Portefeuille im „Bürgerministerium". Vater von Burgtheaterdirektor Alfred Berger.

Nummer 46 HOHENFELS Stella, (verh. Berger), Freifrau
Schauspielerin
∗ 16.4.1857, † 21.2.1920
Sie verkörperte über Jahrzehnte das Idealbild eines jungen Mädchens auf der Bühne, wie es dem Zeitgeschmack entsprach. 1873 erstmals am Burgtheater, wurde sie 1887 auf Lebenszeit verpflichtet. Mit Alfred Berger seit 1889 verheiratet, zog sie sich nach dessen Bestellung zum Burgtheaterdirektor 1910 von der Bühne zurück.

Nummer 46A EYSLER (eigentl. Eisler) Edmund, Prof.
Komponist
∗ 12.3.1874, † 4.10.1949
Er leitete die „Silberne Ära" der Wiener Operette ein. Mit Alexander Girardi in der Hauptrolle hatte sein Erstling „Bruder Straubinger" 1903 bei der Uraufführung einen durchschlagenden Erfolg. Er schuf rund 60 Operetten, auch viele seiner Wiener Lieder fanden eine weite Verbreitung.

Gruppe 32 A

Nummer 47 **BLASEL** Karl
Schauspieler
* 16.10.1831, † 16.6.1922
Wirkte seit 1863 am Strampferschen Theater in Wien, später am
Theater an der Wien und am Carls-Theater; er bildete mit den Schauspielern Knaack und Matras ein ausgezeichnetes Komiker-Trio und
errang große Erfolge in Operetten und Possen. Von ihm stammt das
geflügelte Wort: „Bitte sehr, bitte gleich!"

Nummer 48 **KREMSER** Eduard
Komponist und Dirigent
* 10.4.1838, † 26.11.1914
Er galt als Autorität auf dem Gebiet des Wiener Volksgesanges, des-
sen Standard-Repertoire er in der Sammlung „Wiener Lieder und
Tänze", 3 Bände, veröffentlichte. Ab 1869 Chormeister des Wiener
Männergesangsvereines, schuf er als Komponist zahlreiche Werke,
darunter mehr als 400 Chorwerke.

Nummer 49 **GLUCK** Christoph Willibald, Ritter von
Komponist
* 2.7.1714, † 15.11.1787
Er gilt als Erneuerer der ernsten Oper und als Überwinder italieni-
scher und französischer Opernkonventionen. Viel auf Reisen, ließ er
sich 1752 endgültig in Wien nieder. Seinen Ruhm als Opernreformer
begründeten Werke wie „Orfeo ed Euridice" (1862) und „Paride ed
Elena" (1770).

Nummer 50 **WEINZIERL** Max, Ritter von
Komponist und Chormeister
* 16.9.1841, † 10.7.1898
Schuf mehrere Operetten, Singspiele, Oratorien, Messen und Männerchorwerke. Er war u.a. künstlerischer Direktor der Wiener Singakademie, Chordirigent der Piaristenkirche, Chormeister des Gesangsvereines der Eisenbahnbeamten und Kapellmeister an der „Komischen Oper" (Ringtheater).

Nummer 51 **BITTERLICH** Eduard
Maler
* 17.8.1833, † 20.5.1872
Sein hohes zeichnerisches Können machen ihn zu einer der größten
Begabungen unter den Rahl-Schülern. Dies führte dazu, daß er fast
ausschließlich Bildkartons schuf, während Christian Griepenkerl die
malerische Ausführung besorgte. Mitarbeit bei Rahl (Oper, Hein-
richhof, Palais Sina-Wimpffen).

Nummer 52 **BÖHM - BAWERK** Eugen, Ritter von, DDr., Prof.
Nationalökonom, Politiker
✶ 12.2.1851, ✝ 27.8.1914
Er gehörte mit Carl Menger und Friedrich von Wieser zu den Begründern der österreichischen Schule der Nationalökonomie, die die Grenznutzenlehre vertrat. 1895, 1897/98 und 1900-04 Finanzminister (parteilos, den Deutschliberalen nahestehend). Professor für politische Ökonomie an der Universität Wien (1904-14).

Nummer 54 **LIECHTENSTEIN** Aloys, Prinz von und zu
Politiker
✶ 18.11.1846, ✝ 25.3.1920
Als Reichstagsabgeordneter (1878-89) trat er gegen die Liberalen auf, die ihn wegen seiner Kontakte mit Arbeitervertretern den „roten Prinzen" nannten. Nach der Annäherung an Lueger gewann er 1891 das erste Mandat für die Christlich-Sozialen im Reichsrat. Obmann der Christlich-Sozialen Partei (1910). Ehrenbürger der Stadt Wien (1906).

Nummer 55 **MOZART** Wolfgang Amadeus
Komponist
✶ 27.1.1756, ✝ 5.12.1791
GEDENKSTÄTTE - Das Monument schuf der Bildhauer Hanns Gasser im Jahre 1859 im Auftrag der Stadt Wien. Es war ursprünglich auf dem St. Marxer Friedhof aufgestellt worden und wurde im Jahre 1891 auf den Zentralfriedhof übersiedelt. Die Gebeine des großen Musikers ruhen nach wie vor auf dem St. Marxer Friedhof, sein mutmaßlicher Schädel befindet sich im Mozarteum in Salzburg.

GRUPPE 32C:

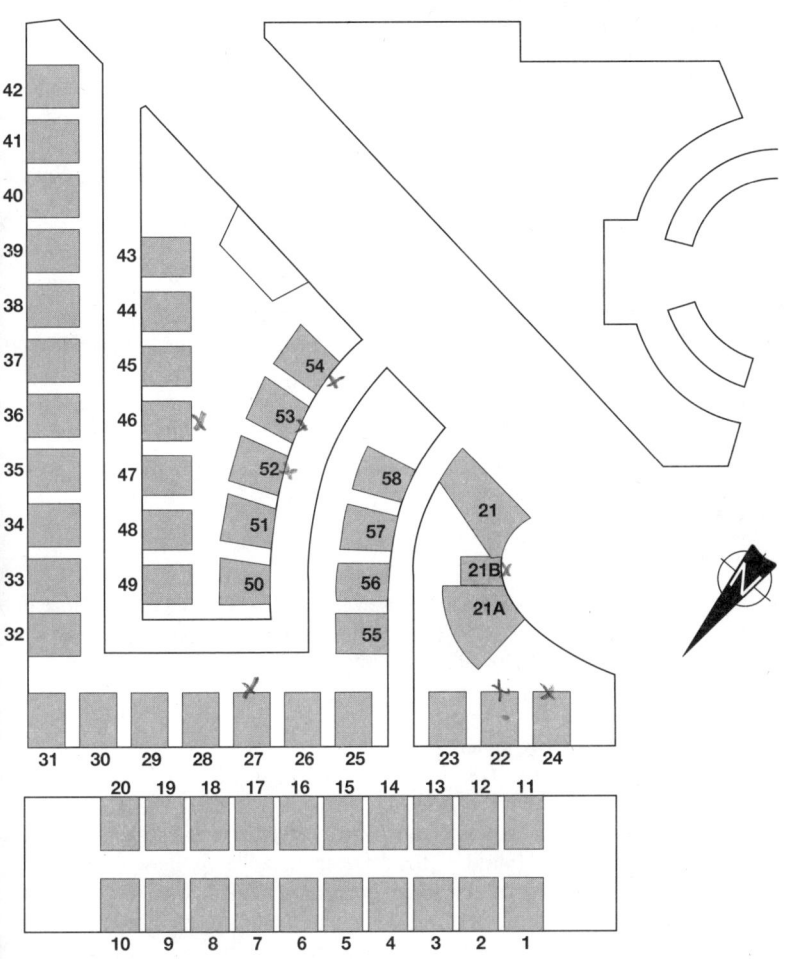

Gruppe 32 C

Nummer 1 **ZIEHRER** Carl Michael
Komponist und Militärkapellmeister
✶ 2.5.1843, ✝ 14.11.1922
Vierter und letzter Hofballmusikdirektor (1908-18). Führte die Kapelle „Hoch- und Deutschmeister" Reg. Nr. 4 zu Weltruhm. Er
schrieb 22 Operetten, Märsche, Walzer und Tänze, die alle rasch populär wurden. Mitbegründer der noch heute bestehenden „Gesellschaft der Autoren, Komponisten und Musikverleger" (AKM).

Gruppe 32 C

Nummer 2   **GRÜNFELD** Alfred
Pianist und Komponist
✶ 4.7.1852, ✝ 4.1.1924
Bedeutender Interpret der Werke von Mozart, Beethoven, Schubert, Schuhmann und Brahms, berühmt auch für den Vortrag der Konzertparaphrasen über Walzer von Johann Strauß. Schrieb Opern und Serenaden sowie die Operette „Der Lebemann" für Girardi. Johann Strauß widmete ihm den „Frühlingsstimmen-Walzer.

Nummer 3   **WITTMANN** Hugo
Schriftsteller
✶16.10.1839, ✝ 6.2.1923
Vereinigte als Feuilletonist Gediegenheit mit glänzender Darstellungsgabe. In Ulm geboren, kam er nach längerem Aufenthalt in Paris 1872 nach Wien und trat in die Redaktion der „Neuen Freien Presse" ein. Schrieb Operettenlibretti u.a. für Johann Strauß und Millöcker, Lustspiele und Erzählungen.

Nummer 4   **HAWEL** Rudolf
Schriftsteller
✶ 19.4.1860, ✝ 23.11.1923
Vertreter des Wiener Volksstückes und volkstümlicher Erzähler mit Stoffen aus dem Leben der ärmeren Schichten, der in seinen Werken Humor mit Sozialkritik verband. 1879-1916 Volksschullehrer in Wien.

Nummer 5   **SILBERER** Viktor
Journalist und Politiker
✶ 25.10.1846, ✝ 11.4.1924
Setzte sich für die Hebung und Belebung des Sportgedankens in Wien ein. Mitte der 70er Jahre in Amerika als Berichterstatter für mehrere Wiener Zeitungen, gründete er 1879 in Wien die „Allgemeine Sport-Zeitung", die er vier Jahrzehnte leitete. Christlich-sozialer Gemeinderat (1891-1913), Reichsratsabgeordneter (1907-11).

Nummer 6   **ANGELI** Heinrich, Ritter von, Prof.
Maler
✶ 9.7.1840, ✝ 21.10.1925
Beliebter und vielbeschäftigter Porträtist des Wiener, Londoner und St. Petersburger Hofes. Ließ sich 1862 in Wien nieder, 1876 wurde er Professor einer Spezialschule an der Wiener Akademie der bildenden Künste.

Nummer 7   **KLEIN** Franz, Dr. jur., Prof.
Jurist
✳ 24.4.1854, ✝ 6.4.1926
Er nimmt in der Geschichte der österreichischen Rechtspflege als Gesetzgeber und Reformator eine wichtige Position ein. Er arbeitete zahlreiche Gesetzesentwürfe aus, u.a. die Jurisdiktionsnorm und die Zivilprozeßordnung samt der Einführungsgesetze (1893); Justizminister 1905-08 und 1916. Ehrenbürger der Stadt Wien (1924).

Nummer 8   **STRASSER** Arthur, Prof.
Bildhauer
✳ 13.2.1854, ✝ 8.11.1927
Er schloß sich der naturalistischen Richtung an, durch die Polychromierung seiner Kleinplastiken aus Terracotta und Bronze erreichte er einen hohen Grad an Naturwahrheit. Leiter einer Fachklasse für Bildhauerei an der Kunstgewerbeschule (1899-1919).

Nummer 9   **PIRQUET** Clemens, Freiherr von Cesenatico, Dr., Prof.
Arzt
✳ 12.5.1874, ✝ 28.2.1929
Er organisierte 1918 gemeinsam mit amerikanischen Freunden ein Kinderhilfswerk in Österreich, das tausenden Kindern das Leben rettete. Die Universitäts-Kinderklinik, deren Vorstand er seit 1911 war, wurde durch ihn zu einem Zentrum der Pädiatrie, durch seine Forschungen über Kinderkrankheiten und Allergien erlangte er Weltruf.

Nummer 10   **DEVRIENT** Max Paul
Schauspieler
✳ 12.12.1857,✝ 13.6.1929
Aus einer großen deutschen Schauspielerdynastie stammend, spielte er ab 1882 am Burgtheater, wo er als Mephisto, Wallenstein und Cäsar brillierte. Ab 1920 war er auch als Regisseur am Burgtheater tätig.

Nummer 11   **REIMERS** Georg, Prof.
Schauspieler
✳ 4.4.1860, ✝ 15.4.1936
Seine Stärke lag in der Gestaltung optimistischer und unkomplizierter Charaktere. Als Bindeglied zwischen altem und neuem Burgtheater brachte er die Lösung vom Pathos und wurde Wegbereiter einer lebensnahen Darstellung. Ab 1885 am Burgtheater, jedoch meist nur in Nebenrollen, den großen Durchbruch hatte er 1891.

Nummer 12   **KIRCHL** Adolf, Prof.
Komponist und Chordirigent
✳ 16.7.1858, ✝ 21.10.1936
Er richtete sein Augenmerk vor allem auf den Männerchor und erwarb sich große Verdienste um diesen. Er schuf rund 200 Männerchorwerke sowie 50 Frauen- und gemischte Chorwerke. Seine Liederbücher für Volks- und Hauptschulen waren obligat eingeführt.

Nummer 13   **WILBRANDT** Auguste (geb. Baudius)
Schauspielerin
✳ 1.6.1843, ✝ 30.3.1937
Sie verkörperte am Burgtheater (1898-1937) mit großem Erfolg reifere Frauen- und Mütterrollen. Heinrich Laube hatte sie bereits 1861 an das Burgtheater geholt, sie schied aber 1878 wieder aus. Sie war auch schriftstellerisch tätig, neben Feuilletons für Zeitungen schrieb sie auch ihre Lebenserinnerungen.

Nummer 14   **MOLISCH** Hans, Dr., Dr. h.c., Prof.
Botaniker
✳ 6.12.1856, ✝ 8.12.1937
Seine wissenschaftliche Tätigkeit war sehr vielseitig; er beschäftigte sich mit der Mikrobiologie der Pflanzen, pflanzenanatomischen Problemen und mit dem Einfluß, den Pflanzen aufeinander ausüben, verfaßte aber auch Reisebücher über Indien und Japan. Professor an der Universität Wien 1909-28, vorher in Prag und Graz.

Nummer 15   **BITTNER** Julius, Dr., Prof.
Komponist
✳ 9.4.1874, ✝ 9.1.1939
Seine zahlreichen Opern zeichneten sich durch schlagkräftige Dramatik aus und erzielten die stärkste Wirkung mit volkstümlichen Stoffen, die Musik war an der Romantik orientiert. Er komponierte auch zwei Symphonien, Lieder, Chorwerke und Kammermusik. Er arbeitete bis 1923 als Jurist bei Gericht und im Justizministerium.

Nummer 16   **SCHMIDT** Franz, Dr., Prof.
Komponist
✳ 22.12.1874, ✝ 11.2.1939
Er gilt als Spätromantiker, der oft als „Hüter des Erbes von Brahms und Bruckner" bezeichnet wurde. Er schrieb zwei Opern, vier Symphonien, Kammermusik und Orgelwerke. Professor an der Wiener Musikakademie ab 1925, Meisterklasse für Komposition und Spezialklasse für moderne Klavierliteratur.

Nummer 17 **REITER** Josef
Komponist
✶ 19.1.1862, ✝ 2.6.1939
Er ist vor allem als Lieder- und Chorkomponist romantischer Prägung bekannt geworden. Von Gustav Mahler gefördert, stehen seine Opern in der Tradition des deutschen Verismo, konnten sich aber beim Publikum nicht durchsetzen, seine Orchester- und Kammermusik ist klassizistisch orientiert.

Nummer 18 **WAGNER - JAUREGG** Julius, Ritter von, Dr., Dr. h.c., Prof.
Psychiater
✶ 7.3.1857, ✝ 27.9.1940
Er wurde 1927 für die „Entdeckung der therapeutischen Bedeutung der Malariaimpfung bei progressiver Paralyse" mit dem Nobelpreis für Medizin ausgezeichnet. Er war auch auf anderen Gebieten der Medizin führend tätig. Professor für Psychiatrie an der Universität Wien und Direktor der Psychiatrischen Klinik (1893-1928).

Nummer 19 **WOLF** Karl Hermann, Staatsrat a. D.
Großdeutscher Politiker, Schriftsteller
✶ 27.1.1862, ✝ 11.6.1941
Er war ein Dissident der Alldeutschen Georg Schönerers und gründete 1901 unter der Bezeichnung „Freialldeutsche" die „Deutschradikale Partei". Der politische Kurs dieser deutschnationalen Gruppe ähnelte derjenigen der Deutschen Volkspartei.

Nummer 20 **KIENZL** Wilhelm, Dr.
Komponist
✶ 17.1.1857, ✝ 3.10.1941
Als Verehrer Richard Wagners stand er der polyphonen und abstrakten Musik fern, ihm ging es um eine gemütsbetonte oft schwärmerische und philosophisch-geistvolle Aussage. Er komponierte Opern, Chorwerke und Kammermusik. Verfaßte zahlreiche ästhetisch-kritische Schriften.

Nummer 21 **BÖHM** Johann
Politiker
✶ 26.1.1886, ✝ 13.5.1959
Einer der Väter der Sozialpartnerschaft, die sich in der 2. Republik aus der Zusammenarbeit zwischen Gewerkschaft und Wirtschaft entwickelte und den sozialen Frieden sicherte. 1945 setzte er sich für die Gründung eines überparteilichen Gewerkschaftsbundes ein und war sein erster Präsident. Ehrenbürger der Stadt Wien (1958).

Nummer 21A SCHÖNBERG Arnold, Prof.
Komponist
✳ 13.9.1874, ✟ 13.7.1951
Er prägte mit seiner Zwölftontechnik das musikalische Leben des 20. Jahrhunderts und zählt heute zu den Klassikern der Moderne. 1926 Professor für Komposition an der Berliner Musikakademie; 1933 Emigration über Frankreich in die USA, wo er an der University of California lehrte. Schuf 1906-11 mehr als 60 Gemälde (Porträts und Landschaften).

Nummer 21B KREISKY Bruno, Dr.
Politiker
✳ 22.1.1911, ✟ 29.7.1990
Die Ära Kreisky, er war von 1970 bis 1983 Bundeskanzler, der erste sozialistische Bundeskanzler in Österreich überhaupt, hat in Österreich ein Klima der Weltoffenheit und Toleranz geschaffen, in dem große Fortschritte auf allen Gebieten des gesellschaftlichen Lebens ermöglicht wurden. Kreisky, der in der 1. Republik angeklagt war, mußte nach Schweden emigrieren; von 1967 bis 1983 Vorsitzender der SPÖ. Ehrenbürger der Stadt Wien (1975).

Nummer 22 KRAUSS Werner
Schauspieler
✳ 23.6.1884, ✟ 20.10.1959
Er hat vielen Figuren des klassischen Dramas seine persönliche Gestalt gegeben und wirkte auch in vielen Filmen mit. Als regimetreuer Künstler der Nazis hatte er nach 1945 Berufsverbot. Er wurde 1946 österreichischer Staatsbürger und trat nach Wiederaufnahme seiner Bühnentätigkeit vor allem in Wien und Berlin auf.

Nummer 23 SKODA Albin
Schauspieler
✳ 29.9.1909, ✟ 22.9.1961
Als ausgezeichneter Sprecher mit einem sehr charakteristischen metallischen Timbre in der Stimme war er einer der wichtigsten Darsteller des Burgtheaters in der Nachkriegszeit. Seine Glanzrollen waren u.a. Marc Anton, Mephisto und Richard II. Er spielte auch in zahlreichen Filmen mit und war auch oft im Radio zu hören.

Nummer 24 STOLZ Robert, Prof.
Komponist
✳ 25.8.1880, ✟ 27.6.1975
Er war der letzte große Meister der Wiener Operette und ein erfolgreicher Vertreter der Wiener Unterhaltungsmusik; sein Lebenswerk umfaßt rund 60 Operetten, Singspiele und Ballette, die Musik zu 25 Eisrevuen und 98 Filmen sowie 2.000 Lieder, Walzer und Märsche. 1938-46 Emigration in die Vereinigten Staaten.

Nummer 25   **GINZKEY** Franz Karl, Dr., Dr. h.c., Prof.
Schriftsteller
✳ 8.9.1871, ✝ 11.4.1963
Er zählt zum Kreis der neuromantischen Lyriker und Novellisten; bekannt wurde er durch seine Natur- und Heimaterzählungen voll romantischer Empfindungen sowie durch seine Gedichte. Schrieb auch Kinderbücher („Hatschi Bratschi Luftballon", 1904). 1897-1914 am militär-geographischen Institut, dann freier Schriftsteller.

Nummer 26   **SCHÖNBAUER** Leopold, Dr., Prof.
Arzt
✳ 13.11.1888, ✝ 11.9.1963
Der vielseitige Forscher gilt als der Begründer der Neurochirurgie in Österreich, auch die Krebsforschung und -therapie war ihm ein wichtiges Anliegen. 1939 an die 1. Chirurgische Universitätsklinik berufen, machte er sich 1945 um den Wiederaufbau des Wiener Allgemeinen Krankenhauses verdient.

Nummer 27   **MOSER** Hans (eigentl. Jean Juliet)
Schauspieler
✳ 6.8.1880, ✝ 19.6.1964
Er zählte zu den populärsten Schauspielern Österreichs. Mit dem typischen Nuscheln und der rudernden Gestik als Markenzeichen ist er durch zahlreiche Filmrollen – insgesamt spielte er in 124 Tonfilmen mit – bekannt geworden. Seine raunzenden, grantelnden Charaktere konnten auch auf der Bühne überzeugen.

Nummer 28   **GRUBER** Ludwig Anton, Prof.
Komponist
✳ 13.7.1874, ✝ 17.7.1964
Als einer der bekanntesten Vertreter des Wienerliedes komponierte er mehr als 2.000 Melodien, die zum Teil noch heute gespielt werden (z.B. „Mei Muatterl war a Weanerin" und „Es wird an Wein sein"). Er schrieb auch die Musik für Filme, Tänze, Märsche, Operetten und Singspiele.

Nummer 29   **MARX** Joseph, DDr., Prof.
Komponist
✳ 11.5.1882, ✝ 3.9.1964
Der vielseitige Komponist ist vor allem durch sein Liedschaffen in der Nachfolge von Hugo Wolf in die Musikgeschichte Österreichs eingegangen. Auch seine Symphonien und Kammermusikwerke sind von der spätromantischen Tonsprache geprägt. Professor für Musiktheorie und Komposition an der Wiener Musikakademie (1914-52).

Nummer 30   **BOECKL** Herbert, Prof.
Maler
✷ 3.6.1894, ♱ 20.1.1966
Er gilt als der Hauptvertreter des Wiener Expressionismus der 20er und frühen 30er Jahre des 20. Jahrhunderts. Später malte er klar gegliederte, flächige Stilleben, Landschaften, Akte und religiöse Bilder. Als Maler Autodidakt, wurde er nach Studienreisen 1935 Professor an der Wiener Akademie der bildenden Künste.

Nummer 31   **PABST** Georg Wilhelm, Prof.
Filmregisseur
✷ 27.8.1885, ♱ 29.5.1967
Der weltbekannte österreichische Filmregisseur hat mit seinem expressionistisch-realistischen Stil die Filmkunst wesentlich beeinflußt. Er hatte 1925 mit dem Film „Die freudlose Gasse" den ersten großen Erfolg, 1933 emigrierte er und war dann in Hollywood tätig, nach 1945 gründete er in Wien eine Filmproduktionsgesellschaft.

Nummer 32   **WOTRUBA** Fritz, Prof.
Bildhauer
✷ 23.4.1907, ♱ 28.8.1975
Er ist der bedeutendste österreichische Bildhauer des 20. Jahrhunderts. Nach naturalistischen Anfängen entwickelte er seinen ganz spezifischen kubischen Stil. Aus seiner Schule, er war ab 1945 Professor an der Wiener Akademie der bildenden Künste, gingen Bildhauer wie Avramidis, Bertoni und Hrdlicka hervor.

Nummer 33   **OPFER DER HIMALAYA-EXPEDITION 1969**
Der Gedenkstein wurde für die fünf österreichischen Mitglieder einer Himalaya-Expedition errichtet, die 1969 am 7640 Meter hohen Dhaulagiri IV in Nepal in einer Lawine umgekommen sind.
Hoyer Richard, Lavicka Peter, Nemec Peter, Reha Kurt, Ring Kurt.

Nummer 34   **FARKAS** Karl, Prof.
Schauspieler, Kabarettist, Regisseur und Schriftsteller
✷ 28.10.1893, ♱ 16.5.1971
Der vielseitige Künstler brillierte als Kabarettist und Conférencier, als Schauspieler, Regisseur und Verfasser von Texten für Revuen, Filmdrehbücher und Sketches. Bereits in der Zwischenkriegszeit bekannt, machten ihn nach der Rückkehr aus der Emigration seine Radio- und Fernsehsendungen zum unbestrittenen Publikumsliebling.

Nummer 35   **GÜTERSLOH** Albert Paris (eigentl. Albin Konrad Kiehtreiber)**,** Prof.
Maler
✷ 5.2.1887, ♱ 16.5.1973
Er war bereits zu Lebzeiten ein Mythos und gilt als geistiger Vater der „Wiener Schule des phantastischen Realismus". Der äußerst vielseitige Künstler malte und schrieb, trat als Schaupieler auf, führte Regie und arbeitete als Bühnenbildner. Sein umfangreiches Werk umfaßt Landschaftsbilder, Porträts, Aquarelle und Zeichnungen.

Nummer 36 BRAUN Felix, Dr., Prof.
Schriftsteller
✳ 4.11.1885, ✝ 29.11.1973
Er wird zu den letzten Vertretern des Impressionismus und der Neuromantik in Österreich gezählt, der in seinen Romanen ein farbiges Bild der untergehenden Donaumonarchie zeichnete. Er emigrierte 1938 nach London und unterrichtete nach seiner Rückkehr 1951-63 am Reinhardt-Seminar.

Nummer 37 LOTHAR Ernst (eigentl. E. L. Müller), Dr., Prof.
Schriftsteller und Regisseur
✳ 25.10.1890, ✝ 30.10.1974
Er machte sich um den Wiederaufbau des österreichischen Theaters nach 1945 verdient. Nach seiner Rückkehr aus der amerikanischen Emigration nahm er sich als Regisseur am Burgtheater vor allem der österreichischen Autoren wie Schnitzler und Hofmannsthal an. Als Schriftsteller wurde er vor allem mit seinen Romanen bekannt.

Nummer 38 WELLESZ Egon Joseph, Prof.
Komponist
✳ 21.10.1885, ✝ 9.11.1974
Seine Kompositionen standen zunächst dem Schönberg-Kreise nahe, doch fand er vor allem in seinen nach 1945 entstandenen neun Symphonien zu einer eigenen Tonsprache. Als Professor an der Universität Wien beschäftigte er sich v.a. mit byzantinischer Musik. Er emigrierte 1938 nach Großbritannien.

Nummer 39 WERFEL Franz
Schriftsteller
✳ 10.9.1890, ✝ 26.8.1945
Erfolgreicher Lyriker, Dramatiker und Erzähler von tiefreligiöser Grundhaltung. Sein Frühwerk ist expressionistisch geprägt, in seinen späteren Dramen und Erzählwerken Wendung zum psychologischen und historischen Realismus in historischen und religiösen Stoffen. Emigrierte 1940 in die USA. Verheiratet mit Alma Mahler.

Nummer 40 SWAROWSKY Hans, Prof.
Dirigent
✳ 16.9.1899, ✝ 10.9.1975
Als Musikpädagoge (Professor an der Wiener Musikakademie 1946-69) war er einer der profiliertesten Dirigentenerzieher, zu seinen Schülern zählten u.a. Claudio Abbado, Zubin Mehta und Guiseppe Sinopoli. Als Dirigent galt er als Spezialist für Richard Strauss und Gustav Mahler.

Gruppe 32 C

Nummer 41   **SALMHOFER** Franz, Prof.
Operndirektor und Komponist
* 22.1.1900, † 22.9.1975
Unter seiner Direktion (1945-55) konnte die Wiener Staatsoper trotz
der schweren Nachkriegsjahre zahlreiche musikalische Höhepunkte
bieten, auch als Direktor der Volksoper (1955-63) erfolgreich. Sein
kompositorisches Schaffen im spätromantischen Stil umfaßt Opern,
Ballette, Lieder, Symphonien, Kammermusik und Filmmusik.

Nummer 42   **PRERADOVIC** Paula von (verh. Molden)
Schriftstellerin
* 12.10.1887, † 25.5.1951
Sie schrieb Gedichte und Prosa, die von ihrer tiefen Religiosität, der
Liebe zum Süden und zu ihren kroatischen Vorfahren bestimmt sind.
In einem Wettbewerb wurde ihr Text „Land der Berge" als neue Bun-
deshymne für Österreich ausgewählt (1947). Sie wuchs in Istrien auf,
kehrte 1914 nach Wien zurück und war 1944/45 in Haft.

Nummer 43   **DAVID** Johann Nepomuk, Dr. h.c., Prof.
Komponist
* 30.11.1895, † 22.12.1977
Er gilt als einer der führenden Polyphonisten des 20. Jahrhunderts,
sein Werk steht in der Tradition von Bach und Bruckner. Mit seinem
Schaffen, Orchester- und Orgelwerke, begründete er eine Schule. Er
lehrte 1934-45 am Konservatorium in Leipzig, 1945-48 am Mozarteum in Salzburg und bis 1963 in Stuttgart.

Nummer 44   **ANTOINE** Tassilo, Dr., Prof.
Arzt
* 25.10.1895, † 23.4.1980
Hervorragender Gynäkologe, international anerkannter Wissenschafter
und hervorragender Lehrer. 1937 wurde er Vorstand der Gynäkologie
im Lainzer Krankenhaus in Wien; 1940 Professor in Linz, 1943 erfolgte
seine Berufung an die Wiener Gynäkologie, an der er bis 1968 wirkte.

Nummer 45   **KONECZNY** Hilde, Prof.
Opernsängerin
* 21.3.1905, † 20.4.1980
Weltbekannte Sopranistin, 1936-55 Mitglied der Wiener Staatsoper,
wirkte bei den Salzburger Festspielen mit, war Gast an allen großen
Opernhäusern und wirkte auch in Filmen mit. Bekannt und geschätzt
als Wagner- und Strauss-Interpretin.

Nummer 46 LINGEN Theo (eigentl. Franz Theodor Schmitz)
Schauspieler
✳ 10.6.1903, ✝ 10.11.1978
Seine näselnden Dienerfiguren und sein trockener Humor machten ihn zum vielbeschäftigten Schauspieler des deutschsprachigen Kinos. Er spielte in mehr als 200 Filmen mit, oft als Partner von Hans Moser. Seit 1948 im Charakterfach am Wiener Burgtheater. Er verfaßte auch Drehbücher und Lustspiele und führte Regie.

Nummer 47 SEIDLER Alma (verh. Eidlitz)
Schauspielerin
✳ 8.6.1899, ✝ 8.12.1977
Sie war eine der bedeutendsten Burgschauspielerinnen ihrer Zeit und begeisterte ihr Publikum durch Jahrzehnte (sie kam 1918 an die Burg). Mit großer Ausdruckskraft und Wandlungsfähigkeit spielte sie klassische wie auch moderne, komische und tragische Rollen.

Nummer 48 ANDAY Rosette (verh. Bündsdorf)
Opernsängerin
✳ 22.12.1903, ✝ 19.9.1977
Sie debütierte bereits mit 18 Jahren als Carmen an der Wiener Staatsoper (1921) und sang im Laufe ihrer Karriere 106 Rollen des gesamten Alt- und Mezzosopran-Faches. Gastierte an zahlreichen berühmten Opernbühnen der Welt und wirkte auch bei den Salzburger Festspielen mit.

Nummer 49 LEHMANN Lotte (verh. Krause)
Opernsängerin
✳ 27.2.1888, ✝ 26.8.1976
Sie war 1914-38 eine der gefeiertsten Sängerinnen an der Wiener Staatsoper. Die Sopranistin begeisterte ihr Publikum auch im Konzertsaal mit ihrer Natürlichkeit und Musikalität. Gastspiele an allen großen Opernhäusern der Welt. 1938 mußte sie emigrieren und wirkte in den USA auch als Regisseurin. 1945 trat sie von der Bühne ab.

Nummer 50 ALBACH - RETTY Rosa, Prof.
Schauspielerin
✳ 26.12.1874, ✝ 26.8.1980
Die überaus populäre Schauspielerin verkörperte in den knapp sechs Jahrzehnten ihrer Zugehörigkeit zum Burgtheater (1903-58) rund 300 Rollen. Sie war eine große Menschendarstellerin mit einer wirkungsvollen Stimme und wußte bis ins hohe Alter Charme und Humor mit Energie und Arbeitsdisziplin zu verbinden.

Nummer 51 **ADLER** Guido, DDr., Prof.
Musikwissenschafter
✶ 1.11.1855, ✝ 15.2.1941
Begründete die sogenannte „Wiener Schule" der Musikwissenschaft, methodisch bahnbrechend, war er als Forscher ein Anreger, Begründer und Leiter unentbehrlich gewordener Publikationsreihen, Enzyklopädien usw. Professor an der Wiener Universität 1898-1927, war er auch als akademischer Lehrer sehr erfolgreich.

Nummer 52 **HÖRBIGER** Paul
Schauspieler
✶ 29.4.1894, ✝ 5.3.1981
Der urwüchsige Volksschauspieler erfreute sich größter Popularität. Er wirkte in mehr als 300 Filmen mit, in denen er ab 1929 Hauptrollen übernahm, oft als Partner von Hans Moser. 1926-40 arbeitete er im Ensemble von Max Reinhardt in Berlin, bis 1943 und ab 1965 am Burgtheater, nach 1945 auch am Theater in der Josefstadt.

Nummer 53 **LEHNER** Leo, Prof.
Komponist und Chordirigent
✶ 20.7.1900, ✝ 22.4.1981
Sein musikalisches Schaffen umfaßt Kirchenlieder, Kompositionen für gemischten Chor und Männerchor, zahlreiche Bearbeitungen von Volksliedern, aber auch von Werken Mozarts, Beethovens und Schuberts. 1946 gründete er die Chorvereinigung „Jung Wien", die er bis 1978 leitete. Zahlreiche Tourneen in aller Welt.

Nummer 54 **JÜRGENS** Curd
Schauspieler
✶ 13.12.1915, ✝ 18.6.1982
Internationaler Filmstar, der von Willi Forst entdeckt, von 1936 bis 1979 in 160 Filmen, u.a. auch Hollywood-Produktionen, mitwirkte. Auch als Charakterdarsteller auf der Bühne erfolgreich, er spielte u.a. am Wiener Volkstheater (1938-41) und am Burgtheater (bis 1953 und wieder ab 1956), wo er in klassischen und modernen Rollen auftrat.

Nummer 55 **CSOKOR** Franz Theodor, Dr., Prof.
Schriftsteller
✶ 6.9.1885, ✝ 5.1.1969
Gilt als bedeutendster Dramatiker des expressionistischen Dramas in Österreich. Sein bekanntestes Werk ist das Schauspiel „3. November 1918" über den Untergang der Donaumonarchie. Wie seine Dramen sind auch seine Lyrik und seine erzählerischen Werke der Verkündigung einer neuen, weltweiten Humanität gewidmet.

Nummer 56 **MERKL** Adolf Julius, DDr., Prof.
Jurist
✶ 23.3.1890, ✝ 22.8.1970
Mit Hans Kelsen wird er als Begründer der Wiener Schule der „Reinen Rechtslehre" zugezählt. Professor für Staats- und Verwaltungsrecht an der Wiener Universität in Wien (1932-38/1950-65). Kritisierte die Verfassungsnovelle 1929 und trat 1933/34 gegen die „legitime Diktatur" und Maiverfassung 1934 auf.

Nummer 57 **APOSTEL** Hans Erich, Prof.
Komponist
✶ 22.1.1901, ✝ 30.11.1972
Einer der konsequentesten Vertreter der Zweiten Generation der Neuen Wiener Schule der Musik. Als Schüler von Arnold Schönberg (1921-25) schuf er Orchester- und Kammermusik, Lieder, Chöre und Klavierkonzerte in Zwölftontechnik.

Nummer 58 **MELL** Maximilian, Dr.
Schriftsteller
✶ 10.11.1882, ✝ 12.12.1971
Sein umfangreiches Werk jenseits literarischer Strömungen ist geprägt von christlicher Tradition, naturverbundenem Volkstum und klassizistischem Formenbewußtsein. Es umfaßt Lyrik, Prosa, Dramen und Mysterienspiele, mit denen er versuchte, das religiöse volkstümliche Legendenspiel zu erneuern.

Nummer 1   **KRENEK** Ernst, Prof.
Komponist
✳ 23.8.1900, ♱ 13.12.1991
Mit „Johnny spielt auf" gelang ihm 1927 die Opernsensation der zwanziger Jahre. Über Nacht berühmt, schloß er sich dem Kreis um Arnold Schönberg an und beschäftigte sich intensiv mit der Zwölftonmusik. 1938 emigrierte er in die USA, wo er an verschiedenen Universitäten lehrte. Ehrenbürger der Stadt Wien (1980).

Nummer 2   **WIENER** Hugo, Prof.
Komponist und Schriftsteller
✳ 16.2.1904, ♱ 14.5.1993
Musikalisch wie literarisch gleichermaßen begabt, komponierte und textete er witzige, geistreiche Chansons, die seine Frau Cissy Kraner unverwechselbar interpretierte. Für die „Simpl"-Revuen schrieb er ab 1947 die Musik und Texte (gemeinsam mit Karl Farkas). Er schuf mehr als 400 Lieder, musikalische Lustspiele und Satiren.

Nummer 3   **RINGEL** Erwin, Dr., Prof.
Psychiater
✳ 27.4.1921, ♱ 28.7.1994
Der Psychiater der „österreichischen Seele", hat mit seiner unermüdlichen Arbeit als Selbstmordforscher und Psychosomatiker zahlreiche Anstöße für eine humanere Gesellschaft gegeben. Er begründete 1948 die Suizidprophylaxe in Österreich, 1954 baute er die erste psychosomatische Station Österreichs auf.

Nummer 68   **BÖHM** Max („Maxi")
Schauspieler und Kabarettist
✳ 23.8.1916, ♱ 26.12.1982
Der Komödiant und Charakterkomiker erlangte durch Senderreihen im Radio und Fernsehen große Popularität. 1957-74 trat er im Kabarett „Simpl" u.a. mit Karl Farkas und Ernst Waldbrunn auf. Ab 1974 spielte er an verschiedenen Wiener Bühnen auch ernste Rollen.

Nummer 69   **HEER** Friedrich, Dr., Prof.
Kulturhistoriker
✳ 10.4.1916, ♱ 18.9.1983
Als Grenzgänger zwischen Menschen, Religionen und politischen Lagern schrieb der weltoffene Linkskatholik zahlreiche Bücher. 1949 bis 1961 Redakteur der Zeitschrift „Die Furche"; ab 1961 Chefdramaturg am Burgtheater. An der Universität Wien hielt er Vorlesungen über Geistesgeschichte.

Nummer 70 **BRODA** Engelbert, Dr., Prof.
Naturwissenschafter
✻ 29.8.1910, ✝ 26.10.1983
Der international anerkannte Wissenschafter – er lehrte physikalische Chemie an der Wiener Universität (1955-80) – war Pazifist und in der internationalen Friedensbewegung aktiv, u.a. als Mitglied der Pugwash-Bewegung, einer übernationalen Gruppe von Wissenschaftern, die für die Abrüstung eintritt. 1938-47 Emigration nach England.

Nummer 71 **ZEMLINSKY** Alexander von
Komponist und Dirigent
✻ 14.10.1871, ✝ 16.3.1942
In der unmittelbaren Auseinandersetzung mit Schönberg wurde er zu einem der wichtigsten Interpreten der Avantgarde. Als Komponist ging er andere Wege, sein Werk ist zwischen Spätromantik und Moderne angesiedelt, er schuf mehrere Opern, Chorwerke, Klavier- und Kammermusik. 1938 Emigration in die USA.

Nummer 72 **NEFF** Dorothea (eigentl. Schmid Antonie)
Schauspielerin
✻ 21.2.1903, ✝ 27.7.1986
Sie erreichte im Wiener Volkstheater, an dem sie ab 1939 wirkte, den Zenit ihrer Schauspielkunst und begeisterte, ob als Medea oder als Mutter Courage, durch ihre Menschengestaltung und Selbstdisziplin das Publikum. Sie wirkte auch in zahlreichen Filmen, Hörspielen und Kabarettsendungen mit.

Nummer 73 **QUALTINGER** Helmut (Ps. Hans Helmut)
Schauspieler
✻ 8.10.1928, ✝ 29.9.1986
Er zählt zu den bekanntesten und eigenwilligsten Persönlichkeiten des österreichischen Kulturlebens nach dem Zweiten Weltkrieg. Mit dem „Herrn Karl", der Lebensbeichte eines opportunistischen Wiener Kleinbürgers, gemeinsam mit Carl Merz geschrieben, von ihm selbst unübertrefflich interpretiert, ist er bekannt geworden.

Nummer 74 **HOCHWÄLDER** Fritz, Prof.
Schriftsteller
✻ 28.5.1911, ✝ 20.10.1986
Einer der erfolgreichsten österreichischen Dramatiker der Gegenwart; er erzielte mit seinen streng gefügten idealistischen Dramen große Erfolge, indem er bühnenwirksam historische und weltanschauliche Stoffe aktualisierte. Emigrierte 1938 in die Schweiz, wo er seitdem lebte. Ehrenbürger der Stadt Wien (1986).

Nummer 75 **HENZ** Rudolf (Ps. R. Miles), Dr.
Schriftsteller
∗ 10.5.1897, ✝ 12.2.1987
Er war ein betonter Vertreter des politischen Katholizismus und aufgrund der zahlreichen Funktionen, die er bekleidete, eine einflußreiche Persönlichkeit im Kulturleben. Schrieb nach expressiven Anfängen meist religiöse Gedankenlyrik, aber auch Romane, Erzählungen und Dramen. Programmdirektor beim Radio 1932-38 und 1945-57.

Nummer 76 **HACKER** Friedrich, Dr., Prof.
Psychiater und Psychoanalytiker
∗ 19.1.1914, ✝ 23.6.1989
Er machte sich besonders als Aggressionsforscher einen Namen. Er half u.a. 1969 bei der Aufklärung des Mordfalles Sharon Tate. In Wien gründete er 1968 die Sigmund-Freud-Gesellschaft. 1938 emigrierte er von Wien über die Schweiz in die Vereinigten Staaten, wo er als Psychiater an der Universität von Kalifornien lehrte.

Nummer 77 **ADLMÜLLER** Fred, Prof.
Modeschöpfer
∗ 16.3.1909, ✝ 26.9.1989
Seine Modelle, die immer klassisch feminin und tragbar waren, machten seinen Salon in der Kärntnerstraße in den Nachkriegsjahren zum Inbegriff eleganter Wiener Mode. Bereits mit seiner ersten Haute-Couture-Kollektion 1934 gewann er Kundinnen von Bühne und Oper. Professor an der Hochschule für angewandte Kunst 1973-79.

Nummer 78 **BOSKOVSKY** Willi, Prof.
Konzertmeister und Dirigent
∗ 16.6.1909, ✝ 21.4.1991
Der geigende Dirigent genoß internationale Popularität. 25 Jahre dirigierte er mit dem Geigenbogen das traditionsreiche Neujahrskonzert der Wiener Philharmoniker, das über das Fernsehen in die ganze Welt ausgestrahlt wird. Als Wahrer der Tradition führte er stets nur klassische Wiener Walzer auf.

Nummer 79 **WEIGEL** Hans
Schriftsteller
∗ 29.5.1908, ✝ 12.8.1991
Dramatiker, Erzähler und Feuilletonist, amüsanter, ironischer, manchmal auch tiefsinniger Plauderer. Bekannt durch die Sendung „Apropos Musik" von Radio Rot-Weiß-Rot, machte sich aber auch einen Namen als gefürchteter Theaterkritiker, als Förderer junger literarischer Talente, als Nestroy-Bearbeiter und Molière-Übersetzer.

Nummer 1 **MIKULICZ** Adalbert, DDr.
Tierarzt
∗ 30.9.1916, † 22.3.1973
Er hat als Präsident des Wiener Tierschutzhauses (ab 1951) und Vizepräsident des Welttierschutzbundes (ab 1962) zahlreiche Vorschläge
zur Lösung des Tiertransportproblems ausgearbeitet, um die Leiden
der Tiere durch unsachgemäßen Transport zu vermindern. Er machte
auch Vorschläge zur schmerzlosen Schlachtung von Tieren.

Nummer 2 **GUNSAM** Karl, Prof.
Maler
∗ 14.8.1900, † 1.11.1972
Landschaften, Stilleben und Porträts waren die bevorzugten Themen
des Cezanne-Verehrers, er entwarf auch Mosaike für Wiener Gemeindebauten. Er studierte an der Wiener Akademie der bildenden
Künste bei Kolig und Dobrowsky, dessen Assistent er lange Zeit war.

Nummer 3 **LARSEN** Oskar, Prof.
Maler
∗ 8.7.1882, † 12.9.1972
Er schuf Historienbilder, mit denen er auch international auf Ausstellungen
in London, Paris und Barcelona Erfolge erzielte, auch als Buchillustrator
tätig. Er absolvierte die Graphische Lehranstalt in Wien und studierte an
der Akademie der bildenden Künste in Wien bei Professor Delug.

Nummer 4 **BINDER** Joseph
Maler
∗ 3.3.1898, † 26.6.1972
Er prägte mit seinen Plakaten die moderne Werbegraphik in Österreich und den USA entscheidend mit, u.a. kreierte er in den 20er Jahren den „Meinl-Mohr". Ab 1933 in den USA lebend, errang er in
zahlreichen internationalen Wettbewerben 1. Preise. Erst gegen sein
Lebensende kehrte er nach Wien zurück.

Nummer 5 **PEMMER** Hans, Prof.
Heimatforscher
∗ 22.7.1886, † 5.5.1972
Seinem Engagement ist es zu danken, daß der St. Marxer Friedhof
der Nachwelt erhalten geblieben ist. Besondere Verdienste erwarb
sich der Lehrer auch als erfolgreicher Volksbildner mit heimatkundli-
chen Vorträgen und Führungen. Veröffentlichte zahlreiche topographische Schriften und Arbeiten über Wien.

Nummer 6 **WINTERER** Franz
Politiker
∗ 11.1.1892, † 8.11.1971
Er war 1945 in der provisorischen Staatsregierung Renner Unterstaatssekretär für Heerwesen, 1945-49 Abgeordneter zum Nationalrat
(SPÖ); als Präsident des ASKÖ (1945-68) und als Bundes-Obmann
der Naturfreunde (1946-66) war er am Auf- und Ausbau dieser beiden Freizeitorganisationen wesentlich beteiligt.

Nummer 7 **KNESL** Hans, Prof.
Bildhauer
* 9.11.1905, † 4.7.1971
Seine Arbeiten entwickelten sich unter dem Einfluß des Kubismus
von idealisierenden Figuren in den 30er Jahren in Richtung moderner
Skulptur in den 50er Jahren, deren wichtiger Vertreter er war. Zahlreiche Skulpturen aus seiner Hand sind in Wien in Wohnhausanlagen
und öffentlichen Plätzen aufgestellt.

Nummer 8 **PAUSER** Sergius, Prof.
Maler
* 28.12.1896, † 16.3.1970
Als Vertreter einer realistischen Malweise porträtierte er zahlreiche
Persönlichkeiten des öffentlichen Lebens (u.a. Renner, Körner, Seitz,
Hurdes und Drimmel). Er war auch ein bedeutender Aquarellist. Als
Professor an der Wiener Akademie der bildenden Künste (1946-67)
war er ein bedeutender Lehrer für Generationen junger Maler.

Nummer 9 **FELMAYER** Rudolf, Prof.
Schriftsteller
* 24.12.1897, † 27.1.1970
Lyriker in klassischen Formen und bilderreicher Sprache, in der er
Realität, Vision und Surrealität vereinigt. 1945/46 organisierte er die
Literaturabteilung des Rundfunks neu, danach Referent für Literatur
in der Kulturabteilung der Stadt Wien und Bibliothekar. Er war auch
als Volksbildner tätig.

Nummer 10 **EGGER** Rudolf, Dr., Prof.
Archäologe
* 11.4.1882, † 7.5.1969
Sein Hauptarbeitsgebiet war die archäologische Erforschung der rö-
mischen und keltisch-illyrischen Besiedelung Kärntens. Leitete ab
1948 die Ausgrabungen auf dem Magdalensberg, der bedeutendsten
Fundstelle des Alpenraumes; Professor für Römische Geschichte und
Altertumskunde an der Universität Wien 1929-45.

Nummer 11 **FONTANA** Oskar Maurus, Prof.
Schriftsteller
* 13.4.1889, † 4.5.1969
Schrieb anfangs expressionistische Dramen, später der „Neuen Sachlichkeit" nahestehende Romane. Er arbeitete seit 1909 als Journalist
und betätigte sich auch als Volksbildner. 1945 Gründer des Verbandes demokratischer Schriftsteller und Journalisten, 1946-64 Präsident
des österreichischen PEN-Clubs.

Nummer 12 **DEUTSCH** Otto Erich, Dr., Prof.
Musikwissenschaftler
✳ 5.9.1883, ✝ 23.11.1967
Als Schubert-Forscher hat er unter den österreichischen Musikwissenschaftlern einen besonderen Stellenwert. 1951 publizierte er das kurzgenannte „Deutsch-Verzeichnis", einen Meilenstein der Dokumentarwissenschaft. Auch als Mitarbeiter der neuen Mozart-Ausgabe sowie der Originalausgaben der Werke Schuberts erwarb er sich große Verdienste.

Nummer 13 **KEPPEL** Rudolf Heinz, Prof.
Maler
✳ 2.3.1905, ✝ 15.10.1967
Er schuf Landschaften, Stilleben, Wandmalereien, Gobelins und Glasfenster. In Wien sind städtische Wohnhausanlagen mit Mosaiken und Sgraffiti von ihm geschmückt. Er veröffentlichte auch Lyrik und Parabeln. Präsident des Wiener Künstlerhauses (1954-61).

Nummer 14 **BRAUN-PRAGER** Käthe, Prof.
Schriftstellerin
✳ 12.2.1888, ✝ 18.6.1967
Sie schrieb Lyrik, Prosa und Essays, arbeitete auch in in- und ausländischen Zeitungen und betätigte sich als Übersetzerin und Herausgeberin. Sie begründete die Literarische Frauenstunde beim Wiener Rundfunk (1930-38). 1951 Rückkehr aus der Emigration in England, wo sie für BBC gearbeitet hatte.

Nummer 15 **HIRSCHMANN** Mauritius
Journalist und Schriftsteller
✳ 18.10.1876, ✝ 14.5.1967
Machte sich als Übersetzer russischer Schriftsteller einen Namen, seine Bühnenbearbeitungen wurden auf allen Wiener Bühnen gespielt und erschienen auch in Buchform. Umgekehrt kamen in seiner Übersetzung Operetten von Lehar, Kalman, Weinberger und Fall an Petersburger und Moskauer Bühnen zur Aufführung.

Nummer 16 **GAERTNER** Eduard, Prof.
Maler
✳ 22.10.1890, ✝ 1.11.1966
Schuf in den zwanziger Jahren zahlreiche Werbeplakate, trat aber auch als Buchillustrator hervor. Während des Zweiten Weltkrieges war er Lehrer an der Staedelschule in Frankfurt/Main. Ab 1949 bis 1960 als Fachkonsulent für bildende und angewandte Kunst bei der Stadt Wien beschäftigt.

Nummer 17 EHRLICH Georg, Prof.
Bildhauer
* 22.2.1897, † 1.7.1966
Er beschäftigte sich in seinen Arbeiten im expressionistischen Stil vorwiegend mit Tierskulpturen. 1934 emigrierte er nach London (englische Staatsbürgerschaft 1947). Mitglied des „Hagenbundes" (1925-38), der „Secession" (1946) und der „Royal Academy London" (1962).

Nummer 18 ULLMANN Robert, Prof.
Bildhauer
* 18.7.1903, † 19.3.1966
In seinem Staatsatelier schuf er seit 1931 zahlreiche Skulpturen, vor allem mit religiösen Motiven, Grabdenkmäler (Bruckner, Schubert), Gedenktafeln und Modelle für die Porzellanmanufaktur Wien-Augarten.

Nummer 19 ARLETH Emmerich
Schauspieler, Sänger
* 14.8.1900, † 11.11.1965
Seine Vortragskunst widmete er vor allem der Interpretation des Wienerliedes, dessen besonderer Förderer er war. Begann seine Karriere als Komiker in Varietés, Kabaretts und Theatern, wirkte auch in zahlreichen Filmen und im Rundfunk mit. Präsident der Sektion „Kunst und freie Berufe" im ÖGB (ab 1945).

Nummer 20 DRDLA Franz, Prof.
Komponist und Dirigent
* 28.11.1868, † 3.9.1944
Komponierte mehr als 300 Stücke für Violine und Klavier, Lieder und Chorwerke; Orchesterdirigent am Theater an der Wien; unternahm Konzertreisen durch Europa und Amerika. Studierte an den Konservatorien in Prag und Wien (u.a. bei Bruckner, Hellmesberger und Krenn).

Nummer 21 EPP Leon, Prof.
Theaterdirektor
* 29.5.1905, † 21.12.1968
Er schrieb als Direktor des Volkstheaters (1952-68) Wiener Theatergeschichte. Er verband künstlerische Qualität mit einem anspruchsvollen Spielplan. In seiner Ära wurde das Volksstück gepflegt, Klassiker aufgeführt und besonders zeitgenössische Dramen gespielt; er brach 1963 den damals in Wien bestehenden Brecht-Boykott.

Nummer 22 **JELINEK** Hanns, Prof.
Komponist
∗ 5.12.1901, † 27.1.1969
Einer der bedeutendsten Vertreter der zweiten Generation der „Wiener Schule der Neuen Musik". Schüler von Arnold Schönberg und Alban Berg. Er komponierte sechs Symphonien, Kammer- und Orchestermusik, beschäftigte sich mit Jazz und komponierte auch Filmmusik. Professor an der Wiener Musikakademie (1958).

Nummer 23 **HRUSCHKA** Karl (Hruška)
Schauspieler
∗ 21.8.1905, † 2.1.1970
Er machte die Interpretation des raunzenden Wieners zu seiner ganz persönlichen Note und erlangte damit rasch einen großen Bekanntheitsgrad. Maßgeblich zur Popularität trugen seine zahlreichen Radioauftritte und Filmrollen bei.

Nummer 24 **MARKUS** Elisabeth (verh. Nikowitz)
Schauspielerin
∗ 13.12.1895, † 19.1.1970
Mit ihrer starken und faszinierenden Persönlichkeit begeisterte sie ihr Publikum. Sie debütierte 1917 am Volkstheater, wo sie bis 1930 spielte. 1931 auf Tournee mit Max Reinhardt, war sie ab 1939 Mitglied des Theaters in der Josefstadt, wo sie mit großem Erfolg in Stücken von Anzengruber, Molnár und Hofmannsthal auftrat.

Nummer 25 **FIEDLER** Josef
Komponist
∗ 9.4.1898, † 16.3.1970
Lange Zeit mit einer eigenen Kapelle bzw. als Alleinunterhalter im In- und Ausland unterwegs; schrieb rund 450 Wienerlieder (u.a. „Wie Böhmen noch bei Österreich war") und Tanzmusikstücke.

Nummer 26 **GROSSMANN** Ferdinand, Prof.
Chorleiter
∗ 4.7.1887, † 5.12.1970
Er hat das Chorwesen der Zwischenkriegszeit wesentlich geprägt und zahlreiche junge Sänger herangebildet. Gründer des Wiener Volkskonservatoriums (heute Konservatorium der Stadt Wien), Professor an der Wiener Musikakademie, künstlerischer Leiter der Wiener Sängerknaben (1938-45 und 1956-68).

Nummer 27 JELLINEK Fritz
Wienerlied-Interpret und Komponist
* 1.9.1895, ✝ 7.3.1971
Bekannter und beliebter Interpret des Wienerliedes, der viele künstlerische Erfolge im Laufe seiner Karriere hatte. Er hat rund 300 Schallplatten besungen und komponierte mehr als 260 Musikstücke.

Nummer 28 MARDAYN Christel, Prof.
Operettensängerin
* 8.12.1901, ✝ 23.7.1971
Eine der besten Operettensoubretten Wiens der Zwischenkriegszeit. Max Reinhardt entdeckte ihre schauspielerischen Qualitäten und holte sie an seine Bühnen nach Wien und Berlin. Sie spielte auch in zahlreichen Filmen mit und unterrichtete am Konservatorium der Stadt Wien.

Nummer 29 MAUX Richard, Dr., Prof.
Komponist
* 26.1.1893, ✝ 2.8.1971
Er komponierte rund 700 Lieder und 100 Melodramen (zum Teil für Solostimmen, Sprechchor und Orchester), Frauenchöre und symphonische Dichtungen und lehnte die Zwölftonmusik ab. Er studierte klassische Philologie an der Universität Wien und war ab 1919 im staatlichen Lehrdienst tätig.

Nummer 30 ZILLNER Emmerich, Prof.
Komponist
* 30.4.1900, ✝ 23.9.1971
Ein Meister des Wienerliedes komponierte er zahlreiche Wienerlieder, sein bekanntestes Lied ist „Es steht a alter Nußbaum drauß't in Heilig'nstadt". Er war als Kinokapellmeister beim Stummfilm, Aufnahmeleiter bei einer Schallplattenfirma und Mitarbeiter beim Rundfunk tätig.

Nummer 31 WEGROSTEK Oskar
Schauspieler
* 6.10.1907, ✝ 11.6.1972
Er war ein in ungezählten Rollen verwendbarer und eingesetzter Schauspieler, dem nicht nur Wienerisches Erfolg brachte. Erst am legendären Kabarett „Literatur am Naschmarkt" tätig, wurde er 1931 von Direktor Rudolf Beer an das Volkstheater verpflichtet, dem er bis zu seinem Tode angehörte.

Nummer 32 JANESCH Albert, Prof.
Maler
* 12.6.1889, ✝ 10.5.1973
Porträtist, Landschafts- und Blumenmaler, der in seinem Werk jede Annäherung an eine der vielen modernen Strömungen vermieden hat, die im Verlauf seiner Schaffenszeit aufgekommen sind. Im Spätwerk arbeitete er nach Art der Impressionisten oft mit Öl auf Leinwand direkt in der Landschaft.

Nummer 33 PODHAJSKY Alois
Reiter
✳ 24.2.1898, ✝ 23.5.1973
Der gelernte Dressurreiter gewann 1936 bei den Olympischen Spielen in Berlin die Bronzemedaille im Dressurreiten; 1939 wurde er im Range eines Oberst mit der Leitung der Spanischen Reitschule betraut. Nach dem 2. Weltkrieg leitete er den Wiederaufbau in die Wege und war bis 1965 für die Reitschule tätig.

Nummer 34 LEBER Hermann, Dr.
Kunsthistoriker
✳ 6.8.1900, ✝ 2.1.1974
Er trat als Herausgeber der Werke von Heinrich Heine und der Gesamtausgabe der Werke von C. F. Meyer sowie einiger Anthologien an die Öffentlichkeit. Nach dem Studium in Frankfurt, Wien und Köln war er Lektor bei großen deutschen und österreichischen Verlagen, ab 1946 Korrespondent großer ausländischer Zeitungen.

Nummer 35 LEINFELLNER Heinz, Prof.
Bildhauer
✳ 4.12.1911, ✝ 13.1.1974
Er nahm in seinen Arbeiten im Laufe der Jahre die verschiedensten Strömungen auf, doch hatte er die figurative Gestaltungsform nie aufgegeben. Studierte 1932-40 bei Anton Hanak, 1948-52 Assistent bei Fritz Wotruba, 1959 wurde er Professor an der Akademie. Schuf Bronzefiguren im Parlament, Steinskulpturen für Wohnhausanlagen.

Nummer 36 EICHTHAL Rudolf v. (eigentl. Pfersmann von Eichthal)
Offizier und Schriftsteller
✳ 18.3.1877, ✝ 14.8.1974
Er wählte in seinen Romanen und Erzählungen vorzugsweise Themen aus dem alt-österreichischen Soldatenleben. Bis 1918 Oberst im Generalstab, zuletzt Divisions-Generalstabschef auf dem Balkan. 1920-37 Trompeter im Bühnenorchester der Bundestheater. Gründer und Leiter des Trompeterchores der Wiener Staatsoper.

Nummer 37 LORENZ Max
Opernsänger
✳ 10.5.1901, ✝ 11.1.1975
Feierte als Heldentenor in Wagner-Opern große Erfolge. Studierte in Berlin Gesang, debütierte 1927 an der Dresdner Staatsoper als Walther von der Vogelweide, 1931-34 in Berlin, Gastauftritte an allen großen Opernhäusern der Welt; Mitglied der Wiener Staatsoper (1941-62), auch hier vor allem in Wagner-Rollen erfolgreich.

Gruppe 40

Nummer 38 **FABIGAN** Hans, Prof.
Maler und Graphiker
✳ 14.6.1901, ✝ 23.2.1975
Er hatte großen internationalen Erfolg mit seinen Plakaten, die er für kulturelle und kommerzielle Zwecke entwarf. In den 30er Jahren zeitweise Ateliergemeinschaft mit Joseph Auteried. Er war Leiter der Graphik-Klasse am Institut für Werbung und Verkauf (1935-38); Lehrer an der Modeschule der Stadt Wien (1947-51).

Nummer 39 **PAULIK** Anton, Prof.
Dirigent
✳ 14.5.1901, ✝ 22.4.1975
Als Kapellmeister am Theater an der Wien und als gesuchter Begleiter vieler Tenöre war er ein Zeuge und Mitgestalter der großen Tage der silbernen Operette im Wien der Zwischenkriegszeit. Bis zu seinem Tod Dirigent an der Wiener Volksoper.

Nummer 40 **HOFMANN** Martha, Dr., Prof.
Schriftstellerin
✳ 29.8.1895, ✝ 9.11.1975
Schrieb Gedichte von starker sprachlicher Ausdruckskraft, Biographien, Essays, Novellen und Übersetzungen. 1922-38 Gymnasiallehrerin. In der Emigration in England als Journalistin und Dolmetscherin tätig, kam sie 1946 nach Wien zurück und arbeitete 1949-57 wieder in ihrem alten Beruf.

Nummer 41 **SCHREYVOGL** Friedrich, Dr., Prof.
Schriftsteller
✳ 17.7.1899, ✝ 11.1.1976
Lyriker, Dramatiker, Erzähler und Essayist; in seinen Romanen entwickelte er breite Gemälde der Zeit vor dem 1. Weltkrieg, in seinen Dramen nahm er historische und religiöse Stoffe auf; schrieb auch Drehbücher, Operntexte und Übersetzungen. 1931 Professor am Reinhardt-Seminar, ab 1959 Chefdramaturg am Burgtheater.

Nummer 42 **FEDERMANN** Reinhard
Schriftsteller
✳ 12.2.1923, ✝ 29.1.1976
Hochbegabter Erzähler, der sechs Romane sowie Kurzgeschichten für Zeitungen sowie Features und Hörspiele für den Rundfunk schrieb. 1972-75 gab er die Monatsschrift für Literatur und Kunstpolitik „Die Pestsäule" heraus und übersetzte, zum Teil gemeinsam mit Milo Dor, u.a. Ivo Andric, Milovan Djilas und Dino Buzati.

Gruppe 40

Nummer 43 **LESKOSCHEK** Axl, Dr.
Maler
✶ 3.9.1889, ♱ 12.2.1976
Er hat sich mit Holzschnitten zu bedeutenden Werken der Weltliteratur einen Namen gemacht. Mitbegründer der Grazer Sezession (1923). Studierte in Graz Jus (Promotion 1917), dann in Wien Malerei. Emigrierte 1938 über die Schweiz nach Brasilien, wo er Lehrer für Holzschnitt und Bildkomposition war. Rückkehr nach Österreich 1948.

Nummer 44 **NIEDERMOSER** Otto, Prof.
Architekt
✶ 5.5.1903, ♱ 4.3.1976
Er entwarf zahlreiche Wohnhaus-, Theater-, Repräsentations- und Siedlungsbauten sowie Geschäftshäuser, auch rund 150 Adaptierungen und Einrichtungen von Wohnungen. Auch als Filmarchitekt und Bühnenbildner tätig. Professor für Bühnenbild an der Akademie für angewandte Kunst in Wien (ab 1949).

Nummer 45 **CHAROUX** Siegfried, Prof.
Bildhauer
✶ 15.10.1896, ♱ 26.4.1967
In der Nachfolge von Anton Hanak und Hans Bitterlich stehend, schuf er Denkmäler von Matteotti und Lessing in Wien, die vom Ständestaat bzw. von den Nazis entfernt und eingeschmolzen wurden. Emigrierte 1935 nach England; sein neues Lessing-Denkmal wurde 1968 enthüllt.

Nummer 46 **JERGER** Alfred, Prof.
Opernsänger
✶ 9.6.1889, ♱ 18.11.1976
Als Bariton ein erfolgreicher Mozart-, Strauss- und Strauß-Sänger, der an allen großen Opernhäusern der Welt gastierte. Mitglied der Wiener Staatsoper 1921-53; ab 1947 Professor an der Wiener Musikakademie, betätigte sich auch als Regisseur und bearbeitete die Texte u.a. von „Don Pasquale" und „Die Fledermaus" neu.

Nummer 47 **MERKEL** Georg, Prof.
Maler
✶ 5.6.1881, ♱ 24.11.1976
Gebändigt durch strenge Farb- und Formengesetzgebung herrscht in seinen Bildern klassische Unbeschwertheit und Ruhe vor. Er studierte in Krakau und arbeitete von 1905-14 in Paris. 1918-38 lebte er in Wien; vor den Nazis konnte er noch rechtzeitig nach Frankreich flüchten, wo er auch nach dem 2. Weltkrieg blieb.

Gruppe 40

Nummer 48 MARIK Rudolf, Prof.
Theaterdirektor
✶ 7.12.1900, ✟ 5.12.1976
Initiator zahlreicher erfolgreicher Operettenaufführungen (u.a. Maske in Blau, Madame Scandaleuse und Blume von Hawai); seit 1946 Theaterdirektor in Wien, wirkte achtundzwanzig Jahre am Wiener Raimundtheater.

Nummer 49 GLASER Hugo, Dr., Prof.
Journalist und Arzt
✶ 13.10.1881, ✟ 10.12.1976
Er gründete 1945 die Österreichisch-sowjetische Gesellschaft und den Österreichischen Presseklub (Vorgänger des Presseclubs Concordia). Schrieb Werke über die Geschichte der Medizin. In der Zwischenkriegszeit praktischer Arzt in Wien, 1938-45 lebte er im Untergrund.

Nummer 50 HERMANN Julius, Prof.
Militärkapellmeister
✶ 13.12.1889, ✟ 14.2.1977
Er galt als altösterreichisches Original und leitete seit 1918 die traditionsreiche Kapelle der Hoch- und Deutschmeister, die in den k. u k. Uniformen auftraten. Stramm und soldatisch dirigierte er seine Kapelle, mit der er auf der ganzen Welt gastierte. Stolz trug er den Ehrentitel „Der blecherne Furtwängler".

Nummer 51 MUHR Adalbert, Prof.
Schriftsteller
✶ 9.11.1896, ✟ 10.3.1977
Von Stefan Zweig und Joseph Roth gefördert, von Heimito von Doderer geschätzt, wurde er auch der „Donaudichter" genannt, weil der Strom im Zentrum seines Hauptwerkes, der Trilogie „Das Lied der Donau", steht. Er schrieb auch Kritiken und Feuilletons sowie Reisebücher, u.a. beschrieb er auch eine Fußwanderung rund um Wien.

Nummer 52 MOLDOVAN Kurt, Prof.
Maler
✶ 22.6.1918, ✟ 16.9.1977
Mit seinen Arbeiten schon früh erfolgreich, schuf er graphische Zyklen von großer Eindringlichkeit (u.a. Krieg 1951, Tierkreis 1956, Antike Szenen 1962), daneben eine Vielzahl von Aquarellen, in denen sich das Lichterlebnis südlicher Landschaften spiegelt. Auch als Buchillustrator und Bühnenbildner tätig.

Gruppe 40

Nummer 53 **KELLER** Greta (verh. Bacon)
Chansonette
✷ 8.2.1903, ✝ 6.11.1977
Sie war eine der ersten internationalen Schallplattenmillionäre, die ihre Karriere nach Schauspielanfängen in Wien Ende der 20er Jahre in London startete und dann in den Vereinigten Staaten große Erfolge als Chansonette feierte. Bis ins hohe Alter trat sie in Konzerten und TV-Shows auf, meistens allerdings in den USA.

Nummer 54 **SCHÖFFLER** Paul
Kammer- und Opernsänger
✷ 15.9.1897, ✝ 21.11.1977
Die stimmliche und darstellerische Gestaltungskraft des Baßbaritons machten ihn zu einem umjubelten Holländer, Don Giovanni, Jago und Hans Sachs, wie überhaupt sein Repertoire umfangreich und vielgestaltig war. Er studierte in Dresden Klavier, Violine, Gesang und wirkte ab 1937 an der Wiener Staatsoper.

Nummer 55 **WALDBRUNN** Ernst, Dr. med.
Schauspieler und Kabarettist
✷ 14.8.1907, ✝ 22.12.1977
Seine Auftritte in den Doppelconférencen mit Karl Farkas im Simpl, im Radio und im Fernsehen, sind in die Geschichte des Wiener Kabaretts eingegangen. Auch in zahlreichen Filmen war er mit seiner ganz speziellen, von seinem berühmten Stottern bestimmten Komik, erfolgreich.

Nummer 56 **PICHLER** Gusti (verh. Auguste Short)
Ballettänzerin
✷ 10.10.1893, ✝ 13.4.1978
Nach der Ballettschule trat sie 1908 dem Ballett der Wiener Hofoper bei. Sie wurde 1913 Solotänzerin, 1925 Primaballerina und 1935 Ehrenmitglied der Wiener Staatsoper. Nach ihrer Pensionierung folgte sie ihrem Mann Frank E. Short nach London.

Nummer 57 **RUDOLF** Leopold
Schauspieler
✷ 3.5.1911, ✝ 4.6.1978
Einer der profiliertesten Ensemblemitglieder am Theater in der Josefstadt. Er gefiel besonders in den sensiblen, gebrochenen Charakteren der Schnitzler- und Ibsen-Stücke, aber auch in Raimund- und Nestroy-Rollen.

Gruppe 40

Nummer 58 **WAGNER** Richard, Dr., Prof.
Arzt
✶ 30.10.1887, ✝ 1974
Professor für Kinderheilkunde, beschäftigte sich hauptsächlich mit Physiologie und Pathologie des Stoffwechsels und Zuckerkrankheit im Kindesalter, u.a. arbeitete er unter Prof. Pirquet in Wien. 1924 habilitierte er sich als Privatdozent für Kinderheilkunde. Emigrierte 1938 in die USA. Er starb 1974 und wurde am 4.9.1979 in Wien beigesetzt.

Nummer 59 **SIEGL** Otto, Prof.
Komponist
✶ 6.10.1896, ✝ 9.11.1978
Er schuf eine Vielzahl kammermusikalischer Werke und Vokalmusik, aber auch Orgelwerke und vier Symphonien. Im Frühwerk eher atonal, fand er später zu einem an der Neuromantik orientierten Stil. Er studierte in Graz, 1933 Professor für Musiktheorie in Köln, 1948-67 Professor für Komposition an der Musikakademie in Wien.

Nummer 119 DUSIKA Ferry (Franz)
Radsportler
✶ 31.3.1908, ✝ 12.2.1984
Ein Rad-Star der 30er Jahre: 1932 Bronze-Medaille bei Profi-WM, zehn Meistertitel im Bahnfahren von 1933-37. Erfolgreicher Geschäftsmann, Organisator von Sportveranstaltungen und Förderer des Radrennsports. Initiator des von der Stadt Wien erbauten und nach ihm benannten Wiener Radstadions.

Nummer 120 HAGEN Ernst, Prof.
Schauspieler und Journalist
✶ 7.2.1906, ✝ 1.3.1984
Mit der TV-Sendereihe „Seniorenclub", die er ab 1967 mehr als 500mal gestaltete, erlangte er große Popularität. Mitbegründer der Kleinkunstbühne „ABC" (1931); 1946/47 gestaltete er Programme für „Literatur am Naschmarkt"; schrieb auch Romane, feuilletonistische Arbeiten über Wien und gestaltete Hörfunksendungen.

Nummer 121 NACHMANN Kurt, Dr.
Schauspieler und Schriftsteller
✶ 13.5.1915, ✝ 4.3.1984
Als Schauspieler im kleinen Charakterfach stand sein Name für Wienerische Lebensart, für jüdischen Witz, rabbinische Rhetorik und Lebensangst. Im deutschsprachigen Film war er einer der meistbeschäftigten Drehbuchautoren. Seit 1947 hat er allein für Franz Antel 50 Drehbücher geschrieben, u.a. „Oberst Redl", „Der Bockerer".

Nummer 122 GOTTSCHLICH Hugo
Schauspieler und Komiker
✳ 30.10.1905, ✝ 22.3.1984
Ein Original vom Schlage Girardis, war er einer der großen Komiker
des Wiener Theaters. Treuherzig raunzend, aber auch bissig und hin-
terhältig, liebte ihn sein Publikum. Er begann in den 30er Jahren
beim Kabarett „Wiener Werkl" und kam über das Volkstheater an das
Burgtheater, dessen Ensemble er seit 1955 angehörte.

Nummer 123 MATEJKA-FELDEN Gerda, Prof.
Malerin und Kunstpädagogin
✳ 29.4.1901, ✝ 27.12.1984
Arbeitete ab 1924 in Wien als Malerin, ab 1932 Zeichenkurse für Ar-
beitslose an Volkshochschulen, 1938 Berufsverbot. 1947 gründete sie
den Verein „Künstlerische Volkshochschule", aus dem 1960 die
„Wiener Kunstschule" hervorging. 1945-71 leitete sie die Meisterklasse für Kunsterziehung an der Akademie der bildenden Künste.

Nummer 124 LANG Lotte
Schauspielerin
✳ 11.1.1900, ✝ 13.2.1985
Die originelle Volksschauspielerin war eine große Interpretin wienerischer Frauentypen, die sie mit einem unbändigen Spieltemperament
darstellte. Sie spielte ab 1932 am Volkstheater und kam in den 50er
Jahren an das Theater in der Josefstadt. Auch in Filmen und im Fernsehen feierte sie große Erfolge.

Nummer 125 REICHEL Karl Anton
Graphiker
✳ 5.4.1874, ✝ 25.10.1944
Er gilt als ein Vorläufer der Wiener Schule des phantastischen Realismus. Als Graphiker Autodidakt schuf er nach frühen Holzschnitten in
wenigen Jahren mehr als 300 Radierungen. Sein besonderes Interesse galt den Kulturen Chinas, Indiens und Tibets. Er betätigte sich
auch als Kunstsammler und Kunsthändler.

Nummer 125 STERNAD Rudolf
Maler
✳ 2.9.1880, ✝ 21.1.1945
Die Miniaturbildniskunst, der er sich seit 1924 ausschließlich widmete, brachte ihm internationale Anerkennung. Seit 1918 in Wien lebend, schuf er mehr als 850 Miniaturen. Er porträtierte zahlreiche
Mitglieder des österreichischen Hochadels, des Wiener Bürgertums
sowie europäische und amerikanische Großindustrielle.

Nummer 126 PAAR Ernst, Prof.
Maler
✶ 15.8.1906, ✝ 25.1.1986
Spätimpressionist. Studierte in Graz, Stuttgart, Berlin und Paris. Ab 1933 in Wien; ab 1945 auch Gebrauchs- und Werbegraphik, die durch große Raumwirkung besticht. 1947 gehörte er zu den Begründern der Künstlervereinigung „Der Kreis". Schuf u.a. Mosaike und Sgraffiti an Gemeindebauten und Privathäusern in Wien.

Nummer 127 BLANCHE - AUBRY VON LANGHEIM Marie
Schauspielerin
✶ 21.2.1921, ✝ 9.3.1986
Eine der originellsten Wiener Schauspielerpersönlichkeiten; sie beherrschte klassische wie moderne Rollen und spielte Molière, Schnitzler und Ionesco. Nach ihrer Ausbildung und Engagements in der Schweiz kam sie über das Volkstheater an das Burgtheater. 1959 Debüt in Fritz Hochwälders „Donnerstag".

Nummer 128 WEHLE Peter, DDr.
Kabarettist und Schriftsteller
✶ 9.5.1914, ✝ 18.5.1986
Gemeinsam mit Karl Farkas und Gerhard Bronner schuf er eine Vielzahl von Kabarettsketches und musikalischen Komödien. Schrieb eine Reihe von Wienerliedern und Chansons, gestaltete auch Radio- und Fernsehsendungen. Auch als Schriftsteller erfolgreich.

Nummer 129 EISENREICH Herbert
Schriftsteller
✶ 7.2.1925, ✝ 6.6.1986
Lyriker, Essayist, Erzähler und Hörspielautor von scharfem Intellekt, pflegte psychologisch vertiefte Erzählkunst in symbolstarkem expressivem Stil. Bekannt wurde er mit der 1951 erschienenen Erzählung „Einladung, deutlich zu leben". Durch Übersetzungen auch im Ausland als zeitgenössischer Erzähler von Rang bekannt.

Nummer 130 SZABO Wilhelm, Prof.
Schriftsteller
✶ 30.8.1901, ✝ 14.6.1986
Schrieb schlichte heimatverbundene Lyrik, die seine soziale Erfahrung und die herbe Schönheit des Waldviertels reflektiert. Wuchs in ärmlichen Verhältnissen bei Zieheltern im Waldviertel auf und wurde Lehrer, zuletzt Direktor in Weitra. Seinen Lebensabend verbrachte er in Wien.

Gruppe 40

Nummer 131 SCHÜRRER Hermann
Schriftsteller
✴ 14.12.1928, ✝ 29.11.1986
Der kritische Zeitgeistinterpret galt als bekennender und pathetischer
Vertreter widerständiger und außenseiterischer Literaturproduktion.
Mitbegründer der Kulturzeitschrift „Freibord", in der auch der über-
wiegende Teil seines literarischen Schaffens, Gedichte, Romane,
Glossen, Essays und Stücke, erschienen sind.

Nummer 132 AMERY Jean (eigentl. Hans Mayer)
Schriftsteller
✴ 31.10.1912, ✝ 17.10.1978
Sein Werk spiegelt die Existenzbedrohung seines Lebens durch den
Faschismus wider. 1938 vor den Nationalsozialisten aus Wien nach
Belgien geflohen, wird er 1943 als Widerstandskämpfer verhaftet
und ins Konzentrationslager verschleppt. In seinen Werken nimmt er
Stellung gegen Unfreiheit und Ungerechtigkeit.

Nummer 133 HEILLER Anton, Prof.
Komponist
✴ 15.9.1923, ✝ 25.3.1979
Gestaltete das Wiener Musikleben der Nachkriegszeit wesentlich
mit, komponierte Messen, Oratorien, Kantaten, Motetten und Orgelwerke, belebte kirchliche Traditionen neu und setzte sich kreativ mit
der Liturgie auseinander. Professor an der Wiener Musikakademie,
auch als Dirigent tätig.

Nummer 134 MUSCHIK Johann, Prof.
Journalist
✴ 20.8.1911, ✝ 2.10.1979
Verfaßte Essays über literarische, philosophische und historische
Themen. Er prägte 1956 den Begriff „Wiener Schule des Phantastischen Realismus". Vor dem Krieg als Radiotelegraphist beim Rundfunk tätig, wurde er nach dem Weltkrieg Kunstkritiker für in- und
ausländische Zeitungen.

Nummer 135 MERZ Carl (eigentl. Czell), Dkfm.
Schriftsteller und Kabarettist
✴ 30.1.1906, ✝ 31.10.1979
Bereits während des Studiums an der Hochschule für Welthandel
1924-28 als Schauspieler und Conférencier tätig. Nach dem Krieg
eröffnete er das erste politische Kabarett, den „Lieben Augustin".
Schreibgemeinschaften mit Michael Kehlmann und Helmut Qualtinger, mit dem er auch den „Herrn Karl" (1962) schrieb.

Nummer 136 OCWIRK Ernst („Ossi")
Fußballspieler
✶ 7.3.1926, ✝ 23.1.1980
Legendärer Spieler, eleganter Techniker und Stratege, Sportler des
Jahres 1951. Kam über den FAC zur Wiener Austria, spielte 63mal in
der Nationalmannschaft und war viele Jahre Teamkapitän. Nach Be-
endigung der aktiven Laufbahn Trainer in Genua und Köln, zuletzt
bei Admira Wacker (1972-75).

Nummer 137 KAUFMANN Armin, Prof.
Komponist und Violinist
✶ 30.10.1902, ✝ 30.6.1980
Komponierte zahlreiche Orchesterwerke, u.a. vier Symphonien und
Kammermusik. Nach dem Musikstudium in Brünn und Wien bis zur
erzwungenen Auflösung 1938 Mitglied des Rothschild-Quartettes,
dann bis 1966 bei den Wiener Symphonikern.

Nummer 138 LÖWINGER Lisl (Elisabeth)
Schauspielerin
✶ 11.1.1919, ✝ 15.10.1980
Mitglied der Schauspielerdynastie, die sich um die Erhaltung volkstümlicher Lustspiele, meist im bäuerlichen Milieu spielend, im eigenen Theater (Löwinger-Bühne) große Verdienste erwarb. Auch Fern-
seh- und Filmtätigkeit. Gattin von Paul Löwinger.

Nummer 139 LOEW Kurt Conrad, Prof.
Maler
✶ 6.1.1914, ✝ 27.11.1980
Er verstand es – in seinen Bildern, Landschaften und Straßenszenen
waren seine bevorzugten Motive – neben der Realität auch Atmosphäre einzufangen. 1938 emigrierte er über Belgien und Frankreich
in die Schweiz. Trat auch als Moritatensänger und Werkelmann auf.

Nummer 140 FUCHS Robert, Prof. h.c.
Maler
✶ 1.4.1896, ✝ 10.2.1981
Schuf als Porträtzeichner und Illustrator für verschiedene Zeitungen
rund 3.000 Porträtskizzen von prominenten Persönlichkeiten. Daneben Porträts, Landschaften, Stilleben, Briefmarkenentwürfe sowie
das Bild „Die Unterzeichnung des österreichischen Staatsvertrages"
im Belvedere 1955, von dem auch 80 Porträtstudien erhalten sind.

Nummer 141 FRIEDRICH Karl
Opernsänger
✶ 15.1.1905, ✝ 8.4.1981
Lyrischer Tenor. Nach einer Schlosserausbildung studierte er in Wien
Gesang; Mitglied der Wiener Staatsoper seit 1938. Er war einer der
bedeutendsten Tenöre der Kriegs- und Nachkriegszeit und eine der
Ensemblestützen der Staatsoper im Theater an der Wien bis 1955.

Gruppe 40

Nummer 142 GLÜCK Franz, Dr.
Schriftsteller und Kunsthistoriker
✶ 12.9.1899, ✝ 23.4.1981
Seit 1949 Direktor des Historischen Museums der Stadt Wien, setzte er sich entschieden für den Museumsneubau am Karlsplatz ein, der 1959 eröffnet werden konnte. Er ordnete die Schausammlungen neu, und unter seiner Leitung begannen auch die Sonderausstellungen, auch die Mozart- und Schubert-Gedenkstätten wurden neu gestaltet.

Nummer 143 NITSCHE Roland, Dr.
Schriftsteller und Publizist
✶ 25.11.1906, ✝ 21.5.1981
Schrieb zahlreiche Essays und wissenschaftliche Abhandlungen. Dabei dominierten zwei Themen seine Arbeiten: die ökonomischen Grundlagen des menschlichen Lebens und die Bestimmung des Menschen. Journalist bei verschiedenen Zeitungen, Übersetzer und Herausgeber. Studierte in Wien Jus, ab 1932 publizistisch tätig.

Nummer 144 KANN Robert Adolf, DDr., Prof.
Historiker
✶ 11.2.1906, ✝ 30.8.1981
Ab 1930 als Jurist im Wiener und niederösterreichischen Justizdienst tätig, mußte er 1938 vor den Nationalsozialisten flüchten und emigrierte in die USA, wo er eine Laufbahn als Historiker einschlug. Professor an mehreren amerikanischen Universitäten und ab 1950 immer wieder auch als Gastprofessor in Wien tätig.

Nummer 145 GEBAUER Ferry
Komponist
✶ 28.5.1901, ✝ 4.10.1981
Komponierte neben zahlreichen Wienerliedern rund tausend Märsche. Verfasser eigener Liedertexte und Operetten-Librettos; Operetten, Ouvertüren, Walzer, Chöre, Schlager, Charakterstücke usw. Erlernte den Kaufmannsberuf, in der Freizeit künstlerische Ausbildung in Gesang, Bühnenkunst und Harmonie- und Kompositionslehre.

Nummer 146 STANSKY Ferdinand, Prof.
Maler
✶ 16.9.1904, ✝ 30.12.1981
Er schuf Ölbilder, Aquarelle, Zeichnungen und Graphiken. Restaurator für die Galerie „St. Lucas". Bezeichnete sich als „Peintre Amateur".

Nummer 147 FATTY George (eigentl. Franz Georg Pressler)
Musiker
✶ 24.4.1927, ✝ 29.3.1982
Gehörte zu den prominentesten Vertretern der Wiener Jazzszene der 50er und frühen 60er Jahre. Eröffnete 1955 das „Jazz-Casino" im „Tabarin" in der Annagasse, 1958 übersiedelte er mit seiner Band in „Fatty's Saloon" auf den Petersplatz, wo bis 1964 viele internationale Jazzgrößen auftraten.

Nummer 148 FRITSCH Günther
Journalist und Schriftsteller
* 26.6.1926, † 23.5.1982
Veröffentlichte in 23 Jahren 8.000 Geschichten, die meist in einem wienerischen Grenzbezirk des deftig Absurden angesiedelt waren. Die Geschichten erschienen in der Kolumne „Heiteres Bezirksgericht" in der Kronen-Zeitung, wurden aber auch als Bücher ein Erfolg. 1975 wurden die Geschichten auch als Fernsehserie verfilmt.

Nummer 149 JACOBSSON Ulla (eigentl. Ulla-Maj Rohsmann)
Schauspielerin
* 23.5.1929, † 20.8.1982
Sie blieb einer ganzen Nachkriegsgeneration als Kindfrau – ein Symbol von Unschuld und Erotik – mit ihrem erfolgreichsten Film „Sie tanzte nur einen Sommer" 1951 in Erinnerung, der sie schlagartig bekannt machte. Neben zahlreichen Filmrollen war sie auch im Fernsehen und auf der Bühne zu sehen.

Nummer 150 GUNERT Johann, Prof. h.c.
Schriftsteller
* 9.6.1903, † 3.10.1982
Lyriker und Erzähler, verfaßte u.a. den Roman „Das Leben des Malers Vinzenz Van Gogh". Wurde nach der Matura Assistent an einer Abendschule, trat 1927 in den Dienst der Stadt Wien; 1936 erste Gedichte veröffentlicht; nach dem Weltkrieg Mitarbeiter der Stadtbibliothek.

Nummer 150 GUNERT Herma (geb. Bösenböck)
Schriftstellerin
* 17.12.1905, † 26.2.1949
Trat vor allem als Lyrikerin hervor. Absolventin der Fürsorgerinnenschule der Stadt Wien, 1929-32 als Erzieherin und 1928-34 als Bibliothekarin tätig. 1934 heiratete sie Johann Gunert.

Nummer 151 BRUCKNER Karl, Prof.
Schriftsteller
* 9.1.1906, † 25.10.1982
Er handelte in seinen Jugendbüchern überwiegend Probleme seiner Zeit sozialkritisch ab. Seine Werke wurden in achtzehn Sprachen übersetzt und in mehr als 30 Ländern verkauft.

Nummer 152 STOITZNER Josef, Prof.
Maler
* 12.2.1911, † 6.10.1982
Er malte in seinen Porträts und Landschaftsbildern nicht bloß die Oberfläche des Geschauten, sondern versuchte, Stimmungsgehalte wiederzugeben. Dies gilt für seine Wachau- und Waldviertelbilder, die er mit Vorliebe malte, aber auch für seine einfallsreichen figuralen Werke. Er studierte 1930-34 an der Wiener Kunstakademie.

Nummer 153 BASIL Otto, Dr., Prof., (Ps. Markus Hörmann)
Schriftsteller
✳ 24.12.1901, ✝ 19.2.1983
Er erwarb sich Verdienste um die österreichische Literatur. Er gründete die avantgardistische Zeitschrift „Plan" (1937/38 und 1945-48), in der später angesehene Schriftsteller wie Ilse Aichinger und Erich Fried erste Proben ihres Talentes abgaben. 1938 Schreibverbot; 1948 Leiter der Kulturredaktion des „Neuen Österreich".

Nummer 154 MEISSNER Paul, Prof.
Maler
✳ 31.5.1907, ✝ 2.6.1983
Malte anfangs realistisch, ging später zum Symbolismus über. Studierte bei Andri an der Wiener Akademie der bildenden Künste und dann bei Oppi und de Chirico in Rom. In Wien schmücken Mosaike von ihm städtische Wohnhausanlagen.

Nummer 155 FLECK Karl Anton, Prof.
Graphiker
✳ 9.6.1928, ✝ 5.12.1983
Er war ein Zeichner der besten Wiener Tradition. Mit wenigen nervösen Strichen gelang es ihm, über den dargestellten Gegenstand hinaus psychologische Wirkung zu erlangen. So erinnern seine zahlreichen Porträts an Landschaften, wie seine Landschaften an Bildnisse vertrauter Lebewesen.

Nummer 156 HOEGEL Hugo, Ritter von, Dr., Prof.
Jurist
✳ 20.10.1854, ✝ 9.2.1921
Er machte sich um die Kriminalstatistik und die Einführung der Strafregister verdient, heftiger Gegner bedingter Strafen und der Straftilgung. Studierte in Wien Jus, zuerst bei Gerichten, dann in der legislativen Abteilung des Justizministeriums tätig, wurde er 1915 Generalstaatsanwalt. Professor an der Konsularakademie ab 1902.

Nummer 156 HOEGEL Wilhelmine (Mina)
Malerin
✳ 16.6.1849, ✝ 15.3.1929
Hochgeschätzt von in- und ausländischen Sammlern und Kunsthändlern, genoß sie als Restauratorin alter Meister einen ausgezeichneten Ruf. Um den Wiener Verein der Schriftstellerinnen erwarb sie sich in den neunziger Jahren als dessen Präsidentin und Gründerin des Pensionsfonds große Verdienste.

Gruppe 40

Nummer 157 SCHOLLUM Robert, Prof.
Komponist und Musikpädagoge
✶ 22.8.1913, ✝ 30.9.1987
Komponierte Kammermusik, Chöre, Klavierwerke sowie zwei Opern. Studierte in Wien Musik (Staatsprüfung für Klavier und Orgel 1933). 1953 Leiter der Linzer städtischen Musikdirektion, Gründer der „Musikalischen Jugend Oberösterreichs", ab 1959 Professor an der Wiener Musikakademie.

Nummer 158 FISCHER-KARWIN Heinz
Journalist
✶ 23.4.1915, ✝ 27.10.1987
Seine unterhaltsame und informative Kulturberichterstattung machten ihn schnell zum Starreporter des österreichischen Rundfunks. Ursprünglich zum Schauspieler ausgebildet, wechselte er 1945 seinen Beruf und arbeitete beim englischen und französischen Rundfunk, ab 1955 in Österreich beim Radio, zuletzt auch beim Fernsehen tätig.

Nummer 159 MATEJKA Wilhelm Philipp Maria, Dr., Prof.
Linguist
✶ 26.5.1904, ✝ 24.5.1988
Dem langjährigen Direktor des Institutes für Übersetzer- und Dolmetscherausbildung der Universität Wien verdanken viele Generationen von Französischstudierenden nicht zuletzt aufgrund seines mitreißenden Unterrichts ihre Sprachkenntnisse. Ab 1965 war er ständiger Delegierter Österreichs bei der UNESCO in Paris.

Nummer 160 ZELLER-ZELLENBERG Wilfried, Prof.
Graphiker
✶ 28.1.1910, ✝ 3.4.1989
Mit dem feinen Strich und zart hingehauchten Farben brachten die Zeichnungen und Aquarelle des skurill-kauzigen Künstler-Originals den Betrachter zum Schmunzeln. Als gefragter Buchillustrator stattete er mehr als 400 Bücher, u.a. von Kästner, Tucholsky und Weinheber, mit Zeichnungen aus.

Nummer 161 SEBESTYEN György, Dr.
Journalist und Schriftsteller
✶ 30.10.1930, ✝ 6.6.1990
Schrieb Romane und Erzählungen, verfaßte Fernseh-Drehbücher und übersetzte aus dem Ungarischen. Als Anhänger von Imre Nagy flüchtete er 1956 aus Ungarn nach Österreich, wo er als engagierter Humanist zur Kontaktperson für zahlreiche Künstler der damaligen Ostblockländer wurde.

Gruppe 40

Nummer 162 HOFFMANN Paul, Prof.
Schauspieler und Theaterdirektor
* 25.3.1902, † 2.12.1990
Seine hohe Sprechkultur und seine eindrucksvolle Menschendarstellung begeisterten sein Publikum. Er spielte ein breites klassisches Repertoire und führte oft selbst Regie. Er wirkte in rund 20 Filmen mit und war bei Matineen ein beliebter Rezitator. Er kam 1959 an das Burgtheater, 1968-71 war er dessen Direktor.

Nummer 163 SCHREINER Liselotte
Schauspielerin
* 19.6.1904, † 15.2.1991
Als hervorragende Charakterdarstellerin und Tragödin riß sie ihr Publikum in vielen klassischen und modernen Dramen mit. Nach ihrer Ausbildung war sie an verschiedenen deutschsprachigen Bühnen tätig und wurde 1937 Mitglied des Wiener Burgtheaters, dessen Ensemble sie bis 1973 angehörte.

Nummer 164 ZOBL Wilhelm, Dr.
Komponist
* 9.1.1950, † 21.3.1991
Entwickelte eine sehr persönlich gefärbte Musiksprache, die sich vorwiegend klarer tonaler Mittel bediente. Die Auseinandersetzung mit ethnischer Musik hat in den rhythmischen Strukturen seiner Werke ihren Niederschlag gefunden. Seine wichtigsten Kompositionen sind die „Todesfuge" (1980) und die Oper „Der Weltuntergang" (1985).

Nummer 165 SCHÖNWIESE Ernst, Dr., Prof.
Schriftsteller
* 6.1.1905, † 4.4.1991
Als Lyriker in Form und Sprache der klassischen Tradition verbunden, schrieb er auch Hörspiele und übersetzte Gedichte aus dem Indischen, Japanischen und Chinesischen. Der langjährige Leiter der Rundfunkabteilung Literatur und Hörspiel (1954-70) machte sich um die Förderung junger dichterischer Talente sehr verdient.

Nummer 166 MAYR Hans, DDr. h.c., Prof.
Photograph
* 12.3.1926, † 15.2.1993
Präsident der Gesellschaft der bildenden Künste Österreichs (Künstlerhaus) von 1975 bis zu seinem Tod. 1977 machte er mit der Ausstellung „Kunst um 1970" die Sammlung Ludwig bekannt und wirkte in der Folge als Motor bei der Gründung des Museums moderner Kunst und der österreichischen Stiftung Ludwig.

Nummer 167 **VERKAUF-VERLON** Willy, (Ps. André Verlon), Prof.
Schriftsteller und Maler
✶ 6.3.1917, ✝ 12.2.1994
Der vielseitige Künstler – er wirkte als Verleger, Herausgeber, Maler und Schriftsteller – engagierte sich seit frühester Jugend gegen Rassismus und Rechtsextremismus. Er emigrierte 1933 nach Palästina, 1946 kehrte er nach Wien zurück. 1961 bis 1972 lebte er in Frankreich, 1973 kehrte er wieder nach Wien zurück.

Nummer 168 **MEISEL** Kurt
Schauspieler
✶ 18.8.1912, ✝ 5.4.1994
Er zählte ab den dreißiger Jahren zu den meistbeschäftigten und eindrucksvollsten Charakterdarstellern auf deutschsprachigen Bühnen. Zu den großen Erfolgen des Bösewichts-Spezialisten zählten Rollen in Stücken von Shakespeare, Goethe und Nestroy, aber auch von Brecht, Sartre und Thomas Bernhard.

Nummer 169 **GABOR** Hans, Prof.
Operndirektor
✶ 5.7.1919, ✝ 4.9.1994
Mit seinen Mozart-Inszenierungen erlangte er internationale Berühmtheit. Nach dem Studium an der Liszt-Akademie übersiedelte er 1946 nach Wien, gründete hier 1953 die Wiener Kammeroper als Forum für junge Sänger. Er initiierte auch den Belvedere-Gesangswettbewerb, dem viele junge Sänger ihre Entdeckung verdanken.

Nummer 172 **DÖNCH** Karl, Prof., Hofrat
Opernsänger und Operndirektor
✶ 8.1.1915, ✝ 16.9.1994
Der Baßbariton kam 1947 an die Wiener Staatsoper, wo er in großen Partien seines Faches brillierte. Auf Gastspielen trat er auf allen großen Opernbühnen der Welt auf. 1973-87 leitete er die Wiener Volksoper mit großem Erfolg, er baute ein junges Ensemble auf und stand selbst in zahlreichen Rollen auf der Bühne.

Reihe 3 **MÖGELE** Franz
Nummer 98 *Komponist*
✶ 24.5.1834, ✝ 6.12.1907
Er feierte seine größten Erfolge mit komischen Operetten, schrieb auch Lieder, Chöre, Messen und Sonaten. Spielte zu Beginn seiner Karriere an Vorstadtbühnen und im Orchester am Theater an der Wien. 1858 trat er erstmals in einem Konzert mit eigenen Kompositionen auf.

Gruppe 1

Reihe 2   **SELLENY** Joseph
Nummer 5   *Maler*
                ✳ 2.2.1824, ✝ 22.5.1875
                Schuf eine große Zahl von Marinegemälden, begleitete 1857-59 die
                Fregatte „Novara" auf ihrer Weltreise als Expeditionsmaler. Seine
                Landschaftsbilder bestechen durch Farbenpracht und Unmittelbarkeit
                der Darstellung. Entwarf den Schloßpark von Miramare bei Triest,
                für die Anlage des Wiener Stadtparkes machte er die Planskizzen.

Gruppe 2

Reihe 2   **SCHRÖDL** Anton
Nummer 4   *Maler*
                ✳ 8.6.1823, ✝ 5.7.1906
                Seine Arbeiten zeichnen sich durch ausgezeichnete Technik und ex-
                akte Ausführung aus, wegen der häufigen Darstellung von Schafen
                auf seinen Bildern wurde er als „Schaf-Klassiker" bezeichnet. Dane-
                ben auch Landschaftsbilder. Studierte an der Wiener Akademie der
                bildenden Künste.

Reihe 2   **CHMEL** Joseph
Nummer 62A *Historiker*
                ✳ 18.3.1798, ✝ 28.11.1858
                Als Archivar (1834) und zuletzt Vizedirektor (ab 1846) des Haus-
                Hof- und Staatsarchivs arbeitete er zahlreiche wissenschaftliche In-
                ventare aus, machte sich um die Erforschung mittelalterlicher Urkun-
                den verdient und publizierte zahlreiche Regesten. Initiierte die Ein-
                richtung einer permanenten Historischen Kommission.

Reihe 3   **HELM** Theodor, Dr., Prof.
Nummer 1   *Arzt*
                ✳ 12.5.1810, ✝ 20.3.1875
                Als vorzüglicher Organisator setzte er zahlreiche Reformpläne um;
                er hatte maßgeblichen Anteil an der Errichtung des Rudolfsspitals
                (1858 zur Erinnerung an die Geburt des Kronprinzen gestiftet) und
                der Gebäude für pathologische Anatomie und Chemie. 1855-69 Di-
                rektor des Allgemeinen Krankenhauses. Gemeinderat 1861-68.

Reihe 31   **RÉE** Susanne (geb. Pilz)
Nummer 72   *Pianistin*
                ✳ 19.7.1862, ✝ 22.2.1937
                Die Pianistin unternahm mit ihrem Mann Luis Rée (verh. seit 1889)
                zahlreiche Konzertreisen. Das Ehepaar war auf das Spiel mit zwei
                Klavieren bzw. auf vierhändige Klavierstücke spezialisiert und galt
                darin als unübertroffen. Ab 1914 unterrichtete sie am Neuen Wiener
                Konservatorium Klavier und Gesang.

Gruppe 2

Reihe 31   **RÉE** Louis, Prof.
Nummer 72   *Pianist*
       ✷ 15.10.1861, ✝ 28.2.1939
Auf den zahlreichen Konzertreisen, die er mit seiner Frau Susanne
(verh. seit 1889) absolvierte, spielten sie meist auf zwei Klavieren
seine eigenen Kompositionen und Bearbeitungen von Werken von
Beethoven, Rossini, Wagner; u.a. Lehrer für Klavier und Komposition am Neuen Wiener Konservatorium (ab 1914).

Gruppe 3

Reihe 1   **PROCHAZKA** Julius
Nummer 21   *Politiker*
       ✷ 20.11.1863, ✝ 9.5.1916
Anhänger der christlich-sozialen Bewegung Luegers, gründete zahlreiche politische Organisationen, die für die Wahlsiege der Christlich-Sozialen ausschlaggebend waren. 1897 und 1907 wurde er
Reichsratsabgeordneter; 1902-08 war er Wiener Gemeinderat und
trat vor allem für die Rechte der Vertragsbediensteten ein.

Reihe 4   **KOLLAR** Vincenz
Nummer 39A *Zoologe*
       ✷ 15.1.1797, ✝ 30.5.1860
Die von ihm ab 1851 durchgeführte Aufstellung der zoologischen Abteilung des Naturalienkabinetts (heute im Naturhistorischen Museum
integriert) fand allgemeine Anerkennung. Er verfeinerte und förderte
jene biologisch-systematische Richtung der Zoologie, die in Anton
Handlirsch einen ihrer letzten klassischen Vertreter hatte.

Reihe 4   **HAFFNER** Karl (eigentl. Schlechter)
Nummer 41   *Schriftsteller*
       ✷ 8.11.1804, ✝ 29.2.1876
Verfaßte zahlreiche gemüt- und humorvolle Volksstücke, Romane,
Gesangspossen usw., von denen nur wenigen ein ausdauernder Er-
folg beschieden war. Hausdichter des Theaters an der Wien (1841)
und später am Theater in der Josefstadt. Gemeinsam mit Richard
Genée schrieb er das Libretto zur Strauß-Operette „Die Fledermaus".

Reihe 13   **RUFF** Philipp, DDr., Prof.
Nummer 56   *Musikwissenschafter, Kritiker und Journalist*
       ✷ 10.4.1907, ✝ 21.11.1980
Der promovierte Jurist und Musikwissenschafter, im Hauptberuf
Steuerberater, war lange Jahre angesehener Musikkritiker bei der
„Arbeiter-Zeitung". War selbst ein Musiker, er spielte Geige und
komponierte Wienerlieder, war als Rezensent ein Gütiger, der nicht
seinen Witz auf Kosten des Interpreten glänzen ließ.

Gruppe 3

Reihe 16 **DRAHANEK** Johann Alois
Nummer 33 *Kapellmeister*
✶ 26.11.1800, ♱ 10.3.1876
Vertreter der typisch wienerischen Unterhaltungsmusik des 19. Jahrhunderts. Als Kapellmeister (seit 1836 mit eigener Kapelle) auf den Ballveranstaltungen umjubelt, spielte er in allen namhaften Vergnügungsstätten Wiens auf. Trat mit seinem Bruder Carl und Johann Strauß (Vater) unter der Leitung von Josef Lanner auf (ab 1819).

Reihe 26 **HOLZER** Rudolf, Prof.
Nummer 72 *Schriftsteller und Journalist*
✶ 28.7.1875, ♱ 17.7.1965
Als langjähriger Präsident des Journalisten- und Schriftstellervereins „Concordia" (1900-38, 1945-58) und Präsident des österreichischen Schriftstellerverbandes (1951-60) zählte er zu den führenden Persönlichkeiten des Wiener Literaturlebens. Er schrieb Dramen, Novellen, Essays und Kritiken. Chefredakteur der „Wiener Zeitung" 1924-33.

Gruppe 4

Reihe 1 **HOFBAUER** Carl
Nummer 67 *Lokalhistoriker*
✶ 20.4.1829, ♱ 13.9.1871
Magistratsbeamter, der seine gesamte Freizeit der Erforschung der Geschichte und Topographie Wiens widmete. Setzte die von Karl A. Schimmer mit der Häuserchronik für die Innere Stadt begonnene Arbeit für die Vorstädte fort. Seine Arbeiten zeichnen sich durch die Heranziehung archivalischer Quellen, v.a. der Grundbücher aus.

Reihe 2 **HELLER** Karl Bartholomäus, Dr., Prof.
Nummer 7 *Naturforscher*
✶ 20.11.1824, ♱ 14.12.1880
Bereiste nach seinem naturwissenschaftlichen Studium 1845-48 Mexiko und brachte 50 Kisten mit botanischen und zoologischen Objekten nach Wien. Über seine Forschungsreise veröffentlichte er Reiseberichte, verfaßte auch einen „Leitfaden der Naturgeschichte" (1871). Professor am Theresianum in Wien (1858-80).

Reihe 2 **HOFZINSER** Johann Nepomuk, Dr.
Nummer 16 *Zauberkünstler*
✶ 19.7.1806, ♱ 11.3.1875
Er war durch mehr als vierzig Jahre mit seinen Zaubersoireen der Liebling der Wiener Gesellschaft. Er erfand und kombinierte mehr als 60 Kartenkunststücke. Sein gesamter schriftlicher Nachlaß wurde von der Witwe gemäß seiner testamentarischen Verfügung vernichtet.

Gruppe 4

Reihe 4   **SEITZ** Karl
Nummer 42 *Gewerbetreibender*
          ✸ 19.4.1826, ✝ 5.4.1876
Brennholz- und Kohlenhändler im 9. Bezirk; Vater des sozialdemo-
kratischen Politikers Karl Seitz (1869-1950), der 1919-20 erstes
Staatsoberhaupt der Republik und 1923-34 Wiener Bürgermeister
war.

Reihe 4   **KRIST** Johann
Nummer 43 *Kommunalpolitiker*
          ✸ 5.11.1869, ✝ 20.4.1935
Zählte zu der alten Luegergarde; langjähriger christlich-sozialer Bezirksvorsteher-Stellvertreter von Favoriten, im Februar 1934 vom autoritären Regime zum Bezirksvorsteher ernannt. Förderer der Katholischen Aktion.

Gruppe 5 A

Reihe 1   **WAGNER** Antonia
Nummer 22 ✸ 30.12.1799, ✝ 25.3.1879
Lebensgefährtin Ferdinand Raimunds, der mit ihr die letzten fünf-
zehn Jahre seines Lebens in einer „Gewissensehe" zusammenlebte,
da er als Geschiedener nicht wieder heiraten konnte. Im Grab Nr. 21
ruht ihr Leichnam, Grab Nr. 22 ist eine Gedenkstätte.

Reihe 1   **KRAUS** Karl
Nummer 33 *Schriftsteller*
          ✸ 28.4.1874, ✝ 12.6.1936
Als Schriftsteller und Zeitkritiker von großem sprachlichen Feinge-
fühl und polemisch-satirischer Begabung, will er zu einem neuen wa-
chen Sprachbewußtsein erziehen. Seine Essays und Dichtungen veröffentlichte er in der von ihm gegründeten „Fackel" (1899-36), trat
auch in zahlreichen szenischen Lesungen in Wien und Berlin auf.

Reihe 4   **DINGELSTEDT** Franz, Freiherr von
Nummer 80 *Schriftsteller und Theaterdirektor*
          ✸ 30.6.1814, ✝ 15.5.1881
Politischer Lyriker und Satiriker des Vormärz, später Abkehr von sozial-
kritischen Tendenzen, Wende zum bürgerlich-liberalen Erzähler und
Dramatiker. Als Dramaturg Verdienste um das Verständnis Shakespeares,
Grillparzers und Hebbels. Direktor der Hofoper (1867-70) und des alten
Hofburgtheaters (1870-81).
Im gleichen Grab ruht seine Ehefrau Jenny Lutzer (1816-1877),
Opernsängerin.

Gruppe 9 A

Reihe 2 **GREIL** Alois
Nummer 38 *Maler*
✶ 27.3.1841, ✝ 12.10.1902
Sein Werk umfaßt Typen aus dem Volk, farbenfrohe Aquarelle mit
bäuerlichen Motiven, Szenen aus dem Soldatenleben, viele satirische
Blätter, Illustrationen und gebrauchsgraphische Arbeiten. Gefördert
von Adalbert Stifter, studierte er an der Wiener Akademie der bildenden Künste. Lebte ab 1873 ständig in Wien.

Gruppe 9 B

Reihe 1 **KASPARIDES** Eduard
Nummer 68 *Maler*
✶ 18.3.1858, ✝ 19.7.1926
Nach der Abkehr vom realistischen Genre- und religiösen Historien-
bild (um 1898/99) malte er zahlreiche impressionistische Landschaften, meist Abendstimmungen; nach dem 1. Weltkrieg auch wieder figürliche Darstellungen. Aus einer Künstlerfamilie stammend,
studierte er 1876-84 an der Wiener Akademie.

Reihe 2 **HEIMLER** Raoul
Nummer 48 *Bankbeamter*
✶ 16.2.1876, ✝ 1.5.1948
Urgroßneffe von Ludwig van Beethoven.

Gruppe 10

Reihe 1 **KUNDMANN** Carl, Prof.
Nummer 56 *Bildhauer*
✶ 15.6.1838, ✝ 9.6.1919
Einer der wichtigsten Künstler der Wiener Plastik des 19. Jahrhunderts, zahlreiche Plastiken der Ringstraßenbauten stammen von ihm.
Mit seiner 1873 eröffneten Spezialschule für höhere Bildhauerei an
der Akademie der bildenden Künste in Wien war er auch ein bedeutender Lehrer.

Reihe 2 **FREUND** Ferdinand, Dr.
Nummer 59 *Arzt*
✶ 25.8.1893, ✝ 13.4.1963
Als SPÖ-Gemeinderat ab 1945 und als Stadtrat für das Wohlfahrtswesen (1946-1949) hatte er am Wiederaufbau Wiens großen Anteil.
Auf seine Bemühungen gehen u.a. die Verbesserung der Schulfürsor-
ge und der Kindergärten sowie der Neubau von Erholungsheimen
zurück. Vorstand der Dermatologischen Abteilung im Rudolfsspital.

Gruppe 11

Reihe 1   **NIERNSEE** Rudolf
Nummer 30 *Techniker*
          * 1.4.1810, ✝ 10.10.1879
Er hatte als Stadtbaudirektor (1865-77) großen Anteil an der Stadter-
weiterung. Ab 1833 im Dienste des Wiener Magistrats, entwickelte
er u.a. Projekte für den zweckmäßigen Bau von Schulen, machte
Vorschläge zur Verbesserung der Straßenpflasterung und arbeitete ein
Reorganisationsprojekt für das Berufsfeuerwehrwesen aus.

Reihe 2   **GÖTZ** Carl (eigentl. Perl Karl)
Nummer 4 *Schauspieler*
          * 10.4.1862, ✝ 15.8.1932
Mit seiner kleinen Gestalt, seinem häßlichen Äußeren und seinen ab-
gründigen Blicken ist er das markanteste Beispiel für die expressionistische Darstellung des Abwegigen im frühen deutschen und österreichischen Stummfilm. Er spielte Kretins, verbrecherische Diener
und dämonische Varietédirektoren.

Reihe 2   **KRIEHUBER** Josef, Prof.
Nummer 49 *Maler*
          * 14.12.1800, ✝ 30.5.1876
Wichtigster Porträtist der Wiener Gesellschaft der Biedermeierzeit,
ab 1827 bis in die 60er Jahre schuf er in immer größerer Zahl rund
3.000 Lithographien, sowohl Einzelporträts als auch sehr viele Grup-
penbildnisse. Auch in Aquarell und Bleistift galt er als ausgezeichneter Porträtist, er malte auch Landschaften in Aquarell und Öl.

Gruppe 12 A

Reihe 2   **WALDVOGEL** Anton
Nummer 4 *Verkehrsplaner*
          * 10.6.1846, ✝ 19.2.1917
Er verfaßte 1872 und 1892 einen Entwurf für ein Wiener Lokalbahn-
netz (Stadtbahn) bzw. für die Ausgestaltung der Verkehrsanlagen im
Wiener Gemeindegebiet. Er studierte an der Technischen Hochschule
in Wien und war bei der Marine und später bei der DDSG beschäftigt.

Reihe 3   **CAMESINA** Albert, Ritter von San Vittore
Nummer 9 *Graphiker und Altertumsforscher*
          * 13.5.1806, ✝ 16.6.1881
Arbeitete mit Blasius Höfel an der Vervollkommnung des Holz-
schnittes; ab 1848 beschäftigte er sich intensiv mit der Geschichte
Wiens; gab alte Stadtpläne, Zeichnungen und Gemälde heraus sowie
zahlreiche Arbeiten zur Geschichte Wiens in der frühen Neuzeit.
Mitbegründer des Wiener Altertumsvereines.

Gruppe 12 A

Reihe 12   **HOFMANN-ASPERNBURG** Edmund, Prof.
Nummer 4   *Bildhauer*
✶ 2.11.1847, ✝ 30.3.1930
Vielbeschäftigter Künstler der baufreudigen Ringstraßenzeit, sowohl im öffentlichen Auftrag für Monumentalbauten als auch privat für Denkmäler und Grabschmuck. Mitarbeit am plastischen Schmuck von Parlament, Rathaus, Künstlerhaus, Universität; u.a. studierte er an der Wiener Akademie der bildenden Künste bei Kundmann und Zumbusch.

Gruppe 12 B

Reihe 1   **ZETTL** Zephyrin
Nummer 23   *Schriftsteller*
✶ 14.7.1876, ✝ 4.7.1935
Er schrieb Gedichte, Epen, Erzählungen und Tragödien. Zentrales Thema seiner Arbeiten war das Leben der Böhmerwaldbauern, in deren Mundart er hauptsächlich schrieb.

Reihe 3   **SINDELAR** Mathias (Der „Papierene")
Nummer 11   *Fußballspieler*
✶ 10.2.1903, ✝ 23.1.1939
Der Austria-Spieler galt als der beste Mittelstürmer des Kontinents, der akrobatische Balltechnik und Körperbeherrschung mit wirksamen Einfällen vereinigte. Spielte im sogenannten „Wunderteam", das Anfang der 30er Jahre in 17 Länderspielen nur eine Niederlage und zwei Unentschieden hinnehmen mußte.

Reihe 3   **REICH** Theodor
Nummer 18   *Erfinder*
✶ 23.9.1861, ✝ 17.6.1939
Erwarb sich auf den Gebieten der Laufbildkameras und des Rakeltiefdrucks bleibende Verdienste. Er entwarf photographische Apparate, die mehrere Einzelbilder pro Sekunde aufnehmen konnten. Als Leiter der Tiefdruckabteilung bei der Firma Elbemühl in Wien meldete er 1908 eine Rakeltiefdruckmaschine zum Patent an.

Gruppe 12 C

Reihe 1   **LARWIN** Hans, Prof.
Nummer 28   *Maler*
✶ 6.12.1873, ✝ 17.11.1938
Die Hauptthemen seiner Arbeiten in Öl, oft auch in Pastell, Rötel oder Kreide, sind Genrebilder aus dem Volksleben Wiens, teilweise auch Veduten, seltener Porträts oder Illustrationen. Er studierte u.a. bei Eisenmenger und Pochwalski, dessen Stil er fortführte. 1930 Professor an der Akademie der bildenden Künste in Wien.

Reihe 1   **HABERLANDT** Michael, Dr., Prof.
Nummer 29 *Volkskundler*
        * 29.9.1860, ✝ 14.6.1940

War maßgebend an der Ausgestaltung der Volkskunde als Wissenschaft beteiligt. Er begann seine wissenschaftliche Karriere als Indologe und kam über die Völkerkunde zur Volkskunde. 1895 gründete er das Volkskundemuseum, 1911-23 war er dessen Direktor. Der Musik von Hugo Wolf verhalf er durch seinen Einsatz zum Durchbruch.

Reihe 3   **KAISER-HERBST** Carl
Nummer 25 *Maler*
        * 8.11.1858, ✝ 7.6.1940

Er malte vorwiegend Landschaften. Seine Bilder stellte er in Paris, London, Glasgow, Wien und München aus. Studierte in Wien und München bis 1886, dann ausgedehnte Studienreisen in die Alpen, nach Dalmatien, Korfu und England. 1905-09 lebte er in England, 1910 kehrte er nach Wien zurück.

Reihe 3   **SCHNEEWEISS** Martin
Nummer 27 *Motorsportler*
        * 10.6.1907, ✝ 4.10.1947

Populärer Motorradrennfahrer, gewann bis zu seinem Todessturz zahlreiche Sandbahn- und Speedway-Rennen, u.a. Sieger bei der Tourist-Trophy und bei der Europameisterschaft im Speedway.

Reihe 10   **VIAN** Robert, Dr.
Nummer 1 *Volksbildner*
        * 28.4.1886, ✝ 4.4.1965

Er erwarb sich große Verdienste bei der Verbreitung der französischen Sprache in Österreich. Er war u.a. Präsident des Komitees für den Austausch von Französischlehrern und unterrichtete selbst am Institute française in Wien. Nach seinem Studium in München, Heidelberg, Wien und Paris arbeitete er als Lehrer in Wien.

Reihe 16   **PRUTSCHER** Otto, Prof.
Nummer 1 *Architekt*
        * 7.4.1880, ✝ 15.2.1949

Schuf in der Zwischenkriegszeit, stilistisch der Wiener Werkstätte zugehörig, zahlreiche Entwürfe für Möbel, Textilien, Silbergerät, Schmuck, Porzellan und Lederwaren, die sich durch klare Formgestaltung und feinfühlige Dekoration auszeichnen. Professor an der Kunstgewerbeschule 1909-14, 1920-38, 1945/46.

Reihe 16 **SCHOLZ** Arthur Johannes, Prof.
Nummer 3 *Komponist*
✶ 16.11.1883, ✝ 3.4.1945
Er komponierte Chorwerke, die mit großem Erfolg aufgeführt wurden, aber auch Messen, Lieder und Kammermusikwerke. 1922 wurde er nach Studienaufenthalten im Ausland Dirigent des Lehrer a-capella-Chores, des Wiener Sängerbundes und Gründer der Wiener Chorschule. Professor an der Wiener Musikakademie.

Reihe 16 **FAHRINGER** Karl, Prof.
Nummer 8 *Maler*
✶ 25.12.1874, ✝ 4.2.1952
Bedeutender Tiermaler seiner Zeit, besonderes Interesse brachte er der Darstellung exotischer Raubtiere entgegen. Auch seine Aquarelle aus dem Orient, die er von seinen Studienreisen mitbrachte, fanden wie seine Historienbilder und Porträts ihr Publikum. 1929 Professor an der Akademie in Wien.

Reihe 16 **PIRKHERT** Gisela (Ella)
Nummer 26 *Schriftstellerin*
✶ 23.12.1874, ✝ 29.1.1938
Sie wurde als begabte Dramatikerin und Novellistin bekannt, die meist Stoffe aus dem Leben der ungarischen Schwaben in ihren Werken verarbeitete. Sie studierte Porzellan- und Majolikamalerei in Budapest und war ab 1900 literarisch tätig; ihre Lustspiele wurden in Wien, Graz und anderen Städten erfolgreich aufgeführt.

Gruppe 12 D

Reihe 1 **HÜBL** Arthur, Freiherr von, Dr. h.c.
Nummer 11 *Chemiker und Offizier*
✶ 20.3.1853, ✝ 7.4.1932
International anerkannter Fachmann für Photographie, Reproduktionstechnik, Geodäsie und Photogrammetrie. Ab 1885 im Militärgeographischen Institut, wo er sich um die Heranziehung der neuen photographischen Methoden für die Kartographie, aber auch um den Einsatz moderner Drucktechniken für die Kartenerzeugung verdient machte.

Reihe 1 **LANGER** Anton
Nummer 12 *Schriftsteller*
✶ 12.1.1824, ✝ 7.12.1879
Humorvoller Volksschriftsteller, der den Einsatz der Mundart in seinen Romanen, Lustspielen und Possen vorzüglich beherrschte. Verfaßte mehr als 120 Volksstücke, 100 Romane und zahlreiche Übersetzungen; auch als Lieddichter für Volkssänger erfolgreich. Herausgeber des satirisch-humoristischen Blattes „Hans-Jörgl" 1850-79.

Gruppe 12 D

Reihe 1   **ODILON** Helene (eigentl. Petermann)
Nummer 23 *Schauspielerin*
        ✶ 31.7.1865, ✝ 9.2.1939
Als „Salondame" auf der Bühne und als erotische grande dame mit
privaten Skandalen erlangte sie im Wien der 90er Jahre des vorigen
Jahrhunderts rasch Berühmtheit. Gastspiele in Berlin, London und
den USA waren große Triumphe. Auf der Höhe ihres Schaffens erlitt
sie 1903 einen Schlaganfall, der ihre Karriere beendete.

Reihe 1   **DACHAUER** Wilhelm, Prof.
Nummer 24 *Maler*
        ✶ 5.4.1881, ✝ 26.2.1951
Er wurde durch die zahlreichen Briefmarkenserien bekannt, die er
gestaltete, u.a. Motive aus der Nibelungensage (1926), Heerführer
(1935), Erfinder (1936) und Ärzte (1936); er schuf aber auch Porträts
und Landschaften. Professor an der Akademie der bildenden Künste
(1927-45).

Reihe 1   **COSSMANN** Alfred, Prof.
Nummer 35 *Kupferstecher*
        ✶ 2.10.1870, ✝ 31.3.1951
Gilt als Erneuerer des künstlerischen Kupferstiches um die Jahr-
hundertwende; seine reichste Tätigkeit entfaltete er in künstlerischen
Exlibriskompositionen. Er hinterließ ein reichhaltiges Werk an Ra-
dierungen, Kupferstichen und Buchillustrationen. Professor an der
Graphischen Lehr- und Versuchsanstalt.

Gruppe 12 E

Nummer 1   **HAYMERLE** Heinrich Karl, Freiherr von
        Diplomat
        ✶ 7.12.1828, ✝ 10.10.1881
Er folgte Gyula Andrássy 1879 im Amt des Außenministers; durch
den Abschluß des Drei-Kaiser-Bündnisses mit Deutschland und Rußland (1881) konsolidierte er die durch den Berliner Vertrag geschaf-
fene neue Lage und bereitete den Dreibund mit Deutschland und Italien vor.

Reihe 1   **LACH** Friedrich (Fritz)
Nummer 8 *Maler*
        ✶ 29.5.1868, ✝ 9.10.1933
Seine meisterhaft ausgeführten konventionellen Landschaftsaquarel-
le, meist in selbstentworfenen Rahmen, waren sehr gefragt und wurden auf vielen Kollektivausstellungen gezeigt. Der Neffe von Joseph
Hoffmann und Großneffe von Ferdinand Georg Waldmüller studierte
in Wien an der Akademie der bildenden Künste.

Gruppe 12 E

Reihe 2
Nummer 22

MANNSBARTH Franz
Flugpionier
＊ 22.11.1877, † 2.10.1950
Einer der erfolgreichsten Ballonfahrer der österreichischen Luft-
schiffahrtsgeschichte. Er führte 211 Ballonfahrten aus, nahm auch an
rund 500 Motor-Ballonflügen teil. Gemeinsam mit Stagl baute er
1910/11 das erste österreichische Lenkluftschiff, den „Stagl-Manns-
barth-Ballon", mit dem 65 erfolgreiche Flüge absolviert wurden.

Reihe 3
Nummer 22

STRASSMEYER Leopold
Schauspieler
＊ 23.12.1846, † 3.12.1927
Eine der Stützen des Bürgertheaters im komischen Fach, war er vor
allem in komischen Rollen in Nestroy-Stücken, später auch in Eys-
ler-Operetten zu sehen. Erste Bühnenauftritte 1871 in Solothurn und
München, 1875 an das Fürsttheater in Wien engagiert, war er von
1876-86 Schauspieler und Direktor am Badener Stadttheater.

Gruppe 13 A

Reihe 1
Nummer 15

BURG Adam, Freiherr von, Dr. h.c., Prof.
Mathematiker und Techniker
＊ 28.1.1797, † 1.2.1882
Erwarb sich bleibende Verdienste um die Industrialisierung Österreichs, u.a. bemühte er sich um die Einführung der Dampfmaschinen
und des metrischen Maß- und Gewichtssystems. Für seine Verbesserungen beim Feuerlöschwesen, der Wasserversorgung und bei der
Gasbeleuchtung wurde er Ehrenbürger der Stadt Wien (1847).

Gruppe 13 B

Reihe 1
Nummer 12

SCHLANGENHAUSEN Theodor Eduard, Ing.
Beamter
＊ 30.8.1837, † 8.4.1892
Der gebürtige Grazer war Assistent beim Stadtbauamt Wien und
wurde der erste städtische Verwalter des Wiener Zentralfriedhofes
nach dessen Eröffnung am 1. November 1874.

Reihe 1
Nummer 13

BETTAC Ulrich
Schauspieler
＊ 2.5.1897, † 20.4.1959
Der Bonvivant mit Monokel im modernen Konversationsstück galt
als sein bestes Fach. Ab 1927 am Burgtheater, wo er auch Regie
führte. 1938/39 leitete er interimistisch das Haus; 1939-45 war er
Ratsherr der Stadt Wien (ein von den Nazis statt des Gemeinderats
installiertes Gremium). Nach 1945 auch beim Film tätig.

Reihe 4   **ENSLEIN** Josef
Nummer 9   *Politiker und Pädagoge*
         ✳ 8.3.1870, ✝ 5.1.1952
Mitarbeiter Otto Glöckels und maßgeblich an den Schulreformen der
20er Jahre beteiligt. Im Jahre 1945 war er Unterstaatssekretär im
Staatsamt für Volksaufklärung, Unterricht, Erziehung und Kultur.

Reihe 4   **WOLFSECKER** Franz
Nummer 22   *Musiker*
         ✳ 26.8.1869, ✝ 14.8.1952
Als „Deutschmeister-Wolferl" ging er in die Wiener Musikgeschichte ein. C. M. Ziehrer holte den erst 17jährigen zu den Deutschmei-
stern. „Wolferl" begeisterte das Publikum mit seinen Jonglierkünsten
mit dem Trommelschläger. Auch als Wiener Liedersänger war er erfolgreich. Ab 1923 Bühnenauftritte bei der Deutschmeisterkapelle.

Reihe 7   **SCHAMS** Franz X., Prof.
Nummer 22   *Maler*
         ✳ 8.2.1824, ✝ 22.3.1883
Er gehörte zu jener Generation von Wiener Malern, die noch in der
Ideenwelt des Biedermeier aufgewachsen waren und diese bis Ende
des 19. Jahrhunderts sowohl in der Wahl der Bildthemen als auch der
Maltechnik tradierten. Schuf anfangs vor allem Historienbilder aus
der österreichischen Geschichte, später mehr Genrebilder.

Reihe 12   **POWOLNY** Michael, Prof.
Nummer 7   *Keramiker*
         ✳ 18.9.1871, ✝ 4.1.1954
Haupt der Wiener Keramischen Schule, 1897 Mitbegründer der Wiener Secession, gründete gemeinsam mit Bertold Löffler 1906 „Wiener Keramik", die eng mit der „Wiener Werkstätte" zusammenar-
beitete. Er entwarf Schalen, Vasen, Dosen, Kacheln, Öfen, Figuren
usw.; Professor an der Wiener Kunstgewerbeschule 1909-36.

Reihe 12   **SCHERPE** Hans, Prof.
Nummer 26   *Bildhauer*
         ✳ 18.12.1855, ✝ 15.2.1929
Protagonist der naturalistischen Richtung der Wiener Bildhauerei der
90er Jahre. Nach der Jahrhundertwende sind in seinem Werk Kom-
promisse mit der modernen Kunstentwicklung erkennbar. Schuf
zahlreiche Denkmäler, u.a. für Anzengruber, Tizian, Hammerling;
Brunnen, Büsten und Grabschmuck.

Gruppe 13 B

Reihe 13　**PETRUCCI** Mario, Prof.
Nummer 5　*Bildhauer*
　　　　　✳ 25.3.1893, ✝ 25.8.1972
Mehrere seiner Werke sind in städtischen Wohnhausanlagen der
1. und 2. Republik aufgestellt worden, u.a. das Lassalle-Denkmal im
Winarsky-Hof (1928), das von den Austrofaschisten zerstört wurde.
Schüler von Bitterlich, begann als Dekorationsbildhauer in Zürich,
lebte seit 1920 in Wien.

Reihe 13　**JÄGER** Gustav
Nummer 20　*Alpinist*
　　　　　✳ 2.2.1815, ✝ 7.4.1875
Das große Ziel des begeisterten Bergsteigers war es, das Bergsteigen
in breiten Schichten der Bevölkerung zu popularisieren. Er schrieb
mehrere Bergführer und war 1869 Mitbegründer des „Österreichischen Touristenklubs". Er nahm auch an der Erstbesteigung von Al-
pengipfeln teil.

Gruppe 14 B

Nummer 35　**TETMAJER VON PRZERWA** Ludwig, Prof.
　　　　　✳ 14.7.1850, ✝ 31.1.1905
Er baute die Materialprüfungsanstalt in Zürich als Musterinstitut aus,
das dann ähnlichen Einrichtungen in aller Welt als Vorbild diente.
1901 an die Technische Hochschule in Wien berufen, stellte er auch
hier die Materialprüfung in den Mittelpunkt seiner Tätigkeit.

Gruppe 15 A

Reihe 1　**SCHEUCHENSTUEL** Viktor, Graf
Nummer 10　*Offizier*
　　　　　✳ 10.5.1857, ✝ 17.4.1938
Aus einem bayrischen Adelsgeschlecht stammend, schlug er die Mi-
litärlaufbahn ein und nahm im 1. Weltkrieg 1915 am Feldzug gegen
Serbien und 1916 an der Südtiroloffensive teil. Als sein besonderes
Verdienst gilt die Eroberung von Belgrad.

Reihe 1　**GELMO** Paul, Dr. techn., Dipl.-Ing., Prof.
Nummer 20　*Chemiker*
　　　　　✳ 17.12.1879, ✝ 22.10.1961
Studierte an der Technischen Hochschule Wien (heute Technische
Universität) Chemie, als Assistent mit Problemen der Farbenchemie
beschäftigt, entdeckte er 1906 zufällig im Zuge dieser Arbeiten die
Sulfonamide. Als Chefchemiker der Österreichischen Staatsdruckerei
galt er als Fachmann für den Druck von Brief- und Wertmarken.

Gruppe 15 A

Reihe 3   **RÖSCH** Ludwig, Prof.
Nummer 22   *Maler und Lithograph*
✶ 10.1.1865, ✞ 30.3.1936
Charakteristisch für seine mittlere und späte Schaffensphase sind
Kreidelithographien, meist Veduten, die vielfach in Mappenwerken
gesammelt wurden. Er malte auch in Kohle, Tempera und Aquarell.
Studierte 1882-87 an der Wiener Akademie der bildenden Künste
und lebte bis 1907 in England, Frankreich, Spanien und der Schweiz.

Reihe 3   **LANGMANN** Philipp
Nummer 24   *Schriftsteller*
✶ 5.2.1862, ✞ 22.5.1931
Naturalistischer Erzähler und Dramatiker in der Nachfolge Gerhart
Hauptmanns mit Anklängen an Ludwig Anzengruber. Meisterhafte
Schilderung des Arbeitermilieus mit treffender Charakterzeichnung
und Stilgewandtheit kennzeichnen seine Novellen. Mit seinen Erst-
lingswerken rasch populär, blieben ihm weitere Erfolge verwehrt.

Reihe 9   **PROKSCH** Johann Karl, Dr. med.
Nummer 25   *Arzt*
✶ 1.2.1840, ✞ 19.3.1923
Erwarb sich Verdienste um die Bekämpfung der Syphilis und verfaßte wissenschaftliche Abhandlungen darüber. 1865 Wundarzt und seit
1867 als praktischer Arzt in Wien tätig.

Gruppe 15 C

Reihe 2   **LEOPOLDI** Hermann (eigentl. Hersch Kohn)
Nummer 1   *Komponist*
✶ 15.8.1888, ✞ 28.6.1959
Einer der erfolgreichsten Vertreter des Wienerliedes. Er wurde mit
seinen Wienerliedern und Schlagern, die er selbst unnachahmlich interpretierte, rasch populär. Von den Nazis 1938 nach Dachau und Buchenwald verschleppt, emigrierte er 1939 in die USA, kehrte 1947
nach Wien zurück, wo er an seine Vorkriegserfolge anknüpfte.

Reihe 2   **SCHWATHE** Hans, Prof.
Nummer 26   *Bildhauer*
✶ 28.5.1870, ✞ 27.10.1950
Schwathe war als Bildhauer vor allem um die sakrale Plastik bemüht,
u.a. ist die Madonna auf der Marienbrücke (1908) und das Abraham-
à-Santa-Clara-Denkmal vor dem Burggarten von ihm. Seine ganze
Sorgfalt legte er in die Feinheit des Gesichtsausdrucks und die lebendige Abbildung der Gestalten.

Gruppe 15 D

Reihe 4   **UHLIR** Robert
Nummer 18 *Politiker*
       ✳ 4.5.1900, ✝ 5.9.1982
Er war maßgeblich am Wiederaufbau der Pensionsversicherungsanstalt der Arbeiter nach 1945 beteiligt und 1945-66 Nationalratsabgeordneter der SPÖ. Vor dem Krieg einer der führenden Funktionäre der revolutionären Sozialisten, engagierte er sich besonders für die Sozialistische Arbeiterhilfe. Unter den Nazis vier Jahre eingesperrt.

Gruppe 15 E

Reihe 1   **MÜLLER** Karl
Nummer 15 *Maler*
       ✳ 5.10.1862, ✝ 31.3.1938
Er malte zahlreiche Veduten, die Innenstadt von Wien war dabei Gegenstand vieler seiner Aquarelle und lieferte Entwürfe für Glasfenster. Als Landschaftsmaler unternahm er viele Reisen in und außerhalb Österreichs. Studierte an der Akademie der bildenden Künste bei Trenkwald und E. von Lichtenfels.

Reihe 3   **THALLER** Willi (Wilhelm)
Nummer 16 *Schauspieler*
       ✳ 17.8.1854, ✝ 7.4.1941
Er wurde gerne mit Alexander Girardi verglichen und spielte hauptsächlich volkstümliche, komische Charaktere in klassischen Volksstücken von Raimund, Nestroy und Anzengruber, gefiel aber auch in modernen Dramen und in grotesken Rollen der Operette. Ab 1924 Mitglied des Burgtheaters, vorher am Volkstheater.

Reihe 3   **GSUR** Karl Friedrich, Prof.
Nummer 24 *Maler*
       ✳ 13.7.1871, ✝ 25.8.1939
Er schuf Porträts (Lueger, Pötzl u.a.) und Landschaften, wirkte auch als Historienmaler (u.a. stammt das Wandgemälde „Wiener Sagen" im Rathauskeller von ihm). Bereiste nach seinem Studium an der Wiener Akademie der bildenden Künste mit einem Stipendium Europa und lebte ab 1898 in Wien.

Reihe 3   **HÖHNEL** Ludwig, Ritter von
Nummer 32 *Afrikaforscher*
       ✳ 6.8.1857, ✝ 23.3.1942
Er nahm 1886 an der Expedition Samuel Telekis ins Innere von Afrika sowie 1892 an der Expedition William Astor Chanlers zum Rudolf- und Stefaniesee (Ostafrika) teil. 1909 trat er als Konteradmiral ad honores in den Ruhestand; bis zu seinem Tod war er wissenschaftlich tätig und publizierte seine Reiseerfahrungen.

Reihe 7   **FÜSTER** Anton, Dr., Prof.
Nummer 17   *Politiker*
                 ✶ 5.1.1808, ✝ 12.3.1881
Der Universitätsprediger kämpfte 1848 als Feldkaplan der Akademischen Legion auf den Barrikaden. Er floh 1849 nach Amerika und lebte in ärmlichen Verhältnissen in New York als Sprachlehrer. 1876 kam er nach Europa zurück und lebte in Graz und Wien, unterstützt von seinen alten Freunden.

Reihe 13   **ZASCHE** Theo
Nummer 2   *Maler*
                 ✶ 18.10.1862, ✝ 15.11.1922
In seinen Federzeichnungen gelang es ihm, mit wenigen Strichen eine große Porträttreue zu erreichen, geleitet von einem liebenswürdigen Humor. Er arbeitete regelmäßig für satirische Zeitschriften in Wien, Berlin und München. Auch bei der Weiterentwicklung der Porzellanmalerei erfolgreich.

Reihe 16   **HURDES** Felix, Dr.
Nummer 8   *Politiker*
                 ✶ 9.8.1901, ✝ 12.10.1974
Er war 1945 einer der Mitbegründer der ÖVP, als deren erster Generalsekretär (bis 1959) gelang ihm der schnelle Aufbau der Parteiorganisation in ganz Österreich. Als Unterrichtsminister (1945-52) hatte er großen Anteil am Wiederaufbau des Schulwesens. Nationalrat (1945-66), 1953 wurde er Erster Nationalratspräsident.

Reihe 16   **LABOR** Josef, Prof.
Nummer 17   *Organist und Komponist*
                 ✶ 29.6.1842, ✝ 26.4.1924
Er galt als der bedeutendste Organist Österreichs, seine Konzerttätigkeit als Organist führte ihn ab 1879 in alle größeren Städte Österreich-Ungarns und Deutschlands. Er schuf Kirchenmusik, Chorwerke und Kammermusik. Von Geburt an blind, wurde früh seine große Musikalität entdeckt und gefördert.

Reihe 16   **KELLER** Andreas
Nummer 21   *Retter des Kronprinzen Ferdinand*
                 ✶ 6.4.1797, ✝ 28.4.1877
Er rettete bei einem Attentat am 9.8.1832 im Helenental bei Baden bei Wien Erzherzog Ferdinand (dem späteren Kaiser Ferdinand I.) das Leben.

Gruppe 15 E

Reihe 16 **BRUNNGRABER** Rudolf, Prof.
Nummer 28 *Schriftsteller*
✶ 20.9.1901, ✝ 5.4.1960
Gesellschaftskritischer Erzähler, der in seinen mit großen historischen, technischen und soziologischen Kenntnissen verfaßten Tatsa-
chenromanen die Wirtschaft als treibende Kraft des Lebens darstellt.
Sein Roman „Pogrom" (1948), in dem er den Antisemitismus an-
prangert, war Vorlage für den Pabst-Film „Der Prozeß".

Gruppe 15 F

Reihe 1 **SCHWER** Hans
Nummer 12A *Politiker*
✶ 18.5.1865, ✝ 19.7.1931
Mitstreiter aus der sogenannten „Lueger-Garde", christlich-sozialer
Wiener Gemeinderat (1900-19) und Stadtrat (1907-19); Redakteur
des „Deutschen Volksblattes" (1902); Mitbegründer des Römischen
Museums der Stadt Wien (Museum Vindobonense); zuletzt Direktor
der Blindenversorgungsanstalt in der Josefstadt.

Gruppe 15 H

Reihe 1 **SEEBACHER** Josef
Nummer 7 *Bildhauer*
✶ 21.3.1918, ✝ 29.3.1981
Er galt auch international als anerkannter Gestalter von Kreativ-Kin-
derspielplätzen, er schuf auch zahlreiche Brunnen in Wiener Parkan-
lagen. Besuchte die Graphische Lehr- und Versuchsanstalt und studierte an der Wiener Akademie der bildenden Künste.

Reihe 1 **BLAAS** Julius, Ritter von, Prof.
Nummer 12 *Maler*
✶ 22.8.1845, ✝ 1.8.1922
Er arbeitete naturalistisch und malte neben Volksszenen , Genre- und
Pferdebildern eine große Anzahl von Porträts, u.a. von Elisabeth und
Franz Joseph sowie Mitgliedern des Hochadels. Sohn des Historien-
malers Karl von Blaas, studierte bei seinem Vater; Professor an der
Akademie der bildenden Künste.

Reihe 1 **FÜHRICH** Carl Borromäus, Prof.
Nummer 21 *Komponist*
✶ 24.10.1865, ✝ 30.4.1959
Komponierte hauptsächlich Chormusik, kirchenmusikalische Werke,
auch Opern und Symphonien. Chordirektor der Kirche Maria Treu
und stellvertretender Chormeister der Wiener Singakademie. Er studierte am Wiener Konservatorium u.a. bei Bruckner, wurde zunächst
Pianist, war dann jedoch als Organist und Musiklehrer tätig.

Gruppe 15 H

Reihe 2 **MILLENKOVICH** Max von (Ps. Max Morold), Dr.
Nummer 27 *Schriftsteller*
* 2.3.1866, † 5.2.1945
Mit seinen Dramen stand er, im Hauptberuf Ministerialrat im Unterrichtsministerium, in der Nachfolge von Richard Wagner; als Direktor des Burgtheaters 1917/18 legte er den Schwerpunkt des Programms auf österreichische Dramatiker. Nach seinem Rücktritt war er als Dramaturg, Kunst-, Musik- und Theaterkritiker tätig.

Gruppe 16 A

Reihe 7 **KÖCHEL** Ludwig, Ritter von, Dr.
Nummer 23 *Musikschriftsteller*
* 14.1.1800, † 3.6.1877
Schöpfer des nach ihm benannten „Köchel-Verzeichnisses", einem Katalog der Werke Mozarts, den er aufgrund eingehender Studienreisen und zahlreicher Materalien 1862 herausbrachte. Er schuf damit die Grundlage für die historisch-kritische Gesamtausgabe der Werke Mozarts. Betrieb auch natur- und heimatkundliche Forschungen.

Reihe 11 **HOLUB** Georg
Nummer 24 *Maler*
* 29.11.1861, † 6.4.1919
Er malte in strengem Naturalismus hauptsächlich Gebirgslandschaften aus den Ostalpen in Öl und Aquarell. Zuerst Friseur, studierte er dann an der Akademie der bildenden Künste in Wien, sein erstes Bild stellte er 1891 auf der Jahresausstellung der Akademie aus.

Gruppe 16 B

Reihe 5 **KLIMT** Georg
Nummer 19 *Medailleur*
* 21.11.1867, † 3.9.1931
Er trat ab 1897 mit Goldschmiede- und Metalltreibearbeiten im typischen Jugendstil hervor. Seine meist in Kupfer getriebenen Plaketten und Reliefs zeigen Porträts und symbolische Darstellungen. Bruder von Gustav Klimt. Lehrer an der Kunstgewerbeschule (1911-22).

Reihe 9 **SANZIN** Rudolf, Dr. techn., Prof.
Nummer 25 *Techniker*
* 4.6.1874, † 3.6.1922
Unter seiner Leitung entstanden die ersten elektrischen Lokomotiven der österreichischen Staatsbahnen bzw. der Bundesbahn. Studierte Maschinenbau in Graz, 1904 erster Dr. techn. Österreichs; entwickelte für die Südbahngesellschaft Lokomotiven, ab 1911 im Eisenbahnministerium. Professor an der Technischen Hochschule Wien 1909.

Gruppe 16 C

Reihe 1   **BIBL** Rudolf
Nummer 26 *Organist und Komponist*
               ✳ 6.1.1832, ♱ 2.8.1902
Komponierte Messen, Totenmessen, Kirchenlieder, Orgelwerke und eine Orgelschule. 1850 Organist zu St. Peter, 1859 zu St. Stephan, 1863 an der Hofburgkapelle, wo er vierzig Jahre als Organist und Hofkapellmeister wirkte.

Reihe 1   **BIBL** Andreas
Nummer 26 *Organist und Komponist*
               ✳ 8.4.1797, ♱ 30.4.1878
Schrieb Fugen, Präludien und Offertorien. Freund von Schubert. Sängerknabe zu St. Stephan, studierte bei Albrechtsberger und Preindl, der ihn sehr förderte. 1816 Organist an der Leopoldstädter Pfarrkirche, 1818 Organist zu St. Stephan und zu St. Peter.

Reihe 15 **SCHLECHTER** Josef
Nummer 13 *Kommunalpolitiker*
               ✳ 26.10.1841, ♱ 20.6.1919
Der Buchbinder und Hausbesitzer galt im Wiener Gemeinderat (1873-1918) als typischer Vertreter des bürgerlichen Kleingewerbes. Er gehörte der Vereinigten Linken an und war 1879, als Vorgänger Luegers, ihr Obmann. Im Gemeinderat engagierte er sich besonders in Fragen des Straßenbahnbaus und der Hochwasserbekämpfung.

Gruppe 16 E

Reihe 4   **ERLER** Franz Christoph
Nummer 6 *Bildhauer*
               ✳ 5.10.1829, ♱ 6.1.1911
Schuf vor allem figurale Ausschmückungen für zahlreiche Wiener Kirchen, u.a. für die Votivkirche und die Stephanskirche, aber auch für das Wiener Rathaus (die Statuen von Salm und Starhemberg im Festsaal) und das Arsenal. Zu seinen letzten Werken zählen 16 Statuen für die Kirche Maria am Gestade (1903).

Reihe 11 **PAYER** Ernst, Prof.
Nummer 8 *Maler*
               ✳ 28.11.1862, ♱ 23.4.1937
Er wandte sich hauptsächlich der Genre- und Porträtmalerei zu, schuf aber auch Landschaftsbilder und Karikaturen. Er studierte an der Akademie der bildenden Künste in Wien bei Professor Trenkwald.

Gruppe 16 F

Reihe 1   **BRITZ** Nikolaus, Dr., Prof.
Nummer 13   *Pädagoge*
✳ 7.11.1919, ✝ 10.11.1982
Der Germanist und Pädagoge unterrichtete an der Pädagogischen
Akademie in Baden, widmete seine ganze Schaffenskraft dem Werk
des österreichischen Lyrikers Nikolaus Lenau (1802-50). Er war Mit-
begründer der Internationalen Lenaugesellschaft und initiierte die
Lenau-Gesamtausgabe, von der bereits fünf Bände erschienen sind.

Gruppe 16 H

Nummer 1   **ENGELHART** Josef Anton, Prof.
Maler und Bildhauer
✳ 19.8.1864, ✝ 19.12.1941
Um die Jahrhundertwende einer der bedeutendsten Maler der Wiener
Lokalszene, er schilderte v.a. Szenen und Figuren aus dem Wiener
Volksleben im Prater, die aufgrund ihrer Realistik auch kulturhisto-
risch wertvoll sind. Ab 1903 auch als Bildhauer tätig (Waldmüller-
Denkmal). Gründungsmitglied der Wiener Secession (1897).

Gruppe 17 B

Nummer 1   **KRAFFT** Johann Peter
Maler
✳ 15.9.1780, ✝ 28.10.1856
Seine künstlerische Bedeutung liegt in der Bildnismalerei, da es ihm
gelang, die Porträtierten in natürlich-realer Auffassung zu charakteri-
sieren. Seine zeitgeschichtliche Ereignisse dokumentierenden Historienbilder bereicherte er mit kleinen Szenen aus dem Alltag; bis ins hohe
Alter schuf er aber auch mythologische Szenen.

Reihe 1   **BÖSENDORFER** Ludwig
Nummer 10   *Klavierbauer*
✳ 10.4.1835, ✝ 9.5.1919
Er festigte den Weltruf der von seinem Vater gegründeten Klavierfa-
brik, die unter seiner Führung weiter expandierte; er wurde Hofliefe-
rant aller regierenden Häuser und beteiligte sich erfolgreich mit seinen Klavieren an den Weltausstellungen in London (1862), Wien
(1873) und Paris (1900).

Reihe 1   **LEMMERMAYER** Fritz
Nummer 26   *Schriftsteller*
✳ 26.3.1856, ✝ 12.9.1932
Seine frühe Lyrik und Teile seiner Prosaschriften tragen epigonen-
hafte Züge, dagegen schuf er als Biograph mit seiner Einfühlung in
Wesen und Werk anderer Großes. Größeres Ansehen als mit seinen
Büchern errang er als Mitarbeiter der „Wiener Literatur-Zeitung"
durch seine Kritiken und Essays.

Gruppe 17 C

Reihe 1 **EYBL** Franz
Nummer 6 *Maler*
✶ 1.4.1806, ✝ 29.4.1880
Bedeutender Porträtist und Lithograph, schuf aber auch detailreiche Genrebilder mit Themen aus dem Leben der Alpenländer. Studierte an der Akademie der bildenden Künste in Wien. Ab 1853 Kustos der kaiserlichen Gemäldegalerie im Belvedere, ab 1867 Lehrer an der dortigen Restaurieranstalt.

Gruppe 17 D

Reihe 5 **EXNER-ERWARTEN** Siegmund von, Dr., Prof.
Nummer 17 *Arzt*
✶ 5.4.1846, ✝ 5.2.1926
Er war ein ausgezeichneter Lehrer und Naturbeobachter, nach dessen Anregungen zahlreiche Unterrichtsmodelle gebaut wurden; wesentlichen Anteil hatte er auch an der Reform der Studienordnung für Mediziner (1903). Er regte die Gründung eines Phonogrammarchives an, 1891-1917 Professor für Physiologie an der Universität Wien.

Gruppe 17 F

Reihe 14 **ZAPF** Josef
Nummer 6 *Graveur*
✶ 29.11.1847, ✝ 28.1.1902
Der Sohn eines Seidenwebers auf dem Schottenfeld erlernte den Beruf eines Graveurs und verfaßte den Text vom „Lied der Arbeit" (vertont von dem Komponisten Josef Scheu), das zur österreichischen Arbeiterhymne wurde. Uraufführung bei einer Versammlung des Arbeiterbildungsvereins am 29. August 1868 in Fünfhaus.

Gruppe 18

Reihe 1 **HANSLICK** Eduard, Dr., Prof.
Nummer 9 *Musikforscher*
✶ 11.9.1825, ✝ 7.8.1904
Seine Kritiken in Zeitungen waren von großem Einfluß auf das Wiener Musikleben. Professor für Ästhetik und Geschichte der Musik an der Universität Wien (1870-95), wandte sich gegen romantische Musikästhetik, er unterstützte Johannes Brahms und polemisierte gegen Wagner, Bruckner und Liszt.

Reihe 2 **ALT** Franz
Nummer 66 *Maler*
✶ 17.8.1821, ✝ 13.2.1914
Seine Malweise hat eine gewisse Ähnlichkeit mit der seines Bruders Rudolf v. Alt. Auch er betonte mehr die Form als die Farbe und bevorzugte ebenfalls das kleine Format und den spitzen Pinsel. Seine Hauptstärke lag in der Vedutenmalerei. Schuf mehr als 2.700 Aquarelle und Ölbilder.

Gruppe 18

Reihe 2 **ALT** Jakob, Prof.
Nummer 66 *Maler*
✳ 27.9.1789, ☦ 30.9.1872
Seine besonderen Verdienste liegen auf dem Gebiet der Lithographie. Er brachte sie durch die Ansichten aus allen Teilen der Monarchie, die er selbst auf Stein zeichnete und die sich durch Naturtreue weit über das damals Gewohnte erhoben, zu einer Blüte. Er verwendete die Lithographie erstmals auch für Porträtdarstellungen.

Reihe 2 **STEINBACH** Josef
Nummer 89 *Sportler*
✳ 21.3.1879, ☦ 15.1.1937
Weltmeister im Stemmen, gewann die Weltmeisterschaften der Schwergewichtsklasse in Wien 1904, Duisburg 1905 und Berlin 1906. Bei der Olympiade 1906 besetzte er ebenfalls den 1. Platz. Der von ihm 1906 aufgestellte Rekord im einarmigen Stoßen, rechts, mit 106 kg hatte bis in die 30er Jahre Gültigkeit.

Gruppe 21

Reihe 1 **HOFER** Johann, Edler von Passeyer
Nummer 4 *Gutsbesitzer*
✳ 26.12.1794, ☦ 15.4.1855
Sohn des Tiroler Freiheitshelden Andreas Hofer. Großgrundbesitzer in Fischamend und Tabak-Hauptverleger in Wien.

Reihe 1 **WISINGER-FLORIAN** Olga
Nummer 26 *Malerin*
✳ 1.11.1844, ☦ 27.2.1926
Sie ist neben Tina Blau und Maria Egner heute eine der bekanntesten österreichischen Malerinnen des ausgehenden 19. Jahrhunderts. Sie war Mitglied der Gruppe „Acht Künstlerinnen" und schuf Landschaftsbilder und Stadtansichten. Sie studierte bei August Schaefer (1879-82), anschließend bei Emil Jacob Schindler.

Reihe 1 **LANDWEHR-PRAGENAU** Ottokar
Nummer 80 *Offizier*
✳ 12.2.1868, ☦ 13.3.1944
Bewährte sich im 1. Weltkrieg als glänzender Organisator und wurde 1917 Vorsitzender des neu geschaffenen „Gemeinsamen Ernährungsausschusses", der die Lebensmittelversorgung der gesamten Monarchie und der Armee organisierte. Nach dem Krieg humanitär engagiert, war er u.a. Vizepräsident des Österreichischen Roten Kreuzes.

Gruppe 22 A

Reihe 2   **JUNK** Rudolf, Dr., Prof.
Nummer 68 *Graphiker*
         ✶ 23.2.1880, ✝ 20.12.1943
Er widmete sich überwiegend dem Holzschnitt, sein Hauptwerk sind die „Sechzehn kleinen Lieder von Goethe" (1918-23), in Holz geschnitten, mit farbigen Initialen und Randleisten. Direktor der Graphischen Lehr- und Versuchsanstalt in Wien (1924-43). Entwarf Wertpapiere, Banknoten und Briefmarken, aber auch Exlibris .

Reihe 4   **WAGNER** Anton Paul
Nummer 26 *Akademischer Bildhauer*
         ✶ 3.7.1834, ✝ 26.1.1895
Schuf eine große Zahl von Statuen historischer Persönlichkeiten, aber auch allegorischer Figuren als Fassadenschmuck für öffentliche Gebäude, u.a. für das Rathaus, das Parlament, die Universität und das Künstlerhaus. Die Kolossalgruppen Asien und Afrika am Naturhistorischen Museum gelten als seine wichtigsten Schöpfungen.

Gruppe 22 B

Nummer 1-9 **OPFER DER LUFTSCHIFFKATASTROPHE 1914**
Hier ruhen die neun Mitglieder der Besatzung des Körting-Militärluftschiffes II, das am 20. Juni 1914 in Fischamend nach dem Zusammenstoß mit einem Flugzeug explodierte.

Hauswirth Johann, Hofstätter Ernst, Haidinger Otto, Breuer Adolf, Kammerer Gustav, Chadina Franz, Weber Franz, Flatz Karl, Puchta Wolfgang.

Gruppe 23 A

Reihe 1   **GOLTZ** Alexander Demetrius, Prof.
Nummer 43 *Maler*
         ✶ 25.1.1857, ✝ 14.5.1944
Ausstattungschef des Wiener Burgtheaters (1904-07) und der Wiener Hofoper (1909-10). Studierte in München und Wien Malerei, Studienreisen nach Frankreich, England, Amerika und in den Orient. Schuf anfangs historische Figurenbilder und Porträts, dann ging er in Landschaft und Porträt zur Hell-Dunkel-Malerei über.

Reihe 3   **NOWY** Franz Wenzel
Nummer 99 *Heilpflanzenforscher*
         ✶ 19.4.1889, ✝ 6.11.1945
Gründer der Gesellschaft der Kräuterfreunde in Österreich.

Gruppe 24

Reihe 1   **EBERL** Rudolf
Nummer 5   *Feuerwehrmann*
             ✷ 7.11.1859, ♱ 28.5.1889
Eberl und sein Kollege Herzog, die hier gemeinsam bestattet sind, kamen bei der Bekämpfung eines Brandes im 3. Bezirk, Landstraßer Hauptstraße Nr. 30, am 27. Mai 1889 ums Leben.

Reihe 1   **HERZOG** Alexander
Nummer 5   *Feuerwehrmann*
             ✷.., ♱ 4.6.1889
Siehe Eberl Rudolf.

Reihe 3   **MODL** Josef
Nummer 43 *Volkssänger*
             ✷ 18.3.1863, ♱ 1.3.1915
Begann seine Karriere ab 1883 mit Auftritten in verschiedenen Etablissements, ab 1889 Hauskomiker im Ronacher. Gründete in Wien die bekannte Budapester Orpheum-Gesellschaft und war auch Direktor des Karlsbader Orpheums.

Reihe 5   **ADLER** Viktor, Dr.
Nummer 1   *Politiker*
             ✷ 24.6.1852, ♱ 11.11.1918
Unumstrittener Führer der österreichischen Arbeiterbewegung, auf dem Parteitag in Hainburg zur Jahreswende 1888/89 gelang ihm die Überwindung der Spaltung zwischen Radikalen und Gemäßigten und die Bildung der Sozialdemokratischen Arbeiterpartei. Gründer der „Arbeiter-Zeitung"(1889), Reichsratsabgeordneter 1905-18. 1918 Mitglied der provisorischen Regierung als Staatssekretär für Äußeres.

Reihe 5   **PERNERSTORFER** Engelbert, Dr.
Nummer 1A *Politiker*
             ✷ 27.4.1850, ♱ 6.1.1918
Wegen seines sozialen Engagements und seiner Fähigkeiten als Parlamentarier in der sozialdemokratischen Partei hochgeschätzt, zugleich wegen seiner betont deutschnationalen Haltung umstritten. Mitherausgeber der kulturpolitischen Zeitschrift „Der Strom" (1911). Obmann der sozialdemokratischen Fraktion im Reichsrat (1907).

Reihe 5   **BAUER** Otto, Dr.
Nummer 3   *Politiker*
             ✷ 5.9.1881, ♱ 4.7.1938
Führender sozialdemokratischer Politiker der Ersten Republik und bedeutendster Theoretiker des Austromarxismus. Er war einer der beliebtesten Redner und angesehensten Publizisten der Partei. Im Februar 1934 floh er nach Brünn, wo er das Auslandsbüro der österreichischen Sozialdemokraten aufbaute.

Gruppe 24

Reihe 5   **SEITZ** Karl
Nummer 4 *Politiker*
       ✶ 4.9.1869, ✝ 3.2.1950
       In seiner Ära als Wiener Bürgermeister (1923-34) hatte das „Rote
       Wien" als kommunalpolitisches Experimentierfeld sozialdemokrati-
       scher Politik Weltgeltung. Er war als Erster Präsident der Konsti-
       tuierenden Nationalversammlung zugleich das erste Staatsoberhaupt
       der jungen Republik (1919-20). Ehrenbürger der Stadt Wien (1929).

Gruppe 26

Nummer 1 **OPFER DER MÄRZREVOLUTION 1848**
       Ein Obelisk aus Mauthausner Granit erinnert an die Opfer der Wiener
       Märzrevolution 1848. Das Denkmal wurde 1864 auf dem Schmelzer
       Friedhof errichtet, nach der Auflösung des Friedhofes fand es 1888
       auf dem Zentralfriedhof einen neuen Platz.
       Bauer Elisabeth, Bauer Franz, Donhardt Lorenz, Drahwitz Josef, Eppinger Josef,
       Fürst Peter, Gebhart Gottlieb, Girschmann Bernhard, Gustro Josef, Haumer Eva, Kal-
       lina Franz, Köppl Alois, Körleß Johann, Konitscher Karl, Kuchaz Anton, Langer Isi-
       dor, Laber Ignaz, Lebinger Michael, Littera Johann, Mayer Mathias Johann, Parasel
       Jakob, Reininger Franz, Rieß Wilhelm, Sandrock Franz, Serflinger Anna, Schambor
       Rosina, Schmaler Josef, Staar Franz, Stauffer Alois, Scherf Josef, Taubenberger Jo-
       hann, Unterrain Ignatz, Wawra Vinzenz, Weinzierl Franz, Wittmann Johann, Zettel
       Wolfgang, Spitzer Karl Heinrich.

Gruppe 27 A

Nummer 2 **MEISSNER** Leopold Florian, Dr.
       Schriftsteller und Polizeibeamter
       ✶ 10.6.1835, ✝ 29.4.1895
       Schilderte in zahlreichen Skizzen und Erzählungen das Leben und
       die Sitten in Wien. Der Komponist Wilhelm Kienzl verarbeitete seine
       Erzählung „Aus den Papieren eines Polizeikommissärs" zu der Oper
       „Der Evangelimann" (1895 uraufgeführt). Er war auch ein Vorkämp-
       fer der Vereinigung der Vorortegemeinden zu Großwien.

Gruppe 27 B

Reihe 2   **BITTNER** Alexander, Dr.
Nummer 63 *Geologe*
       ✶ 16.3.1850, ✝ 31.3.1902
       Er erwarb sich als Alpengeologe und durch seine paläontologischen
       Arbeiten große Verdienste. Assistent von Eduard Sueß, war ab 1877
       Aufnahmegeologe, ab 1897 Chefgeologe der Geologischen Reichs-
       anstalt.

Gruppe 27 B

Reihe 3   **SCHROTT** Josef, Dr., Prof.
Nummer 5   *Universitätsprofessor*
     ✶ 17.2.1813, ✝ 22.12.1888
     Professor an der Universität in Wien und Mitglied der Prüfungskommission.

Gruppe 28

Reihe 4   **SPANY** Ferdinand, Prof.
Nummer 22   *Kunsthändler*
     ✶ 26.3.1897, ✝ 1.10.1983
     Als Kunsthändler leitete er die Wiederentdeckung des vergessenen Jugendstilmalers Max Kurzweil und des letzten Hofmalers Bernhard Zdichinec ein. Er machte mehrere Schenkungen wertvoller historischer Sammlungen an die Stadt Wien.

Gruppe 29

Reihe 1   **DRIMMEL** Heinrich, Dr.
Nummer 10   *Politiker*
     ✶ 16.1.1912, ✝ 2.11.1991
     In seiner Zeit als ÖVP-Unterrichtsminister (1954-64) konnte das Schulgesetzwerk 1962, eine Kompromißlösung mit der SPÖ, verabschiedet werden. Nach seinem Rückzug in die Landespolitik wurde er Vizebürgermeister von Wien (1964-69). 1971 zog er sich aus dem politischen Leben zurück und verfaßte zahlreiche Sachbücher.

Reihe 1   **KLETZINSKY** Vinzenz
Nummer 35   *Chemiker*
     ✶ 21.4.1826, ✝ 18.3.1882
     Als Chemiker v.a. analytisch tätig, genoß er bei Medizinern und Technikern großes Ansehen. Seine populärwissenschaftlichen Vorträge waren sehr beliebt. Er beschäftigte sich auch mit Erfindungen auf anorganisch-technischem Gebiet. 1861/62 wurde er von den Liberalen des 4. Bezirkes in den Gemeinderat entsandt.

Gruppe 30 A

Nummer 18   **PILCZ** Alexander, Dr., Prof.
     Neurologe und Psychiater
     ✶ 2.8.1871, ✝ 30.1.1954
     Professor für Neurologie und Psychiatrie an der Universität Wien (1910-41). Studierte in Wien Medizin und promovierte 1895. Mit seiner Arbeit über „Periodische Geistesstörungen" habilitierte er sich 1902. Verfaßte ein Lehrbuch der speziellen Psychiatrie sowie zahlreiche Veröffentlichungen in Fachzeitschriften.

Gruppe 30 A

Reihe 3　**BORTKIEWICZ** Sergej, Prof.
Nummer 5　*Komponist und Pianist*
　　　　　✳ 28.2.1877, ✝ 25.10.1952
Melodiker der klassisch-romantischen Richtung, studierte in Petersburg und Leipzig Klavier. Konzertauftritte in vielen Städten Europas, 1922 Übersiedlung nach Wien. Von 1945 bis 1948 Professor für Klavier am Konservatorium der Stadt Wien.

Reihe 3　**STRANSKY** Erwin, Dr., Prof.
Nummer 11　*Neurologe und Psychiater*
　　　　　✳ 3.7.1877, ✝ 26.1.1962
Er gilt als Mitbegründer der Lehre von der Schizophrenie, daneben zahlreiche Beiträge und Arbeiten zum manisch-depressiven Irresein und zum Neuritisproblem. 1945 Leiter der städtischen Nervenheilanstalt auf dem Rosenhügel.

Reihe 3　**BRUNNER** Ferdinand, Prof.
Nummer 21　*Maler*
　　　　　✳ 1.5.1870, ✝ 30.11.1945
Schilderer der niederösterreichischen und oberösterreichischen Landschaft mit wenigen, klar geformten Motiven. Studierte 1891-96 an der Wiener Akademie der bildenden Künste bei Eduard Peithner von Lichtenfels.

Reihe 3　**UNGER** Artur William, Dr., Prof.
Nummer 22　*Maler und Radierer*
　　　　　✳ 2.10.1870, ✝ 21.6.1945
Er ist einer der größten Epigonen unter den Radierern. Sein Hauptwerk „Belvedere Galerie" umfaßt 180 Blatt. Er schuf farbige naturgetreue Radierungen.

Reihe 15　**WAGNER** Anton, Ing.
Nummer 7　*Branddirektor*
　　　　　✳ 19.2.1879, ✝ 22.9.1949
Organisierte die Wiener Feuerwehr neu und begründete deren internationalen Ruf. Seit 1905 bei der Feuerwehr, wurde er 1923 Branddirektor. Er dezentralisierte die Feuerwachen, um die Anfahrtszeiten zu reduzieren und damit eine rasche Hilfeleistung sicherzustellen. Im Jahr 1934 wurde er von den Austrofaschisten zwangspensioniert.

Gruppe 30 B

Reihe 1　**KRAMER** Theodor
Nummer 2　*Schriftsteller*
　　　　　✳ 1.1.1897, ✝ 3.4.1958
Lyriker der Neuen Sachlichkeit, schrieb aus der eigenen Erfahrung sozialkritische Gedichte über das Leben der Heimat- und Arbeitslosen auf den Landstraßen; gleichfalls eigenes Erleben verarbeitete er in den Kriegsgedichten und den Gedichten über die Emigration. 1939-57 lebte er in England in Emigration.

Gruppe 30 B

Reihe 1   **WEINGARTEN** Paul, Dr., Prof.
Nummer 22   *Klaviervirtuose*
     * 20.4.1886, † 11.4.1948
Einer der bedeutendsten österreichischen Pianisten und Lehrer der Zwischenkriegszeit. Er war seit 1921 Professor an der Staatsakademie für Musik und darstellende Kunst (heute Hochschule für Musik) in Wien. 1936-38 als Gastprofessor in Japan, kehrte er erst 1945 nach Wien zurück.

Reihe 5   **ZAMPIS** Anton
Nummer 20   *Zeichner und Lithograph*
     * 27.2.1820, † 22.12.1883
Er schilderte humorvoll-satirische Szenen aus dem Leben des Wiener Vormärz, durch seine „Erinnerungsbilder aus Wiens October-Tagen 1848" in weiten Kreisen bekannt, wurde er ein vielbeschäftigter Zeichner und Buchillustrator. Seine Wiener Volkstypen wie Klingelbeutelmann oder Krapfenverkäufer sind wichtige Bildquellen.

Reihe 14   **DEININGER** Julius, Prof.
Nummer 13   *Architekt*
     * 23.5.1852, † 15.8.1924
Er errichtete zahlreiche Villen, Wohn-, Geschäfts- und Schulhäuser in Wien. Er studierte bei Heinrich Ferstel und Friedrich Schmidt und war ab 1883 Professor an der Staatsgewerbeschule in Wien. Bei vielen Fachzeitschriften publizistisch tätig. Er gehörte dem Wiener Gemeinderat als Liberaler von 1900-04 an.

Reihe 14   **HOLZINGER** Rudolf, Prof.
Nummer 16   *Maler*
     * 14.4.1898, † 25.8.1949
Er schuf neben Porträts zahlreiche monumentale Wanddekorationen für religiöse und profane Bauten, u.a. das Giebelfresko für die Kapuzinerkirche (1936) und Mosaiken, aber auch Glasfenster und Sgraffitoarbeiten. Studierte an der Wiener Akademie der bildenden Künste.

Reihe 15   **BRUNNER** Rudolf
Nummer 33   *Luftschiffer*
     * 20.3.1876, † 21.12.1947
International bekannter Luftschiffer, der sein ganzes Leben der Ballonfahrt widmete. Er bildete viele hervorragende Schüler aus und erfand eine Heizlampe mit Stichflamme; auch der von ihm entworfene Fallschirm wurde allgemein eingeführt.

Reihe 16   **UHL** Leopold
Nummer 27   *Volkssänger*
     * 27.11.1875, † 25.4.1934
Beliebter Wiener Volkssänger und Schauspieler, der nach Wanderjahren in der Provinz zusammen mit Edmund Guschelbauer und Luise Montag in Wien erfolgreich auftrat, später Direktor des Neufellnerschen Orpheums in Ottakring. Zuletzt betrieb er das Gasthaus „Alt Wiener Platzerl" in Salmannsdorf.

Reihe 1 **RÖSSLER** Arthur, Prof.
Nummer 11 *Schriftsteller*
* 20.2.1877, † 20.7.1955
Vorkämpfer der „Moderne" in der Malerei. Neben seiner Tätigkeit als Publizist bei der „Arbeiter-Zeitung" leitete er eine Galerie und verfaßte zahlreiche Künstlerbiographien.

Reihe 3 **WOHLSCHLÄGER** Jakob
Nummer 3 *Architekt*
* 23.7.1869, † 14.11.1934
Der Architekt und Sozialpolitiker errichtete 1911 aus eigenen Mitteln das „Erste Wiener Warenmuster-Kollektiv-Haus", auch „Mariahilfer Zentralpalast" (heute Stafa) genannt. Er verstand sein Projekt als Kampfansage an die Großkaufhäuser, das Gebäude bot notleidenden Kleingewerbetreibenden Ausstellungs- und Verkaufsmöglichkeiten.

Reihe 3 **WELS** Franz, Ing.
Nummer 33 *Flugzeugkonstrukteur*
* 10.2.1873, † 18.10.1940
Pionier des Flugzeugbaues, dessen Arbeiten auf der ganzen Welt Anerkennung fanden. Seine wichtigsten Erfindungen waren neben den Beiträgen zur Konstruktion der ersten Flugzeuge (Wels-Etrich-Taube) ein nach ihm benannter Propeller und ein Schraubenantrieb für Schlitten und Wasserfahrzeuge.

Reihe 7 **RIEGL** Alois, Dr., Prof.
Nummer 24 *Kunsthistoriker*
* 14.1.1858, † 19.6.1905
Er löste die Kunstgeschichte endgültig aus der Bindung an die spekulative Kunstästhetik, etablierte sie als historisch-empirische Wissenschaft und forderte eine wertfreie Betrachtungsweise.1884-97 am Österreichischen Museum für Kunst und Industrie (heute Museum für angewandte Kunst), Professor für Kunstgeschichte ab 1894.

Reihe 9 **DREXLER** Karl
Nummer 1 *Volkssänger*
* 12.6.1833, † 13.9.1883
Beliebter Volkssänger, der sich 1870 selbständig machte und eine eigene Gesellschaft bildete, mit der er viele Jahre an den einzelnen Wochentagen fix in bestimmten Lokalen auftrat. 1879 eröffnete er eine stabile Singspielhalle im Prater, wo er den Sommer über spielte. Ab 1881 trat er im Winter in der „Tonhalle" auf.

Reihe 15 **WITTNER** Viktor (Ps. Vivo)
Nummer 6 *Schriftsteller und Journalist*
* 1.3.1896, † 27.10.1949
Lyriker und Dramatiker, emigrierte 1933 aus Deutschland nach Wien, wo er für verschiedene Zeitungen arbeitete. 1938 Flucht in die USA, 1946 kehrte er nach Wien zurück.

Gruppe 30 C

Reihe 15   **KRATZL** Karl
Nummer 15   *Komponist und Kapellmeister*
✳ 20.8.1852, ✝ 24.7.1904
Schrieb rund 500 Kompositionen (Ouvertüren, Kammermusik, Salon- und Tanzstücke), zu seinen bekanntesten zählen „Das Glück is a Vogerl". Gründete 1879 ein eigenes Orchester, aus dem sich das Orchester des Ronachers (ab 1888) entwickelte. Gemeinsam mit dem Komiker J. Modl gründete er einen internationalen Artistenklub.

Reihe 15   **BINDER** Hans
Nummer 23   *Kommunalpolitiker*
✳ 8.12.1883, ✝ 27.5.1931
Als Vertreter der christlich-sozialen Partei gehörte der niederösterreichische Landesbeamte dem Wiener Gemeinderat von 1923-31 an.

Reihe 16   **MONTAG** Luise (eigentl. Aloisia Plechacek)
Nummer 22   *Volkssängerin*
✳ 13.4.1849, ✝ 19.3.1927
Beliebte Volkssängerin, die mit ihrem perlenden Sopran, der ihr den Beinamen „Lercherl" einbrachte, triumphale Erfolge feierte. Ab 1883 trat sie gemeinsam mit dem Volkssänger Edmund Guschelbauer auf. Schwere Schicksalschläge führten zu einem Nervenzusammenbruch. Sie starb verarmt in der Heilanstalt „Am Steinhof".

Gruppe 30 D

Reihe 1   **SCHLOSSER** Julius, Dr., Prof.
Nummer 5   *Kunsthistoriker*
✳ 23.9.1866, ✝ 1.12.1938
Sein bleibendes Verdienst als Kunsthistoriker war die Erschließung der Quellenkunde und -kritik als kunstwissenschaftliches Instrumentarium. 1902-22 Direktor der Sammlung von Waffen und kunstindustriellen Gegenständen im Kunsthistorischen Museum; Professor für Kunstgeschichte an der Universität Wien (1922-36).

Reihe 1   **KARPATH** Ludwig, Prof.
Nummer 7   *Musikschriftsteller*
✳ 27.4.1866, ✝ 8.9.1936
Er war ein bekannter Förderer junger Talente und erwarb sich Verdienste um die Verstaatlichung des Konservatoriums, die Errichtung der Volksoper und den Bau des Konzerthauses. Musikreferent beim „Neuen Wiener Tagblatt" (1894-1921) und Redakteur des „Merkur" (1914-17); Konsulent der Bundestheater ab 1932.

Reihe 1   **FÜRSTENHOFER** Karl
Nummer 21   *Kommunalpolitiker*
✶ 25.12.1899, ✝ 4.7.1965
Er gehörte von 1946 bis 1964 dem Gemeinderat (SPÖ) an, von 1959-64 war er einer der Vorsitzenden. Er schloß sich schon in jungen Jahren der sozialdemokratischen Bewegung an und kämpfte 1920 in den Arbeiterbataillonen im Burgenland gegen die Ungarn, 1936 war er im großen Sozialistenprozeß mitangeklagt.

Reihe 1   **DEUTSCH** Paul
Nummer 24   *Journalist*
✶ 16.5.1873, ✝ 4.7.1958
Mitbegründer und stellvertretender Chefredakteur der Zeitung „Neues Österreich" (1945). Er begann seine Berufslaufbahn als Parlamentsstenograph, 1898 bis 1918 Redakteur der „Neuen Freien Presse". Chefredakteur der „Wiener Allgemeinen Zeitung" (1927-34). Von Austrofaschisten und Nationalsozialisten mit Berufsverbot belegt.

Reihe 1   **KUTSCHERA** Viktor
Nummer 25   *Schauspieler*
✶ 2.5.1863, ✝ 20.1.1933
Er wirkte am überzeugendsten als geradlinige und liebenswürdige Gestalt. Im Volkstheater, dem er mit kurzer Unterbrechung von 1889 bis zu seinem Tode angehörte, stellte er seine große schauspielerische Vielseitigkeit unter Beweis und spielte in klassischen und modernen Dramen Naturburschen ebenso wie Liebhaber und Helden.

Reihe 1   **LARISCH** Rudolf, Ritter von, Dr., Prof.
Nummer 30   *Graphiker*
✶ 1.4.1856, ✝ 24.3.1934
Er gilt als Erneuerer der Schriftkunst. Als Gründer der „Pflegestätte für Schrift- und Buchgestaltung", einer freien Arbeitsgemeinschaft interessierter Schüler, legte er das Fundament für eine moderne Schriftgestaltung. Er schuf Schriften für die Wiener Werkstätte und die Staatsdruckerei. Professor an der Kunstgewerbeschule 1905-31.

Reihe 2   **MERTENS** Franz, Dr., Prof.
Nummer 5   *Mathematiker*
✶ 20.3.1840, ✝ 5.3.1927
Er verfaßte bedeutende Arbeiten auf dem Gebiet der analytischen Zahlentheorie und der Algebra. Studierte an der Universität Berlin, Dr. phil. mit einer Dissertation aus der Potentialtheorie (1865); Professor für Mathematik an der Universität Krakau (1870-84), am Polytechnikum in Graz (1884-94) und an der Universität Wien (1894-1911).

Gruppe 30 D

Reihe 2   **STEINBERG-FRANK** Alfred
Nummer 9   *Schriftsteller*
          ✷ 6.5.1888, ✝ 19.11.1953
Viele seiner mehr als 350 Liedertexte sind zu echten Volksliedern geworden. Auch als Librettist für Operetten tätig. War Prokurist einer Großbank bis zu deren Zusammenbruch 1924, dann lebte er in Wien als freier Schriftsteller.

Reihe 2   **FÖDERL** Karl
Nummer 24   *Komponist*
          ✷ 13.3.1885, ✝ 10.11.1953
Mit mehr als 800 Kompositionen gehört er zu den populärsten Liederkomponisten. Sein Caféhaus in Hernals wurde durch seine eigenen musikalischen Darbietungen zu einem Ort echt wienerischer Gemütlichkeit. Schrieb auch Märsche, Schrammel-Arrangements und Filmmusik.

Reihe 10   **FÜRST** Johann
Nummer 13   *Volkssänger*
          ✷ 17.4.1825, ✝ 19.10.1882
Er galt als großer Künstler des volkstümlichen Genres, der in seinen Liedern und Volksstücken den Typ des wohllebenden „Urwieners" charakterisierte. Gemeinsam mit dem Volksschauspieler Josef Matras machte er das „Fürsttheater" im Prater ab 1865 zu einer Stätte des klassischen Wiener Volkssängertums.

Reihe 11   **HACKE** Albert
Nummer 14   *Komponist und Schriftsteller*
          ✷ 3.3.1869, ✝ 19.10.1952
Er schuf rund 200 Werke, darunter Operetten und zahlreiche Lieder, u.a. auch das Marschlied „Drunt in Erdberg is a Gasserl", mit dem er bekannt wurde. Er begann seine Karriere als Schauspieler, Rezitator und Vortragskünstler in Prag, bevor er um die Jahrhundertwende in Wien zu komponieren begann. Jahrzehnte lebte er im Ausland.

Gruppe 30 E

Reihe 1   **JAKSCH** Josef
Nummer 3   *Pädagoge*
          ✷ 18.3.1861, ✝ 15.2.1937
Neben seiner Arbeit als Lehrer war er ab 1886 bis zu seinem Tode führend auf dem Gebiet des Chorgesanges tätig. Gemeinsam mit Adolf Kirchl brachte er den Wiener Schubertbund zu hohem Ansehen. Gründer des „Touristen-Sängerbundes". Ehrenmitglied von 130 Sängervereinigungen.

Reihe 1 **ZEWY** Karl, Prof.
Nummer 13 *Maler*
✳ 21.4.1855, ✝ 20.6.1929
Bildnis- und Landschaftsmaler, studierte auf der Wiener und Münchner Akademie. In den 80er Jahren wurde er von dem Kunsthändler Friedrich Schwarz gefördert, für den er zahlreiche Genrebilder malte. Beschickte regelmäßig die Jahresausstellung im Künstlerhaus und betätigte sich auch als Buchschmuckzeichner.

Reihe 1 **FRANKL** Gerhard, Prof.
Nummer 23 *Maler*
✳ 12.5.1901, ✝ 24.6.1965
Er schuf v.a. Landschaften, Städtebilder, Stilleben und Studien nach Kunstwerken früherer Epochen. Sein malerisches Werk ist von der dominierenden Stellung der Farbe geprägt. Kontakte zum „Nötscher Kreis" um Anton Kolig, sonst Autodidakt. 1938-47 Emigration nach England, 1949 erneute Übersiedlung nach London.

Reihe 2 **PROHAZKA** Robert, Freiherr von
Nummer 5 *Offizier*
✳ 6.2.1871, ✝ 23.1.1937
Der Oberst in Ruhe genoß als ehemaliger Regimentskommandant von Bundeskanzler Dr. Engelbert Dollfuß dessen Vertrauen und wurde 1934 in den Staatsrat berufen. Dieses Gremium schufen die Austrofaschisten 1934 nach der Zerstörung der parlamentarisch-demokratischen Einrichtungen, um den Schein der Legalität zu wahren.

Reihe 2 **KUSMANEK VON BURGNEUSTÄDTEN** Hermann
Nummer 21 *Offizier*
✳ 16.9.1860, ✝ 7.8.1934
Kommandant der an der Ostfront im Ersten Weltkrieg strategisch wichtigen Festung Przemýsl ab Mai 1914. Er konnte die Festung trotz Einschließung durch die russische Armee von November 1914 bis März 1915 halten. Nach der Kapitulation ging er mit 120.000 Soldaten in russische Kriegsgefangenschaft.

Reihe 2 **MATAJA** Emilie (Ps. Emil Marriot)
Nummer 23 *Schriftstellerin*
✳ 20.11.1855, ✝ 5.5.1938
Sie vereinte in ihrem ursprünglichen Erzähltalent die Doppelbegabung zu lebendiger Handlungsführung und reflexiver Betrachtung. Ihre Romane und Novellen sind von ihren ethischen Ansprüchen an den Menschen und die kunstvolle Charakterzeichnung getragen und brachten ihr ein großes Leserpublikum.

Gruppe 30 E

Reihe 3   **BUSSON** Paul, Dr.
Nummer 4 *Schriftsteller*
       ✶ 9.7.1873, ♱ 5.7.1924
Er schrieb Gedichte, Novellen und einen Einakterzyklus, aber auch Romane. Nach dem Medizinstudium und einer kurzen Offizierslaufbahn begann er um 1900 mit schriftstellerischen Arbeiten; Feuilletonredakteur beim „Neuen Wiener Tagblatt".

Reihe 3   **TAUTENHAYN** Ernst
Nummer 8 *Operettensänger*
       ✶ 3.4.1873, ♱ 30.8.1944
Er hat in Wien fast alle Hauptrollen der vielen Lehar-Operetten kreiert und galt als Liebling des Wiener Publikums. Er erzielte auch noch im Alter als „Frosch" in der „Fledermaus" unvergleichliche Erfolge. 1941 wurde er zum Professor an der neugegründeten Operettenschule der Stadt Wien ernannt.

Reihe 3   **MADJERA** Wolfgang, Dr.
Nummer 19 *Schriftsteller*
       ✶ 29.6.1868, ♱ 10.12.1926
Sein literarisches Schaffen erhielt von der Landschaft um Wien wesentliche Anregungen. Seine stimmungsvolle, klangreiche Lyrik fand in der zeitgenössischen Beurteilung großen Anklang. Weniger Gefallen fand sein dramatisches Schaffen, das nicht sehr bühnenwirksam war.

Reihe 3   **PETERS** Guido, Prof.
Nummer 21 *Komponist und Pianist*
       ✶ 29.11.1866, ♱ 11.1.1937
Als Komponist in klassizistischer Tradition stehend, verstand er sich als Vermittler zwischen Brahms und Bruckner. In seinem Repertoire als Konzertpianist fanden sich zahlreiche Werke Bachs, die zu jener Zeit erst wiederentdeckt wurden, sowie v.a. Kompositionen der Wiener Klassiker und Romantiker.

Gruppe 31 A

Reihe 1   **FRASS** Wilhelm, Prof.
Nummer 4 *Bildhauer*
       ✶ 29.5.1886, ♱ 1.11.1968
Schuf vor und nach dem 2.Weltkrieg Bauplastiken für städtische Wohnhausanlagen, Brunnen und Porträtbüsten. Für das Heldendenkmal im äußeren Burgtor sind die Krieger in der Krypta, Köpfe an der Ehrenstiege sowie das Wappen im Ehrenraum aus seiner Hand (1933/34). 1938-45 Sachberater für Bildhauerkunst im Kulturamt.

Reihe 1   **GLASER** Julius, Dr., Prof.
Nummer 13   *Politiker und Jurist*
           ✳ 19.3.1831, ✝ 26.12.1885
Glaser hatte wesentlichen Anteil an den legislativen Werken seiner Zeit. Er wurde 1860 Professor für Strafrecht an der Universität Wien, 1868-70 Sektionschef im Unterrichtsministerium. Als Justizminister (1871-79) im Ministerium Auersperg setzte er sich für die Reform des österreichischen Strafrechtes und Abschaffung der Todesstrafe ein.

Reihe 1   **BORSCHKE** Franz, Dr.
Nummer 35   *Kommunalpolitiker*
           ✳ 27.6.1848, ✝ 25.9.1892
Er wandte sich zu Beginn der 80er Jahre der Kommunalpolitik zu und wurde 1882 in den Wiener Gemeinderat gewählt, dem er bis zu seinem Tode angehörte. 1889 wurde er zum 2. Bürgermeister-Stellvertreter gewählt, ab 1890 mit dem Titel Vizebürgermeister. Studierte in Wien Jus, ab 1879 Rechtsanwalt.

Reihe 2   **WEISS** Max, Dr.
Nummer 5   *Beamter*
           ✳ 4.6.1863, ✝ 9.12.1914
Der Berater von Bürgermeister Karl Lueger hatte großen Anteil an der Entwicklung der wirtschaftlichen Unternehmungen der Stadt Wien. Der Ausbau der Straßenbahn, der Gas- und Elektrizitätswerke und die Modernisierung des Fuhrparkes sind nicht zuletzt sein Verdienst. Seit 1885 bei der Stadt Wien, wurde er im Juli 1914 Magistratsdirektor.

Reihe 2   **ILG** Albert, Dr.
Nummer 10   *Kunsthistoriker*
           ✳ 11.10.1847, ✝ 28.11.1896
Viele seiner Arbeiten galten der Kunst des Barock, das zu seiner Zeit erstmals von der Forschung beachtet wurde. Als Museumsbeamter hatte er maßgeblichen Anteil an der ersten grundlegenden Aufstellung der Sammlung für Plastik und Kunstgewerbe im neuen Kunsthistorischen Museum.

Reihe 2   **HÖRMANN VON HÖRBACH** Theodor
Nummer 14   *Maler*
           ✳ 13.12.1840, ✝ 1.7.1895
Wegen der ungewohnt starken Farbgebung abgelehnt, fand er als Maler erst nach seinem Tod volle Anerkennung. In seinen Städtebildern von Paris, Znaim und Wien stand er den französischen Impressionisten sehr nah. 1859-84 Offizier, zuletzt als Zeichenlehrer, studierte 1873-75 an der Wiener Akademie der bildenden Künste.

Nummer 16   **LEHMANN** Adolf
Journalist
✳ 2.3.1828, ✝ 16.2.1904
Er begann 1859 mit der Herausgabe des ersten allgemeinen Adreßbuches von Wien. Nach Erweiterungen und Verbesserungen erschien dieses als „Lehmann" bekannte Nachschlagwerk fortlaufend. Als Leiter eines großen Mitarbeiterstabes arbeitete er bis kurz vor seinem Tod an den Neuauflagen mit.

Reihe 1   **BÄCHER** Wilhelm
Nummer 5   *Gemeinderat*
✳ 1.7.1843, ✝ 13.8.1890
Der Silberwarenfabrikant gehörte dem Wiener Gemeinderat als Liberaler 1876-90 an und erwarb sich besondere Verdienste um die Waisenfürsorge, u.a. ermöglichte er dem späteren Wiener Bürgermeister Karl Seitz die Ausbildung zum Lehrer. Er setzte sich auch für die Armenpflege, Asyle u.ä. ein.

Reihe 1   **DANHAUSER** Josef, Prof.
Nummer 11   *Maler*
✳ 19.8.1805, ✝ 4.5.1845
Nach klassizistischen Altar- und Historienbildern malte er vielfigurige Genrebilder mit moralisierenden Tendenzen; in seiner letzten Schaffensperiode schuf er intime Genreszenen. 1829-36 entwarf er zahlreiche Möbel unter Verwendung von Rokokoelementen und kreierte damit einen neuen Möbelstil.

Reihe 12   **KÁLMÁN** Emmerich
Nummer 10   *Komponist*
✳ 24.10.1882, ✝ 30.10.1953
Er war neben Lehár der König der Silbernen Wiener Operettenära. Er besaß einen ausgeprägten Sinn für Bühnenwirksamkeit, und seine Musik zeichnete sich durch Rhythmus und Farbe aus. 1938 mußte er vor den Nationalsozialisten aus Wien in die USA emigrieren, 1949 kehrte er nach Europa zurück.

Reihe 12   **JUREK** Wilhelm August
Nummer 15   *Komponist*
✳ 29.4.1870, ✝ 9.4.1934
Er komponierte mehr als 300 Lieder, Tänze und Märsche, aber auch mehrere Singspiele. Trat 1891 in das Infanterie-Regiment Hoch- und Deutschmeister Nr. 4 ein und wirkte in dessen Musikkapelle. Anschließend bis 1921 in der Staatsdruckerei tätig.

Reihe 12   **EBNER-ROFENSTEIN** Viktor, Ritter von, Dr., Prof.
Nummer 32   *Arzt*
     ✳ 4.2.1842, ✞ 20.3.1925
Er bewirkte durch seine Tätigkeit als Lehrer und Forscher die Loslösung der Histologie von der Anatomie und der Physiologie sowie deren Anerkennung als selbständiges Fach in der neuen Studienordnung von 1903. Professor für Histologie an der Wiener Universität (1888-1922).

Reihe 13   **KRASTEL** Fritz
Nummer 4   *Schauspieler*
     ✳ 6.4.1839, ✞ 12.2.1908
Als jugendlicher Held und Liebhaber war er am Burgtheater, dem er mehr als vierzig Jahre angehörte, der Liebling des Publikums. Kraft und Temperament, verbunden mit einer stattlichen Erscheinung und einer mächtigen, klangvollen Stimme, zeichneten sein Spiel aus. Er war auch schriftstellerisch und als Schauspiellehrer tätig.

Reihe 13   **LAFITE** Carl, Prof.
Nummer 5   *Pianist und Komponist*
     ✳ 31.10.1872, ✞ 19.11.1944
Er war einer der bedeutendsten Klavierbegleiter seiner Zeit. Seine Kompositionen gelten als im Geiste Schuberts wienerisch inspiriert. Studierte am Wiener Konservatorium; lebte ab 1898 in Wien als Organist, Musiklehrer und Dirigent verschiedener Chöre. Als Musikkritiker beim „Neuen Wiener Tagblatt" und der „Neuen Freien Presse" tätig.

Reihe 13   **BRUMOWSKI** Godwin
Nummer 8   *Offizier*
     ✳ 26.7.1889, ✞ 3.6.1936
Mit 42 Luftsiegen und 439 Feindflügen wird er als der erfolgreichste Jagdflieger Österreich-Ungarns im Ersten Weltkrieg geführt. Zuletzt als Fluglehrer der Flugschule des Österreichischen Aero-Clubs tätig, stürzte er mit dem von seinem Flugschüler gelenkten Sportflugzeug über dem Flughafen Amsterdam tödlich ab.

Reihe 13   **LÖWE** Ferdinand
Nummer 9   *Dirigent*
     ✳ 19.2.1863, ✞ 6.1.1925
Er setzte sich unermüdlich und energisch für die Popularisierung des Werkes von Anton Bruckner ein. Er veranstaltete Klavieraufführungen der Symphonien, gab auch Klavierauszüge heraus und leitete 1903 die Uraufführung der IX. Symphonie. Ab 1900 leitete er die Konzerte der Gesellschaft der Musikfreunde.

Gruppe 32 B

Nummer 2   **MEISSL** Carl
Kommunalpolitiker
✶ 25.10.1829, ✝ 25.2.1894
Eine der Erzstützen des Liberalismus in der Wiener Stadtvertretung, Gemeinderat (1876-94), Stadtrat (1891-94). Er hatte wesentlichen Anteil an den Bauausführungen sowie am Ausbau der Fürsorge und des Armenwesens.

Nummer 51   **BAUMANN** Ludwig
Architekt
✶ 11.5.1853, ✝ 6.2.1936
Er ist einer der Hauptrepräsentanten des Historismus im 20. Jahrhundert. Seine wichtigsten Bauten in Wien sind u.a. das Kriegsministerium (heute Regierungsgebäude), die Konsular-Akademie (heute US-Botschaft) und das Konzerthaus. 1907-14 leitete er die Fertigstellung der Neuen Hofburg.

Gruppe 33 A

Reihe 1   **SCHMIDT** August, Dr.
Nummer 11   *Schriftsteller*
✶ 9.9.1808, ✝ 13.10.1891
Seine Bedeutung liegt v.a. in seiner Tätigkeit als Musikschriftsteller und -journalist sowie als Vereinsorganisator. Im Rahmen seiner zeitlebens überaus regen Vereinstätigkeit war er an der Gründung diverser Konzert- und Chorvereinigungen beteiligt. Mitarbeiter zahlreicher in- und ausländischer Zeitungen und Zeitschriften.

Reihe 1   **RUMMELHARDT** Karl
Nummer 14   *Kommunalpolitiker*
✶ 15.12.1872, ✝ 19.10.1930
Der christlich-soziale Politiker nahm sich vor allem der Interessen der Gewerbetreibenden und der Lehrer sowie der Probleme der Jugenderziehung an. Besonders verdient machte er sich um die Reorganisation des gewerblichen Fortbildungsschulwesens. Mitglied des Wiener Gemeinderates 1914-30, Stadtrat (1922-30).

Reihe 1   **GANGLBERGER** Johann
Nummer 17   *Kapellmeister*
✶ 20.5.1876, ✝ 20.1.1938
In verschiedenen europäischen Ländern als Kapellmeister tätig, wurde er 1900 Dirigent bei Carl Michael Ziehrer, 1901 gründete er sein eigenes Konzertorchester, ab 1925 war er beim Rundfunk (RAVAG) beschäftigt, komponierte zahlreiche beliebte Schlagermelodien.

Reihe 1   **DRESCHER** Carl Wilhelm
Nummer 24   *Kapellmeister*
     ✶ 12.12.1850, ✝ 8.12.1925
Er komponierte mehr als 200 Unterhaltungsmusikstücke. Nach Besuch des Konservatoriums spielte er u.a. im Orchester von Johann Strauß Sohn, gründete 1874 eine eigene Salonkapelle, mit der er große Erfolge feierte.

Reihe 1   **ROSAR** Annie
Nummer 26   *Schauspielerin*
     ✶ 17.5.1888, ✝ 5.8.1963
Sie wurde im deutschen Nachkriegsfilm in volkstümlichen Frauenrollen zum Publikumsliebling, in rund 130 Filmen spielte sie die ganze Bandbreite ihrer Komödiantik aus. Sie war 1918-24 Tragödin am Burgtheater, 1925-38 am Theater in der Josefstadt, Max Reinhardt ermutigte sie zum Wechsel in das komische Fach.

Reihe 1   **PALISA** Johann, Dr.
Nummer 29   *Astronom*
     ✶ 6.12.1848, ✝ 2.5.1925
Er gilt als der erfolgreichste der beobachtenden Astronomen, den Österreich hervorgebracht hat. Er genoß im In- und Ausland hohes Ansehen. Er entdeckte insgesamt 121 Planetoiden, erstellte ein Sternenlexikon und brachte gemeinsam mit F. Wolf in Heidelberg ab 1902 photographische Sternkarten in jährlichen Lieferungen heraus.

Reihe 1   **IMHOFF** Fritz (eigentl. Friedrich Jeschke)
Nummer 30   *Schauspieler und Sänger*
     ✶ 6.1.1891, ✝ 24.2.1961
Der urwüchsige Wiener mit der unverkennbar schnarrenden Stimme trat auf fast allen Bühnen Wiens außer am Burgtheater auf und absolvierte zahlreiche Gastspiele im Ausland. Er wirkte auch in 170 Filmen mit, in denen er meist komische Rollen verkörperte. Er war auch ein populärer Wienerliedinterpret.

Reihe 1   **FRAUNGRUBER** Hans
Nummer 32   *Schriftsteller*
     ✶ 26.1.1863, ✝ 7.8.1933
Verfaßte nach dem Vorbild Roseggers Gedichte, Erzählungen und dramatische Stücke, teilweise in seiner steirischen Heimatmundart. Der Volksschullehrer (ab 1882), zuletzt Direktor (1909-17) in Wien, machte sich auch als Pionier guter österreichischer Jugendliteratur und als Volksliedforscher verdient.

Gruppe 33 A

Reihe 2   **WAGNER** Hans, Prof.
Nummer 2   *Komponist*
* 19.12.1872, † 12.2.1940
Er komponierte rund hundert Chorwerke, Lieder und Singspiele, sammelte und bearbeitete auch zahlreiche österreichische und nordische Volkslieder. Ab 1907 arbeitete er als Musiklehrer an der Lehrerbildungsanstalt in Wien. Er war u.a. Chormeister des Akademischen Gesangsvereines und des Schubertbundes.

Reihe 2   **ADAMOVICH** Ludwig, Dr., Prof.
Nummer 5   *Jurist*
* 30.4.1890, † 23.9.1955
Präsident des Verfassungsgerichtshofes 1946-55. Studierte Jus in Wien; ab 1920 im Verfassungsdienst des Bundeskanzleramtes, wirkte er 1934 maßgeblich an der Maiverfassung der Austrofaschisten mit. Von den Nationalsozialisten aller Ämter enthoben, war er ab 1. Mai 1945 Rektor der Universität Wien.

Reihe 2   **KAFTAN** Rudolf
Nummer 9   *Pädagoge*
* 13.4.1870, † 4.1.1961
Der Mittelschullehrer (Mathematik, Physik) gründete 1917 mit seiner Sammlung das Uhrenmuseum der Stadt Wien, welches 1921 eröffnet wurde und das er als Direktor bis zu seinem Tode leitete. Er konstruierte Spezialuhren und erwarb auch zahlreiche Patente.

Reihe 2   **ARNOLD** Ernst (eigentl. Ernst Jeschke)
Nummer 11   *Wienerliedsänger*
* 12.2.1890, † 5.1.1962
Arnold ist der Schöpfer zahlreicher bekannter Wienerlieder, meist eigene Texte, die er vertonte und auch selbst interpretierte. Er begann seine Karriere als jugendlicher Gesangskomiker 1912 in Reichenberg, ab 1919 spielte er in Wien. Einer der ersten, der im neugegründeten Radio als Sänger auftrat (1924).

Reihe 4   **EIS** Maria (verh. Fantl)
Nummer 12   *Schauspielerin*
* 22.2.1896, † 18.12.1954
Die große Charakterdarstellerin kam 1932, von Anton Wildgans verpflichtet, als Tragödin an das Burgtheater nach Wien, wo sie in einer Vielzahl von Rollen bis an ihr Lebensende große Erfolge feierte. Die humorvolle Schauspielerin wirkte auch in vielen Filmen und Operetten mit.

Reihe 5   **MAIKL** Georg
Nummer 17   *Opernsänger*
             ✶ 4.4.1872, ✝ 22.8.1951
             Er brillierte vor allem als lyrischer Tenor und war ein berühmter Mozart-Sänger. Er debütierte 1899 als Tamino in Mannheim und wurde
             1904 von Gustav Mahler an die Wiener Oper geholt, wo er bis kurz
             vor seinem Tode sang. 1906-10 trat er bei den Salzburger Mozartfesten und ab 1920 bei den Salzburger Festspielen auf.

Reihe 5   **ZESKA** Carl, Edler von
Nummer 19   *Schauspieler*
             ✶ 31.10.1862, ✝ 18.7.1938
             Seine große Gestaltungskraft und sein durchgeistiges Spiel machten
             ihn zu einem Liebling des Burgtheaters, dem er mehr als vierzig Jahre angehörte. Er kam über Hamburg und Prag nach Wien. Seine
             Domäne war das Lustspiel, aber auch im klassischen Repertoire und
             als Regisseur war er erfolgreich.

Reihe 5   **KUBITSCHEK** Wilhelm, Dr., Prof.
Nummer 28   *Historiker*
             ✶ 28.6.1858, ✝ 2.10.1936
             Er hatte als Epigraphiker und Numismatiker einen ausgezeichneten internationalen Ruf. Das Wissen über die Geschichte der österreichischen
             Länder in römischer Zeit, insbesondere der Limeszone, wurde durch
             seine Carnuntum- und Vindobonaforschung wesentlich vertieft. Professor für römische Altertumskunde an der Universität Wien (1905-29).

Reihe 5   **JETTMAR** Rudolf, Prof.
Nummer 29   *Maler und Graphiker*
             ✶ 10.9.1869, ✝ 21.4.1939
             Er schuf neben seinen gezeichneten und radierten Bildern, mit denen
             er bekannt wurde, großfigurale Kompositionen, ernste Landschaften
             in Öl und Aquarell, versuchte sich auch erfolgreich in Lithographie
             und Holzschnitt und war auch ein angesehener Illustrator. 1910-36
             war er Professor an der Akademie der bildenden Künste in Wien.

Reihe 5   **UDEL** Karl, Prof.
Nummer 30   *Musiker*
             ✶ 6.2.1844, ✝ 27.1.1927
             Leiter des beliebten, seinen Namen tragenden Gesangsquartetts
             (1880), mit dem er bis zu seiner Erblindung 1904 zahlreiche erfolgreiche Gastspielreisen in ganz Europa absolvierte. Studierte in Wien
             Geige, Cellist im Hofopernorchester (1869-1881); Professor für Violine am Wiener Konservatorium (1877-1904).

Gruppe 33 A

Reihe 14   **KÄSSMAYER** Moriz
Nummer 1   *Dirigent und Komponist*
     ✳ 20.3.1831, ✝ 9.11.1884
Seine Kompositionen (Orchesterwerke, Kammermusik usw.) werden dem nachklassisch-romantischen Stil zugerechnet, sie fielen durch humoristische und parodistische Züge auf und erfreuten sich großer Beliebtheit. Er studierte am Wiener Konservatorium Violine und war ab 1856 erster Geiger des Wiener Philharmonischen Orchesters.

Gruppe 33 C

Reihe 2   **STURMINGER** Walter, Dr.
Nummer 11   *Historiker*
     ✳ 10.1.1899, ✝ 14.11.1973
Der Jurist im Unterrichtsministerium (Hochschulsektion) beschäftigte sich intensiv mit den beiden Türkenbelagerungen Wiens und trug eine sehr große Sammlung von Berichten, Abbildungen und Quellen über die Ereignisse in den Jahren 1529 und 1683 zusammen. Zu diesem Thema veröffentlichte er auch zahlreiche Werke.

Gruppe 33 D

Reihe 2   **DÖRMANN** Felix (Ps. Felix Biedermann)
Nummer 25   *Schriftsteller*
     ✳ 29.5.1870, ✝ 26.10.1928
Er zählt zu den vielseitigsten Literaten des Fin de siècle. Er arbeitete als Lyriker, Erzähler und Bühnenschriftsteller. Sein umfangreiches Werk umfaßt Romane, Novellen, Operettenlibretti, Gedichtbände und Theaterstücke. 1912 gründete er die Vindobona-Film und arbeitete bis 1914 als Filmproduzent.

Gruppe 33 E

Nummer 2   **SIGL** Georg
     Industrieller
     ✳ 13.1.1811, ✝ 9.5.1887
Er baute das bedeutendste Maschinenbauunternehmen der gesamten Monarchie auf. 1857 baute er die erste Lokomotive in Wien. 1861 hatte er schon 100 Lokomotiven hergestellt. Anläßlich der Fertigstellung der 1.000sten Lokomotive in seiner Fabrik in Wiener Neustadt wurde er Ehrenbürger der Stadt Wien (1876).

Reihe 1   **KRITSCHA** Viktor August, Dr.
Nummer 4   *Beamter*
     ✳ 1.8.1885, ✝ 29.6.1963
Er führte in den schwierigen Jahren des Wiederaufbaues von 1945 bis 1953 als Magistratsdirektor die Geschäfte des Magistrats. Der promovierte Jurist trat 1911 in den Dienst der Stadt Wien, 1928 erfolgte seine Bestellung zum Leiter der Magistratsabteilung für Personalangelegenheiten, 1941 wurde er zum Stadtdirektor ernannt.

Gruppe 33 E

Reihe 3   **FUCHS** Robert, Prof.
Nummer 5   *Komponist und Pädagoge*
✻ 15.2.1847, ✝ 19.2.1927
Er komponierte, von Brahms beeinflußt und gefördert, Opern, Symphonien, Serenaden, Kammermusikwerke und Lieder. Er studierte am Konservatorium in Wien, wo er von 1875 bis 1912 auch selbst als Professor für Harmonielehre wirkte. Zu seinen Schülern zählten u.a. Wolf, Zemlinsky, Franz Schmidt, Eysler, Mahler und Fall.

Reihe 3   **KOESSLER** Ludwig, Dr.
Nummer 14 *Volksbildner*
✻ 17.3.1861, ✝ 12.3.1927
Der Rechtsanwalt widmete fast dreißig Jahre seines Lebens dem Aufbau und der Entwicklung des Volksbildungshauses Wiener Urania. Ab 1897 kämpfte er für diese volksbildnerische Einrichtung, die 1910 in einem eigenen Gebäude untergebracht wurde. Die Erfolge der Urania in den 20er Jahren gehen auf seine Anregungen zurück.

Reihe 3   **SVOBODA - WICKINGEN** Emmerich Alexius
Nummer 20 *Bildhauer*
✻ 17.7.1849, ✝ 1.2.1920
Werke des vielbeschäftigten Schülers von Zumbusch, an dessen Beethoven- und Maria-Theresien-Denkmal er mitgearbeitet hatte, schmücken zahlreiche Wiener Ringstraßenbauten u.a. das Kunst- und Naturhistorische Museum, die Hofburg, das Parlament und das Künstlerhaus. Er schuf auch Grabdenkmäler und Denkmalsentwürfe.

Reihe 3   **MÜTHEL** Lothar (eigentl. Lütcke - Müthel)
Nummer 22 *Schauspieler und Regisseur*
✻ 18.2.1896, ✝ 9.4.1964
Er wurde 1939 von den Nationalsozialisten als künstlerischer Leiter des Burgtheaters eingesetzt, 1941 übernahm er die Gesamtleitung der Wiener Staatstheater inklusive der Staatsoper als Generalintendant (bis April 1945). Müthel war einer der ersten, der in Nazi-Deutschland zum Staatsschauspieler ernannt wurde.

Reihe 3   **OHMANN** Friedrich, DDr. techn. h.c., Prof.
Nummer 32 *Architekt*
✻ 21.12.1858, ✝ 6.4.1927
Durch die Aufnahme barocker Stilelemente bildete er einen unverkennbaren eigenen Stil aus, mit dem er Architektur als Gesamtkunstwerk gestaltete. Sein Schaffen reicht vom Gebrauchsgegenstand bis zum Städtebau. Professor für Architektur an der Akademie der bildenden Künste (1904-27) und Leiter des Hofburgbaues 1899-1907.

Reihe 9   **GIRARDI** Alexander
Nummer 16   *Schauspieler*
✳ 5.12.1850, ✝ 20.4.1918
Die Triumphe der Wiener Operette sind mit seiner Person untrennbar verbunden. Er kreierte mit großem Erfolg alle Komikerrollen in den Operetten von Strauß, Millöcker, Eysler und Lehár. Auch im Charakterfach gilt er in der Darstellung Raimundscher Gestalten als unübertroffen.

Reihe 16   **WOTTIZ** Theodor
Nummer 12   *Komponist und Kapellmeister*
✳ 31.3.1875, ✝ 11.3.1937
Er trat stets für die Verbreitung echter Wienermusik ein und komponierte zahlreiche Couplets und Lieder für Volkssänger. Ausbildung an der Wiener Musikakademie, Pianist und Alleinunterhalter, im Ersten Weltkrieg Militärkapellmeister, Mitbegründer der AKM. (Gesellschaft der Autoren, Komponisten u. Musikverleger)

Reihe 16   **POSSANNER** Gabriele, Freiin von Ehrental, Dr.
Nummer 22   *Ärztin*
✳ 27.1.1860, ✝ 14.3.1940
Sie war die erste Ärztin Österreichs und trug durch ihre Zielstrebigkeit wesentlich dazu bei, den Frauen den Weg zum Medizinstudium zu ebnen. Sie studierte in Genf und Zürich Medizin (1888-94) und nach einem langwierigen Kampf mit den Behörden durfte sie 1897 eine Praxis im 9. Bezirk eröffnen.

Reihe 17   **FRANK** Marco (Markus Fränkl), Prof.
Nummer 2   *Komponist*
✳ 24.4.1881, ✝ 29.4.1961
Er komponierte mehrere Opern, Symphonien, Kammermusik und Lieder. Studierte in Neapel (1893-97) und Paris, dann Tourneen als Geiger, 1904-34 Bratschist im Volksopernorchester, 1939 Emigration nach New York, 1948 Rückkehr nach Österreich, bis 1951 Unterricht am Konservatorium.

Reihe 17   **PHILIPPI** Josef
Nummer 5   *Schriftsteller*
✳ 16.4.1841, ✝ 27.6.1908
Überaus produktiver Liederschreiber, der für jedes Couplet einen Damen- und Herrentext bereit hatte. Er schrieb für viele bekannte Volkssänger, u.a. auch für Girardi, und übersetzte zahlreiche französische Theaterstücke ins Deutsche. Er war lange Jahre auch Mitarbeiter verschiedener humoristischer Blätter.

Gruppe 33 E

Reihe 17   **GÜNTHER - PAWLOWSKY** Mizzi
Nummer 22   *Operettensängerin*
     ✶ 21.3.1879, ✝ 18.3.1961
Gefeierte Operettendiva der „Silbernen Operettenära", die durch ihre Erscheinung und ihr musikalisches und schauspielerisches Talent zu den markantesten Persönlichkeiten der zweiten Glanzzeit der Wiener Operette zählte. Ihr größter Erfolg war die Hanna Glawari in „Die lustige Witwe" (1905).

Gruppe 33 F

Reihe 1   **BAUER** Dominik
Nummer 1   *Städtischer Totengräber*
     ✶ 2.9.1841, ✝ 27.1.1904
Er war der erste Städtische Totengräber des am 1. November 1874 eröffneten Wiener Zentralfriedhofs.

Reihe 1   **PENDL** Emanuel, Prof.
Nummer 26   *Bildhauer*
     ✶ 23.2.1845, ✝ 28.9.1927
Dem Naturalismus verpflichtet, arbeitete er ab 1875 selbständig in Stein und Holz sowie Kleinplastiken aus wertvollen Materialien wie Elfenbein und Silber, aber auch aus Bronze, Wachs und Terrakotta. Er schuf u.a. figuralen Schmuck für das Parlament, das Rathaus und den Justizpalast. Er studierte bis 1866 in Wien Malerei, wandte sich dann an der Akademie bei Zumbusch der Plastik zu.

Reihe 2   **ZETSCHE** Eduard, Prof.
Nummer 7   *Maler*
     ✶ 22.12.1844, ✝ 26.4.1927
Er stellte mit Vorliebe malerische Motive aus der Umgebung Wiens, besonders Ansichten aus der Wachau und der Umgebung von Heiligenkreuz dar, was ihm den Spitznamen Bach- und Burgenmaler einbrachte. Er arbeitete auch in Tusch- und Federtechnik, u.a. Illustrationen zu eigenen Aufsätzen und Büchern.

Reihe 8   **GRAF** Alexander
Nummer 13   *Architekt*
     ✶ 22.12.1856, ✝ 11.6.1931
Der Ferstel-Schüler erstellte gemeinsam mit Franz Krauß die Pläne für das 1898 in der Rekordzeit von knapp acht Monaten errichtete „Kaiser-Jubiläums-Stadt-Theater" (heute Volksoper). Er arbeitete acht Jahre im Atelier von Fellner & Helmer und ließ sich nach Studienreisen nach Italien als selbständiger Architekt in Wien nieder.

Gruppe 33 H

Reihe 2   **FINSTERER** Hans, Dr., Prof.
Nummer 1A   *Arzt*
✱ 24.6.1877, ✝ 4.11.1955
Er war eine anerkannte Autorität auf dem Gebiet der Bauchchirurgie, u.a. führte er neue Operationsmethoden ein, die auch international Anerkennung fanden. Er studierte in Wien Medizin, habilitierte sich 1913, 1920 Professor und 1935 -51 Leiter der I. Chirurgischen Abteilung im Allgemeinen Krankenhaus.

Reihe 2   **STREBL** Matthias
Nummer 5   *Pädagoge*
✱ 8.10.1858, ✝ 28.7.1940
Volksschullehrer an der Mädchenbürgerschule im 10. Bezirk; Bürgerschuldirektor.

Reihe 3   **WETASCHEK** Karl
Nummer 19   *Militärkapellmeister*
✱ 15.12.1859, ✝ 7.11.1936
Der Militärkapellmeister komponierte zahlreiche Märsche und Lieder. Er absolvierte das Wiener Konservatorium, wo er Schüler von Josef Hellmesberger sen., Karl Heissler und Robert Fuchs war. Das Militärkapellmeister-Studium machte er bei Josef Fahrbach. Ab 1900 war er Kapellmeister in Brünn, Wien und Budapest.

Reihe 4   **LUZE** Carl, Prof.
Nummer 4   *Chormeister*
✱ 4.8.1864, ✝ 8.2.1949
Er machte sich um das Wiener Chorwesen und die Aufrechterhaltung der Hofkapelle als Veranstaltungsort verdient. Er reaktivierte die nach dem Zusammenbruch der Monarchie vorerst stillgelegte Hofkapelle, die er bis 1933 leitete. 1898-1940 Chordirigent der Oper, 1913-27 Chormeister des Wiener Männergesangsvereins.

Reihe 7   **DEMUTH** Leopold
Nummer 7   *Opernsänger*
✱ 2.11.1860, ✝ 4.3.1910
Der vielseitige Baßbariton brillierte an der Wiener Oper v.a. in Wagner- und Mozartopern. Er studierte in Wien und kam nach Engagements in Halle, Leipzig und Hamburg 1898 nach Wien, wo er in den zwölf Jahren seiner Zugehörigkeit zum Ensemble fast tausendmal auftrat. Gastspielreisen führten ihn durch ganz Europa.

Gruppe 34 A

Reihe 2 **LUCKA** Emil
Nummer 7 *Schriftsteller*
✶ 11.5.1877, ✝ 15.12.1941
Erzähler, Dramatiker und Essayist mit mystisch-romantischen Vorstellungen, fühlte sich dem nordisch-germanischen Wesen nahe und
glaubte an die Verbindung der deutschen Seele mit den Kräften der
Natur. Seine gedankenschweren Bühnenstücke kamen nur vereinzelt
zur Aufführung. Als Erzähler und Essayist vielfach anerkannt.

Gruppe 34 B

Reihe 2 **WIED** Martina (eigentl. Alexandrine Martina Schnabl, verh. Weisl)
Nummer 7 *Schriftstellerin*
✶ 10.12.1882, ✝ 25.1.1957
Erzählerin, Dramatikerin und neuromantisch-impressionistische Lyrikerin. Sie versuchte in ihren handlungsreichen und vielschichtig angelegten Romanen im menschlichen Leiden und in der chaotischen
Zeit einen Sinn zu finden. 1938 Emigration nach Großbritannien,
1950 Rückkehr nach Wien.

Reihe 14 **OERLEY** Robert
Nummer 10 *Architekt*
✶ 24.8.1876, ✝ 15.11.1945
Er war ein sehr vielseitiger Künstler, der aus handwerklicher Tradition und klassischer Schulung eine zurückhaltende Formensprache
entwickelte, die sich von allen Modeströmungen freizuhalten wußte.
In Wien plante er zahlreiche Villen und Einfamilienhäuser, aber auch
große städtische Wohnhausanlagen

Gruppe 34 C

Reihe 3 **HOFER** Karl Franz Josef, Edler von
Nummer 22 *Beamter*
✶ 21.5.1824, ✝ 30.3.1887
Enkel des Tiroler Freiheitshelden Andreas Hofer (1767-1810); Mon-
tanbeamter in Salzburg, Direktor des Finanz-Archives in Wien.

Gruppe 35 C

Reihe 3 **TAUSSIG** Carl
Nummer 3 *Philanthrop*
✶ 28.1.1836, ✝ 31.5.1888
Er war Gewerbetreibender im 10. Bezirk und galt als ein großer
Wohltäter.

Gruppe 35 D

Reihe 1   **ADAMS** John Quincy
Nummer 28 *Maler*
✳ 21.12.1875, ✝ 15.3.1933
Er schuf hauptsächlich repräsentative Porträts der Wiener Gesellschaft (Gräfin Schönborn-Rothschild, Fürst Liechtenstein u.a.), aber auch Landschaften, Stilleben usw.; Schüler von L'Allemand und Eisenmenger, aber auch beeinflußt von Whistler und Lucien Simons.

Reihe 12   **PAINTL** Paul
Nummer 16 *Bildhauer*
✳ 15.1.1862, ✝ 4.4.1946
Er gestaltete überwiegend dem Barock nachempfundene religiöse Plastiken. Viele seiner Werke sind im Zweiten Weltkrieg durch Bomben zerstört worden bzw. Umbauten zum Opfer gefallen. Er studierte bei Weyr an der Akademie der bildenden Künste in Wien.

Gruppe 35 E

Reihe 5   **JUCH** Ernst
Nummer 9   *Zeichner und Karikaturist*
✳ 25.4.1838, ✝ 5.10.1909
Sein Lebenswerk besteht zum überwiegenden Teil aus Zeichnungen, meist Karikaturen in Bleistift oder Feder. Er gilt als einer der Erfinder der Ansichtskarten, da er Postkarten an Freunde versandte, auf die er Karikaturen gezeichnet hatte. Diese Idee wurde nachgeahmt und führte zur Entwicklung der Ansichtskarten.

Gruppe 35 F

Reihe 14   **HOLLPEIN** Heinrich
Nummer 10 *Maler und Schriftsteller*
✳ 12.5.1814, ✝ 7.5.1888
Er erregte bereits während seines Studiums an der Akademie der bildenden Künste in Wien mit seinen Porträts Aufsehen (1834-36). 1842 ging er nach St. Petersburg, wo er die Aristokratie und Künstler porträtierte. Wegen einer Sehschwäche hörte er mit dem Malen auf und verfaßte Lustspiele.

Gruppe 35 H

Nummer 36 **BAUER** Franz sen.,
Kommunalpolitiker
✳ 30.10.1901, ✝ 6.6.1964
Der langjährige ÖVP-Stadtrat für Wirtschaftsangelegenheiten (1950-64) hat sich um den Wiederaufbau Wiens nach dem Zweiten Weltkrieg große Verdienste erworben. Der gelernte Kellner schloß sich schon früh der christlichen Arbeiterbewegung an und war 1934 im Ständestaat Rat von Wien. Ab 1945 Gemeinderat.

Gruppe 36

Reihe 4   **BIRAGO** Karl, Freiherr von, Prof.
Nummer 16   *Offizier*
     ✳ 24.4.1792, ✝ 29.12.1845
Er erfand für den militärischen Einsatz eine neue Brücke mit Böcken und Pontons, die nach ihm benannt ist. Die Birago-Brücke wurde 1841 von der österreichischen Armee übernommen und auch in vielen anderen Staaten eingeführt. 1844 wurde er Kommandant der vereinigten Pionier- und Pontonierkorps.

Gruppe 37

Reihe 4   **PECHA** Albine
Nummer 121 *Krankenpflegerin*
     ✳ 4.5.1877, ✝ 30.10.1898
Sie ist eine der letzten Pesttoten Wiens. Durch eine Unachtsamkeit infizierte sich ein Labordiener mit zu Forschungszwecken aus Indien mitgebrachten Pestbakterien. Bei seiner Pflege erkrankte auch sie an Pest und starb.

Reihe 4   **MÜLLER** Hermann Franz, Dr.
Nummer 122 *Arzt*
     ✳ 25.10.1866, ✝ 23.10.1898
Er nahm 1897 als Kliniker an der von der Akademie der Wissenschaften zum Studium der Pest nach Indien entsandten Kommission teil. Bei der wissenschaftlichen Auswertung des Materials infizierte sich durch Unachtsamkeit ein Labordiener. In weiterer Folge erkrankte auch er.

Gruppe 39

Reihe 3   **WEIZMANN** Karl Ludwig
Nummer 47 *Stenograph,*
     ✳ 10.10.1863, ✝ 1.3.1925
Entfaltete umfangreiche Tätigkeit für die Verbreitung der Kurzschrift. 1882-1902 Mitarbeiter in Stenographenbüros des Reichsrats, des niederösterreichischen Landtages und des Wiener Gemeinderates. Unterrichtete und verfaßte Lehr- und Übungsbücher, leitete Stenographiezeitungen und war auch in diversen Vereinen tätig.

Gruppe 41 A

Reihe 1   **IVANCHICH DE MARGITA** Victor, Dr.
Nummer 10 *Arzt*
     ✳ 20.2.1812, ✝ 9.3.1892
Er galt international als Spezialist für „Steinoperationen" und war der erste Dozent für Urologie im deutschen Sprachraum. Er veröffentlichte die Ergebnisse seiner Forschungen u.a. in einem Werk über die Lithotripsie (Steinzertrümmerung).

Gruppe 41 B

Reihe 1   **STELZER** Sebastian
Nummer 7   *Schauspieler*
       ✳ 26.11.1849, ✝ 31.3.1892
       Er war ein hervorragender Komiker mit liebenswertem Humor, der vor allem in Operetten und Possen auftrat. 1879 kam er an das Theater an der Wien, dem er, mit Unterbrechung des Engagements für Rollen am Wiener Ringtheater und in Graz, bis zu seinem Tod treu blieb.

Reihe 1   **FEIL** Joseph, Dr.
Nummer 10 *Historiker*
       ✳ 20.6.1811, ✝ 29.10.1862
       Er schrieb eine Fülle größerer und kleinerer wissenschaftlicher Abhandlungen zur Geschichte und Topographie Wiens und Österreichs. Auf seinen Vorschlag wurde 1853 der „Alterthumsverein zu Wien" (heute Verein für Geschichte der Stadt Wien) gegründet. Er studierte in Wien Jus, ab 1851 im Unterrichtsministerium tätig.

Reihe G 1 **MIKLOSICH** Franz, Ritter von, DDr., Prof.
Nummer 25 *Slawist*
       ✳ 20.11.1813, ✝ 7.3.1891
       Er gilt als der Begründer der slawischen Philologie. Er verfolgte unermüdlich die Erforschung aller slawischen Sprachen, gab zahlreiche Lexika heraus und regte mit seinen Forschungen die Entstehung einer rumänischen und albanischen Philologie an. Auch in der Lehnwort-, Personen- und Ortsnamenforschung war er bahnbrechend.

Gruppe 41 D

Reihe 11   **REITER** Johann Baptist
Nummer 5   *Maler*
       ✳ 4.7.1813, ✝ 10.1.1890
       Seine Bedeutung lag im Porträt und Genrebild. Die Genreszenen sind frei von Sentimentalität und ohne moralisierende Tendenzen, Kinderdarstellungen nehmen einen besonderen Platz ein, bleiben aber immer realistisch. Um 1870 verflachte seine Kunst, um in der letzten Schaffensperiode noch einmal neue Impulse aufzunehmen.

Gruppe 41 F

Reihe 12   **ROMAKO** Anton
Nummer 15 *Maler*
       ✳ 20.10.1832, ✝ 8.3.1889
       Seine Bilder sind in ihrer oft nervösen Unruhe, der auch die Maltechnik entspricht, Vorwegnahmen expressionistischer Porträtauffassungen. Er lebte bis 1876 fast zwanzig Jahre in Rom, wo er großen Erfolg hatte, der in Wien ausblieb. Erst 15 Jahre nach seinem Tod begann man, auf seine Werke aufmerksam zu werden.

Gruppe 41 G

Nummer 1-66 **OPFER DES 15. JULI 1927**

Im Jänner 1927 wurden bei einem blutigen Zusammenstoß zwischen Anhängern des Republikanischen Schutzbundes und der Frontkämpferfervereinigung im burgenländischen Schattendorf ein achtjähriger Schüler und ein vierzigjähriger Hilfsarbeiter erschossen. Im Juli sprach ein Geschworenengericht die Angeklagten frei, darauf kam es am 15. Juli 1927 zu spontanen Demonstrationen vor dem Wiener Justizpalast, der dabei in Brand gesteckt wurde. Der Polizeipräsident Dr. Schober gab Schießbefehl, 84 Menschen starben im Kugelhagel der Polizei. Hier ruhen 66 Demonstranten, die auf Kosten der Stadt Wien beerdigt wurden. Die Opfer unter der Exekutive, vier Polizeibeamte, wurden in Gruppe 118 beigesetzt.

Sifler Franz, Vukovics Julius, Zielek Karl, Koppstein Emil, Ketzler Karl, Korejcik Anton, Korejcik Franz, Kotalik Franz, Modritzky Franz, Habl Viktor, Eman Albert, Wiehart Josef, Schott Rudolf, Franze Karl, Nagl Josef, Lembek Johann, Kotal Andreas, Hubmann Leopold, Glück Gustav, Caudr Anton, Fischer Karl, Kadanka Adolf, Kreuzer Christian, Kutalek Johann, Posch Karl, Stanek Adele, Hubeny Heinrich, Friedl Franz, Faustenhammer Karl, Bezpalec Josef, Bendik Mathias, Bauer Leopold, Hermann Adolf, Bastir Alois, Dopita Johann, Hromatka Franz, Ehgartner Franz, Grill Franz, Albrecht Roman, Nimführ Franz, Brabenec Hermann, Pleska Robert, Stamminger Gisella, Reichl Rudolf, Peiskar Bruno, Morawetz Karl, Höss Karl, Jindracek Johann, Slovacek August, Schmid Leopold, Bolzer Anna, Karas Franz, Tauzwirth Michael, Winkler Franz, Lucka Karl, König Johann, Staufer Karl, Hornacek Johann, Prix Franz, Jahn Ferdinand, Bayer Rudolf, Kotouc Karl, Platzer Daniel, Spuster Richard, Zeiner Franz, Schweitzer August.

Gruppe 41 H

Nummer 1 **OPFER DES FASCHISMUS 1934-45**

Das Denkmal erinnert an alle politisch Verfolgten, die in den Jahren des Austrofaschismus 1934-38 und des Nazi-Regimes 1938-45 in Haft den Tod fanden. Die Anlage wurde von dem Bildhauer Fritz Cremer und dem Architekten Wilhelm Schütte geschaffen und 1948 enthüllt.

Gruppe 42 A

Reihe 3 **CZIBULKA** Alfons
Nummer 2 *Komponist und Dirigent*
✳ 14.5.1842, ✝ 27.10.1894
Er komponierte mehr als 300 Werke für Orchester sowie mehrere Operetten. Er trat schon als Fünfzehnjähriger als Pianist auf, war als Musiklehrer und Kapellmeister in Wiener Neustadt, Innsbruck, Triest und Wien tätig. Seine besondere Spezialität waren Monster-Konzerte in der Wiener Rotunde.

Gruppe 42 F

Reihe 7   **THEER** Albert
Nummer 26   *Maler und Lithograph*
✳ 15.10.1815, ✝ 30.8.1902 .
Er war als Miniaturporträtist überaus fruchtbar, bot jedoch künstlerisch sehr ungleiche Leistungen. Beeinflußt von Daffinger, den er häufig kopierte, aber durch überladene Aufmachung und süßliche Anmut umdeutete. Studierte an der Graveur-Abteilung der Wiener Akademie und trat schon 1835 mit Miniaturen an die Öffentlichkeit.

Gruppe 43 C

Reihe 1   **BERNDL** Florian
Nummer 21   *Naturheilkundler*
✳ 10.5.1858, ✝ 30.11.1934
Er propagierte um die Jahrhundertwende seine Ideen vom natürlichen Leben und gründete eine Kolonie begeisterter Sonnenanbeter auf dem Areal des heutigen „Gänsehäufels". In der Zwischenkriegszeit gründete er auf dem Gebiet des Großen Bruckhaufens die Kolonie „Neu-Brasilien". Zuletzt siedelte er sich am Bisamberg an.

Gruppe 43 D

Nummer 1   **PRECHTL** Johann Josef, Ritter von
Techniker
✳ 16.11.1778, ✝ 28.10.1854
Er erarbeitete die Grundorganisation eines Polytechnischen Institutes (später Technische Hochschule, heute Technische Universität) für Wien und war dessen Leiter von 1815-49. Neben seinen hervorragenden organisatorischen Leistungen war er auch in Forschung und Praxis sehr produktiv. Ehrenbürger der Stadt Wien (1846).

Gruppe 43 E

Reihe 1   **RONACHER** Anton
Nummer 26   *Unternehmer*
✳ 17.1.1841, ✝ 24.6.1892
Er eröffnete 1888 das Etablissement Ronacher, ein Varietétheater von in Wien bisher unbekannter Größenordnung mit angeschlossenem Hotel, Restaurant, Café und Ballsaal. Das Varietétheater erlangte binnen kurzem Weltruhm, sein Schöpfer mußte es allerdings wegen finanzieller Schwierigkeiten 1889/90 verkaufen.

Gruppe 44 A

Nummer 1   **FILLGRADER** Johann Georg
Philanthrop
✳ 25.3.1755, ✝ 2.8.1824
Der Geschütz- und Glockengießer galt als großzügiger Spender für die Armen und Bedürftigen.

Gruppe 44 A

Nummer 1   **FILLGRADER** Maria Anna
Philanthropin
✶ 15.6.1763, ♱ 15.11.1831
Witwe des Gießers Johann Georg Fillgrader, die in ihrem Testament
verunglückte oder unschuldig in Not geratene Wiener Bürger als
Universalerben ihres beträchtlichen Vermögens einsetzte.

Nummer 2   **GRATZ** Edmund
Philanthrop
✶ 17.10.1841, ♱ 6.8.1915
Der Hausbesitzer galt als ein großer Wohltäter.

Gruppe 46 A

Reihe 2   **HAAS HAGENFELS** Johann Wenzel, Freiherr von
Nummer 33   *Offizier*
✶ 24.3.1864, ♱ 15.5.1932
Durch seine Entschlossenheit und sein energisches Vorgehen konnte
der Durchbruch von serbischen Einheiten im September 1914 an einem Frontabschnitt an der Save verhindert werden. Er besuchte die
Infanteriekadettenschule Wien und diente bei verschiedenen Einheiten. Nach 1918 war er bei der Volkswehr.

Gruppe 46 E

Reihe 1   **MAYER** Konstantin, Dr.
Nummer 15   *Beamter*
✶ 1.2.1858, ♱ 24.1.1916
Er galt als Autorität auf dem Gebiet der städtischen Approvisionie-
rung und war Leiter des im Krieg neu geschaffenen städtischen Le-
bensmittel-Einkaufsamtes. Er trat 1880 in den Dienst der Stadt Wien,
wo er u.a. in Magistratischen Bezirksämtern arbeitete und übernahm
1904 die Abteilung für Markt- und Approvisionierungswesen.

Reihe 2   **SCHRAM** Alois Hans, Prof.
Nummer 17   *Maler*
✶ 20.8.1864, ♱ 8.4.1919
Er machte sich als Porträt- und Historienmaler einen Namen. Auch
als Bildhauer wirkte er erfolgreich, u.a. schmücken seine Friesgemäl-
de das Parlament und die Hofburg in Wien. Er studierte in Wien an
der Akademie der bildenden Künste bei Makart und Trenkwald und
unternahm auch mehrere Studienreisen durch Europa.

Gruppe 46 E

Reihe 4   **FRÄNZL** Willy, Prof.
Nummer 12   *Ballettänzer*
✳ 5.6.1898, ✝ 24.6.1982
Er leitete jahrelang in souveräner Weise die Eröffnung des Wiener
Opernballes und zahlreicher anderer Ballveranstaltungen. Er begann
seine Ballettausbildung 1904 an der Ballettschule der Wiener Oper;
1921 Solotänzer, 1935-62 Ballettmeister. Aus seiner Schule sind
zahlreiche bekannte Künstler hervorgegangen.

Gruppe 46 F

Reihe 5   **BOSCHETTI** Viktor
Nummer 1   *Komponist und Organist*
✳ 23.8.1871, ✝ 12.4.1933
Er komponierte Opern, Singspiele, Messen, Oratorien, Lieder und
Kammermusik. Er studierte in Prag und am Wiener Konservatorium;
ab 1886 Organist in Wien, 1896-1921 Kirchenkapellmeister von St.
Stephan.

Reihe 7   **FRANK** Otto, Edler von
Nummer 6   *Offizier*
✳ 13.3.1854, ✝ 17.12.1916
Er war Kommandant des militär-geographischen Institutes in Wien
(1901-16), das unter seiner Leitung Weltruf erlangte. Er führte die
stereographische Aufnahme im Hochgebirge ein und farbige Land-
karten. 1876 kam er aus der Technischen Militärakademie zur Artillerie, 1887-91 war er mit der militärischen Landesaufnahme befaßt.

Gruppe 47 A

Nummer 1   **WENZL** Karl
Philanthrop
✳ 18.4.1841, ✝ 11.11.1907
Der Spenglermeister war von 1903-07 Bezirksvorsteher-Stellvertreter
des 3. Wiener Gemeindebezirkes und galt als großzügiger Spender für
die Armen und Bedürftigen. Aus seinem Vermögen wurde das „Karl
und Franziska Wenzl'sche Stiftungshaus" im 3. Bezirk errichtet.

Gruppe 47 B

Reihe 1
Nummer 7   Hier sind drei Mitarbeiter der Feuerwehr bestattet, die bei der
Bekämpfung eines Brandes in der Brigittenauer Glühlampenfabrik
Kremetzky am 1. Jänner 1915 durch das Freiwerden giftiger Dämpfe
schwere Vergiftungen erlitten und in der Folge starben. Es sind dies
Löschmeister Leopold Hölzl (39 Jahre, ✝ 2.1.1915), Anton Hörl
(29 Jahre, ✝ 3.1.1915) und Georg Frühbauer (28 Jahre, ✝ 3.1.1915).

Gruppe 47 B

Reihe 1   **MAYRHUBER** Mathias
Nummer 8   *Feuerwehrmann*
        ✶.., ✝ 18.4.1916
        Er wurde von einem geistesgestörten Soldaten in Erfüllung seiner
        Pflicht am 18. April 1916 erschossen.

Reihe 1   **ZELLER** Carl
Nummer 9   *Operettenkomponist*
        ✶ 19.6.1842, ✝ 17.8.1898
        Die Operette „Der Vogelhändler" brachte 1891 dem komponieren-
        den Hofrat den verdienten Erfolg und gehört zu den unverwüstlichen
        Werken des Genres. Nach dem Jusstudium wurde er 1873 Beamter
        im Unterrichtsministerium; seit 1868 war er zunächst ohne Erfolg
        kompositorisch tätig, er schuf eine Oper und mehrere Operetten.

Gruppe 47 F

Reihe 4   **BELLEGARDE** Heinrich Josef Johann, Graf von
Nummer 2   *Offizier*
        ✶ 29.8.1757, ✝ 22.7.1845
        Hochdekorierter Offizier, der 1771 aus dem sächsischen in den öster-
        reichischen Dienst trat und von den Türkenkriegen bis zu den Napo-
        leonischen Kriegen an allen Schlachten teilnahm. Präsident des Hof-
        kriegsrates 1809-13 und 1820-25. Im gleichen Grab wurde auch sein
        Sohn Graf August Karl Bellegarde beigesetzt.

Reihe 10   **OHRFANDL** Heinrich Karl
Nummer 7   *Kommunalpolitiker*
        ✶ 2.7.1860, ✝ 24.1.1932
        Der christlich-soziale Politiker war fast 40 Jahre in verschiedenen
        politischen Funktionen sowie in kulturellen und humanitären Verei-
        nen für das Wohl seiner Mitbürger im 7. Bezirk (Neubau) tätig. Bis
        1905 führte er ein Wirtshaus, 1892-1932 Armenrat, 1909-20 nieder-
        österreichischer Landtagsabgeordneter, 1916-32 Bezirksvorsteher.

Reihe 14   **GILLESBERGER** Hans, Prof.
Nummer 6   *Chordirigent*
        ✶ 29.11.1909, ✝ 4.3.1986
        Er hat sich als Chorleiter (Wiener Kammerchor, Konzerthausgesell-
        schaft, Schubertbund, Sängerknaben) und als Chorerzieher auch in-
        ternational einen Namen gemacht. Er war nach dem 2. Weltkrieg
        stellvertretender Chordirektor der Staatsoper und Professor an der
        Wiener Musikakademie.

Gruppe 48 B

Reihe 1   **ELSSLER** Hermine
Nummer 7   *Philanthropin*
         ✶ 7.4.1811, ♱ 17.3.1895
Die Cousine der Elßler-Schwestern Anna, Therese und der berühmten „Fanny" stiftete von ihrem bedeutenden Vermögen Universitätsstipendien für Medizin-, Jus- und Philosophiestudenten. 1824-36 trat sie im Corps de ballet des Kärntnertortheaters auf; war 1837-49 in London tätig. 1849 beendete sie ihre Karriere.

Reihe 3   **WURM** Wenzel, Freiherr von
Nummer 16 *Offizier*
         ✶ 27.2.1859, ♱ 21.3.1921
Nach Absolvierung einer raschen Generalstabskarriere führte er zu Beginn des Ersten Weltkrieges ein Korps mit Auszeichnung in Bosnien und Westserbien und ab 1915 an der Isonzofront. 1917 nahm er mit der 1. Isonzoarmee am Vormarsch vom Isonzo an die Piave teil, und 1918 führte er die Truppen geordnet hinter den Isonzo zurück.

Gruppe 48 F

Reihe 3   **BRENEK** Anton, Prof.
Nummer 20 *Bildhauer*
         ✶ 23.10.1848, ♱ 17.11.1908
Zu den Hauptwerken des überaus fruchtreichen Künstlers zählen die vier Kolossalstatuen am Wiener Rathaus sowie figurale Reliefs für die Attika am Parlament. Er studierte an der Wiener Akademie bei Zumbusch und war von 1881 bis 1905 Professor für Modellieren und Zeichnen an der Staatsgewerbeschule in Wien.

Gruppe 54

Reihe 37   **SCHACHNER** Friedrich
Nummer 63 *Architekt*
         ✶ 14.12.1841, ♱ 7.11.1907
Bei seinen frühen Bauten folgte er italienischen Palastvorbildern der Renaissance, in seinen späteren Arbeiten erwies er sich als typischer Vertreter des Späthistorismus. 1902 erhielt sein Projekt für den Museumsbau am Karlsplatz den 1. Preis, wurde aber nicht gebaut. Er studierte bei van der Nüll und arbeitete ab 1866 selbständig in Wien.

Gruppe 55 A

Nummer 13   **WIESENTHAL** Grete, Prof.
         Tänzerin und Choreographin
         ✶ 9.12.1885, ♱ 22.6.1970
Sie entwickelte, vom Wiener Walzer ausgehend, einen neuen unklassischen Tanzstil, der sie in der ganzen Welt berühmt machte. 1902 Solotänzerin an der Wiener Staatsoper, trat sie bald in eigenen Programmen auf Tourneen auf; 1919 gründete sie eine eigene Tanzschule in Wien, 1934-52 lehrte sie an der Wiener Akademie für Musik.

Gruppe 55 B

Reihe 28   **STUWER** Anton
Nummer 1   *Pyrotechniker*
✶ 2.9.1830, ♱ 15.7.1905
Mit ihm ist die Glanzzeit der Praterfeuerwerke zu Ende gegangen. Er gab 1876, von der Weltausstellung vom angestammten Platz verdrängt, auf der „Schützeninsel" sein letztes Feuerwerk. Die Familie Stuwer hat über vier Generationen die Wiener Bevölkerung mit ihren Kunstfeuerwerken unterhalten.

Gruppe 56 A

Reihe 4   **KÖGL** Ferdinand (Ps. Ferd. Hansen, Arthur Kirk, Tom Tenk)
Nummer 8   *Schriftsteller*
✶ 17.5.1890, ♱ 21.2.1956
Erzähler und Dramatiker, der sehr einfühlsam seine Stoffe im Milieu der „kleinen Leute" ansiedelte. Er studierte Musik in Salzburg und Wien, bis 1932 Flötist in verschiedenen Orchestern, ab 1933 lebte er als freier Schriftsteller in Wien. 1945-51 war er Generalsekretär des Verbandes demokratischer Schriftsteller und Journalisten.

Reihe 12   **HRUSCHKA** Arthur, Dr. techn., Ing.
Nummer 8   *Techniker*
✶ 27.3.1876, ♱ 7.1.1944
International anerkannter Fachmann für die Elektrifizierung der Eisenbahn, veröffentlichte zahlreiche Fachartikel. 1904 bis 1934 im Staatsdienst (Eisenbahnministerium, Generaldirektion der Österreichischen Bundesbahnen); erhielt 1934 als Elektrifizierungsfachmann unter einer großen Zahl von Bewerbern eine Berufung in die Türkei.

Gruppe 56 B

Reihe 2   **LOSCHMIDT** Josef, Dr., Prof.
Nummer 23 *Physiker*
✶ 15.3.1821, ♱ 8.7.1895
Er veröffentlichte zahlreiche bedeutende Arbeiten aus der physikalischen Chemie, der Gastheorie und der theoretischen Physik, u.a. entwickelte er die nach ihm benannten Loschmidtsche Zahl L, mit der erstmals die Anzahl der Moleküle im Mol eines festen oder flüssigen Körpers berechnet werden konnte.

Reihe 9   **GUSCHELBAUER** Edmund
Nummer 20 *Volkssänger*
✶ 16.10.1839, ♱ 6.2.1912
Er stellte den Typus des Urwieners dar, voll behäbiger Liebenswürdigkeit und kleinbürgerlicher Gemütlichkeit. Seinen durchschlagendsten Erfolg hatte er mit dem Lied „Weil i a alter Drahrer bin". Er trat ab 1862 als Volkssänger auf, 1883 spielte er mit der Volkssängerin Luise Montag und 1888-92 mit dem Coupletsänger J. Müller.

Gruppe 59 D

Reihe 2   **AMON** Anton sen.
Nummer 18 *Volkssänger*
        ✳ 7.5.1833, ✟ 25.8.1896
Seine Stärke lag im Vortrag von Soloszenen, in denen er mit Holzfiguren kleine Kabinettstücke schuf. Von Johann Fürst zufällig entdeckt, trat er 1862-70 mit dem Volkssänger Ignaz Nagel auf, ab 1870 sang er mit dem Komiker Wenzel Seidl Duette, ab 1881 waren auch Frauen im Ensemble.

Gruppe 59 E

Reihe 1   **HÜTTENBRENNER** Andreas, Ritter von, Dr.
Nummer 27 *Arzt*
        ✳ 2.1.1842, ✟ 18.5.1905
Er leitete von 1879 bis 1901 das unter dem Kuratorium des Wiener medizinischen Doktorenkollegiums stehende Karolinen-Kinderspital im 9. Bezirk. Er studierte in Wien Medizin, war dann Assistent bei Hermann v. Widerhofer am St. Anna-Kinderspital und habilitierte sich 1875 für Kinderheilkunde.

Gruppe 62 B

Reihe 25   **ADOLPH** Karl
Nummer 10 *Schriftsteller*
        ✳ 19.5.1869, ✟ 22.11.1931
Er schrieb naturalistisch gefärbte Romane und Skizzen aus dem Proletarierleben der Wiener Vorstädte um die Jahrhundertwende. Mit dem Roman „Haus Nr. 37" (1908) wurde er bekannt, und für den Roman „Töchter" erhielt er den Bauernfeld-Preis (1914).

Gruppe 63

Reihe 33   **HOFER** Adele, Edle von
Nummer 29 *Leiterin des Tabakhauptverlages*
        ✳ 16.11.1841, ✟ 14.1.1904
Letzte Enkelin des Freiheitskämpfers Andreas Hofer. Sie war ein Patenkind Kaiser Ferdinands I. und wurde „Die Kleine Schwarz-Gelbe" genannt. Sie führte nach dem Tod ihrer Eltern den Tabakhauptverlag in Wien weiter.

Gruppe 64

Reihe 1   **BINDER** Anton, Dr., Prof.
Nummer 53 *Beamter*
        ✳ 11.5.1860, ✟ 30.7.1927
Der Sektionschef und Leiter der Veterinärabteilung im Ackerbauministerium trat besonders als Gründer der Bundesanstalt für Tierseuchenbekämpfung in Mödling (1910) hervor. Er gilt auch als Schöpfer des österreichischen Tierseuchengesetzes.

Gruppe 64

Reihe 2   **SCHEU** Josef Franz Georg
Nummer 18   *Chormeister und Komponist*
✶ 15.9.1841, ♱ 12.10.1904
Er ist der Begründer der Wiener Arbeitersängerbewegung, die er als
einen wesentlichen Teil der Arbeiterbewegung überhaupt ansah. Er
komponierte zahlreiche Chorwerke und Lieder, u.a. vertonte er 1868
das „Lied der Arbeit", das zur Hymne der österreichischen Arbeiterbewegung wurde. Er gründete mehrere Chöre und die erste österreichische Gewerkschaft der Musiker.

Reihe 17   **SEIDL** Wenzel
Nummer 16   *Volkssänger*
✶ 14.1.1842, ♱ 6.3.1921
Der beliebte Volkssänger trug wegen seiner roten Haare den Spitznamen „roter Seidl". Er trat u.a. erfolgreich gemeinsam mit dem Volkssänger Wilhelm Wiesberg (1850-1896) und dem Volkssänger Anton
Amon senior (1833-1896) als Duett mit heiteren und komischen Ge-
sangseinlagen auf.

Gruppe 65

Reihe 5   **KRONSTEIN** August
Nummer 27   *Maler und Graphiker*
✶ 16.12.1850, ♱ 15.12.1921
Schuf zahlreiche Federzeichnungen und Aquarelle mit Ansichten von
Wien; arbeitete auch als Zeitschriftenillustrator (u.a. Gartenlaube und
Neue Illustrierte Zeitung). Er studierte in Budapest und Wien an der
Akademie der bildenden Künste, 1873 wurde er der Leiter einer li-
thographischen Anstalt.

Gruppe 66

Reihe 29
Nummer 1-3   **OPFER DER EXEKUTIVE**
Anläßlich einer großen Arbeitslosenkundgebung forderten
Kommunisten am 17. April 1919 (Gründonnerstag) die Ausrufung
der Räterepublik. Die Polizei schoß in die Menge, auch vier
Polizisten kamen bei den Auseinandersetzungen ums Leben und
wurden hier bestattet. *Hradsky Josef, Huschek Wenzel, Hrabe Franz.*

Gruppe 68 A

Reihe 1A
Nummer 1-13   **OPFER EINES LAWINENUNGLÜCKS**
Grabstätte der bei einem Lawinenunglück im März 1928 auf dem
Sonnblick verunglückten dreizehn Mitglieder des Touristenvereins
„Die Naturfreunde". *Fischer Josef, Illeschko Fritz, Zettler Anton, Spallek Hans,
Jakubetz Johann, Jakubetz Franz, Schneller Karl, Mestan Rudolf, Magerer Felix, Serry
Josef, Wimmer Johann, Gärtner Wilhelm, Janku Franz.*

Gruppe 70

Nummer 90 **HRUZA** Leopold
Kommunalpolitiker
✶ 3.10.1852, ✝ 6.1.1924
Der Taschnermeister gehörte viele Jahre als christlich-sozialer Mandatar der Bezirksvertretung des 10. Bezirkes an und war 1902-18 Bezirksvorsteher von Favoriten.

Gruppe 71 B

Reihe 16 **SCHIEGL** Wilhelm
Nummer 9 *Politiker*
✶ 9.5.1866, ✝ 23.5.1936
Er repräsentierte in der sozialdemokratischen Arbeiterbewegung die alten handwerklichen Gewerkschaftstraditionen, zugleich war er der Typus des sachlichen parlamentarischen Vertreters der Arbeiterinteressen. Abgeordneter im Reichsrat (1911-18), im Nationalrat (1918-30), führender sozialdemokratischer Vertreter im Finanzausschuß.

Gruppe 71 C

Nummer 23 **BRACHELLI** Hugo, Ritter von, Dr., Prof.
Statistiker
✶ 11.2.1834, ✝ 3.10.1892
Er erwarb sich große Verdienste um die Entwicklung der Statistik in Österreich, u.a. reformierte er die Außenhandelsstatistik des österreichisch-ungarischen Zollgebietes. Er studierte Jus in Wien und war ab 1860 Professor für Verfassungs- und Verwaltungskunde und Statistik an der Technischen Hochschule Wien.

Gruppe 71 F

Nummer 1-33A OPFER DER EXEKUTIVE FEBRUAR 1934
Der Abbau bürgerlicher Freiheitsrechte, die Rücknahme erkämpfter Sozialrechte sowie die ständigen Angriffe auf das Rote Wien durch die Regierung Dr. Engelbert Dollfuß' führten im Februar 1934 zum offenen Konflikt mit der Arbeiterbewegung, an dessen Ende mehr als tausend Todesopfer zu beklagen waren, aber auch die Demokratie und letztlich die Republik zu Grabe getragen wurden. Hier wurden Mitglieder der Polizei, des Bundesheeres und des Schutzkorps beigesetzt.

Schweitzer Josef, Kmetty Franz, Seidler Heinrich, Leonhardsberger Ferdinand, Gabriel Josef, Stitz Josef, Wallner Matthias, Cenec Ernst, Gross II Johann, Hurtl Anton, Peuker II Johann, Schiel Josef, Schuster I Franz, Kaufmann Matthias, Scherzer Gustav, Schnaubelt Josef, Graminger Leopold, Pretsch Karl, Haider Franz, Brunner III Franz, Axmann Konrad, Gärtner Josef, Horst Rudolf, Mühlecker Josef, Prassnyk Josef, Fluch Peter, Forstner Ferndinand, Valenta Adalbert, Ortner Heinrich, Höller Karl, Tjuka Erich, Kreuz Theodor, Viktor Friedrich, Diestl Leopold, Holzer Georg, Kainz II Heinrich, Hickl Franz; zwei Pulte sind unbeschriftet.

Gruppe 72 B

Reihe 15   **KRIEBAUM** Franz Xaver (eigentl. Grünbaum)
Nummer 15 *Volkssänger*
      ✳ 9.8.1836, ✝ 20.7.1900
      Beliebter Wiener Volkssänger, der mit seinem Partner, dem Musik-
      imitator Nowak, große Erfolge feierte (1880-90). Ab 1895 war er Di-
      rektor des Orpheums im 9. Bezirk, mußte aber nach der Eröffnung
      des nahegelegenen Kolloseums trotz größter Anstrengungen im Mai
      1900 den Konkurs anmelden.

Gruppe 72 C

Reihe 12   **GUTTMANN** Arthur
Nummer 17 *Schauspieler und Sänger*
      ✳ 1.7.1877, ✝ 9.6.1956
      Er feierte als Gesangs- und Lustspielkomiker vor allem in Operetten
      große Erfolge. Er debütierte 1900 am Raimundtheater, spielte in der
      Folge auch am Jantsch-, Josefstädter- und Carl-Theater sowie am
      Theater an der Wien.

Gruppe 72 D

Reihe 14   **SCHRAUF** Albrecht Karl, Dr., Prof.
Nummer 7   *Mineraloge,*
      ✳ 14.1.1837, ✝ 29.11.1897
      Mit seinen Forschungen auf dem Gebiet der Kristallphysik und der
      Mineralbildung erwarb er sich große wissenschaftliche Verdienste.
      Er studierte in Wien, war 1861-74 Kustos am Hofmineralienkabinett
      und wurde 1874 Professor für Mineralogie und Vorstand des mine-
      ralogischen Universitätsmuseums.

Gruppe 73

Reihe 2   **RABENSTEINER** Eduard (eigentl. Rottmann), Prof.
Nummer 64 *Tanzmeister*
      ✳ 25.7.1839, ✝ 23.4.1905
      Er war bis zu seinem Tod der führende Tanzarrangeur Wiens und ge-
      staltete alle großen Repräsentationsbälle seiner Zeit. Von den Panto-
      mimenmeistern Schadetzky und Brinke im Bühnentanz ausgebildet,
      übernahm er 1855 die Tanzschule seines Vaters, der schon für Jo-
      hann Strauß Vater erfolgreich Tanzarrangements gestaltet hatte.

Reihe 26   **AMON** Anton jun.
Nummer 16 *Schauspieler*
      ✳ 23.3.1862, ✝ 11.9.1931
      Er war ein beliebter Charakterschauspieler am Volkstheater (ab
      1889) und blieb als Valentin im Verschwender oder als Steinklopfer-
      hans im Kreuzelschreiber unvergessen. Er begann seine Karriere im
      Theater seines Vaters und als Wanderschauspieler. Er hielt auch Le-
      sungen im Volksbildungshaus Urania und im Radio.

Gruppe 74

Reihe 10   **FÜSSL** Karl Heinz, Prof.
Nummer 89   *Komponist und Pädagoge*
              ✳ 21.3.1924, ♱ 4.9.1992
Seine Kompositionen, zwei Opern sowie Orchester-, Chor- und Klavierwerke, sind auf der prinzipiellen Basis der Dodekaphonie geschaffen, doch läßt er sich auch von seinem Klangsinn leiten. Er trat auch mit seinen musikphilologischen Arbeiten (u.a. Mitarbeiter der Neuen Mozart-Ausgabe und der Mahler-Gesamtausgabe) hervor.

Reihe 34   **MERODE** Karl, Freiherr von
Nummer 90   *Maler*
              ✳ 15.6.1853, ♱ 26.10.1909
Die Themen seiner Genrebilder sind dem Wiener Volksleben entnommen, er bevorzugte Marktszenen und humorvolle Situationen. Seine spezielle Technik des Farbauftrags ermöglichte es ihm, die naturnahen Motive effektvoll darzustellen. Er studierte an der Wiener Akademie der bildenden Künste bei Anselm Feuerbach.

Gruppe 75 A

Reihe 31   **GOTTSLEBEN** Ludwig
Nummer 51   *Schauspieler*
              ✳ 24.11.1836, ♱ 26.2.1911
Er war der letzte namhafte Vertreter der alten Hanswurstkomik. Als urwüchsig-derber Wiener Typen- und Dialektkomiker war er der Liebling des Publikums. Er debütierte 1859 am Fünfhauser Sommertheater und spielte an fast allen Wiener Vorstadtbühnen. Verfaßte auch volkstümliche Bühnenstücke und Couplets.

Gruppe 76 A

Reihe 3   **SIOLY** Johann
Nummer 44   *Komponist und Kapellmeister*
              ✳ 26.3.1843, ♱ 8.4.1911
Er komponierte rund tausend Wienerlieder, darunter eine ganze Reihe, die noch heute gerne gehört werden, wie etwa „Das hat ka Goethe g'schrieben" oder „Weil i a alter Drahrer bin". Er studierte in Wien am Konservatorium und war u.a. Hauskomponist bei dem beliebten Volkssänger Edmund Guschelbauer.

Gruppe 77 A

Reihe 17   **TUROLT** Elisabeth, Prof.
Nummer 2   *Bildhauerin*
              ✳ 1.9.1902, ♱ 7.10.1966
Als Bildhauerin Autodidaktin arbeitete sie in Holz, Stein, Blechtreibtechnik, Bronze und Keramik und schuf v.a. Tierskulpturen. Sie lernte bei Norbertine Bresslern-Roth in Graz (1915-18) und bei Franz Cizek in Wien. Zahlreiche Werke von ihr sind in Wiener städtischen Wohnhausanlagen aufgestellt.

Gruppe 77 B

Reihe 21   **BARA** Leopold
Nummer 1   *Maler*
        ✴ 24.10.1846, ✝ 23.11.1911
Er schuf Genre-, Porträt- und Historienbilder und stellte ab Mitte der 70er Jahre in Wien in den Jahresausstellungen des Künstlerhauses und in München aus. Er studierte an der Akademie der bildenden Künste bei Anselm Feuerbach, bildete sich in Italien weiter und beteiligte sich an einer Expedition nach Griechenland und Kleinasien.

Gruppe 78 A

Reihe 25   **WINARSKY** Leopold
Nummer 13 *Kommunalpolitiker*
        ✴ 20.4.1873, ✝ 22.11.1915
Er war ein Vorkämpfer der Jugend in der sozialdemokratischen Arbeiterbewegung; er half beim Aufbau der politischen Frauenbewegung mit und war stets dort, wo Bildungs- und Erziehungsarbeit zu leisten war. Der gelernte Tapezierer war ab 1898 Parteisekretär, ab 1806 Wiener Gemeinderat, ab 1907 Reichsratsabgeordneter.

Gruppe 78 B

Reihe 14   **SCHURZ** Josef
Nummer 17 *Techniker*
        ✴ 9.9.1826, ✝ 4.2.1912
Er war im Staatsdienst an vielen Eisenbahnbauten beteiligt. Beim Bau der Ersten Hochquellenwasserleitung trat er in den Dienst der Gemeinde Wien (Schöpfwerk Pottschach).

Gruppe 80

Reihe 20   **SCHILD** Theodor Franz
Nummer 37 *Komponist*
        ✴ 26.8.1859, ✝ 5.9.1929
Er hat mehr als 2.000 Lieder, Tanzweisen und Couplets komponiert und versorgte ab 1881 Volkssänger und Volksmusikanten mit seiner „wienerischen Musik". Er war sowohl Komponist als auch Wiederentdecker populärer Melodien. Er schrieb auch Bühnenmusik für Vorstadttheater und Soloszenen für Volkssänger.

Gruppe 81 B

Reihe 19   **RICHTER** Gustav Josef
Nummer 40 *Musiker*
        ✴ 2.12.1854, ✝ 8.6.1930
Er begann seine Karriere 1870 als Pianist bei einer vom Volkssänger Karl Drexler gegründeten Gesellschaft, mit der er an jedem Wochentag fix in bestimmten Lokalen auftrat. Später trat er auch als Kapellmeister und Musikdirektor des Wiener Damen-Konzert-Orchester in Erscheinung (1910) und komponierte Unterhaltungsmusik.

Gruppe 82 B

Reihe 2   **NEUMANN** Karl Eugen, Dr. phil.
Nummer 18   *Indologe*
     ✶ 18.10.1865, ♱ 18.6.1915
Das Lebenswerk des Sanskritspezialisten ist die erste umfassende Übersetzung des Pali-Kanons, die unter dem Titel „Die Reden Gotamo Buddhos" 1896-1905 erschien. Seine heute zwar stilistisch und auch philologisch in vieler Hinsicht überholten Übersetzungen stellen eine bedeutende Pionierarbeit dar.

Gruppe 84

Reihe 7   **KROBATH** Karl
Nummer 58   *Schriftsteller*
     ✶ 11.2.1875, ♱ 30.12.1916
Der Volks- und Bürgerschullehrer stellte seine ganze schöpferische Kraft, er schrieb Gedichte, Erzählungen, Novellen, Romane und betrieb Brauchtumsforschung, in den Dienst seiner Kärntner Heimat. Er war Mitarbeiter zahlreicher Zeitungen und erwarb sich auch um den Kärntner Fremdenverkehr Verdienste.

Reihe 18   **ARLT** Ilse
Nummer 43   *Sozialarbeiterin*
     ✶ 1.5.1876, ♱ 25.1.1960
Sie war eine der Bahnbrecherinnen österreichischer Sozialarbeit; gründete 1912 die erste österreichische Fürsorgeschule, die bei der Gründung der Fürsorgeschule der Stadt Wien in der 1. Republik als Vorbild diente. Im Naziregime mußte sie ihre Lehrtätigkeit aufgeben, baute die Schule aber 1945 wieder auf und führte sie bis 1948.

Reihe 28   **BEETHOVEN VAN** Karl Julius Johann Maria
Nummer 21   *Journalist*
     ✶ 8.5.1870, ♱ 10.12.1917
Letzter Nachkomme von Ludwig van Beethoven. Er war unverheiratet und kinderlos.

Reihe 28   **BEETHOVEN VAN** Marie Anna Philomena (geb. Nitsche)
Nummer 21   *Pianistin*
     ✶ 27.3.1846, ♱ 19.5.1917
Sie war verheiratet mit dem Journalisten Ludwig Johann van Beethoven (Louis van Hoven, verstorben in Frankreich, ein Sohn des Neffen Karl van Beethovens). Ihr Sohn ist Karl Julius van Beethoven.

Gruppe 86

Reihe 13   **HASSMANN** Karl Ludwig
Nummer 58   *Maler*
           ✳ 3.1.1869, ✝ 13.5.1933
Er studierte an der Wiener Akademie der bildenden Künste bei L'Allemand und dann in Müchen bei O. Seitz und K. Marr. Nach einem längeren Aufenthalt in den Vereinigten Staaten (1904-11) lebte er wieder in Wien und beteiligte sich an Ausstellungen im In- und Ausland. Er schuf auch Bühnendekorationen und -kostüme.

Gruppe 87

Reihe 40   **MAYER** Franz
Nummer 36   *Februarkämpfer*
           ✳ 2.3.1916, ✝ 14.2.1934
Der Tischler war Mitglied der Sozialistischen Arbeiterjugend und hat im Februar 1934 sein Leben für die Rechte der Arbeiter und für die Demokratie verloren.

Reihe 42   **WEISSEL** Georg, Ing.
Nummer 12   *Februarkämpfer*
           ✳ 28.3.1899, ✝ 15.2.1934
Der Schutzbundführer ist eine Symbolfigur des antifaschistischen Widerstandes. Er organisierte am 12. Februar 1934 die Verteidigung der Hauptfeuerwache Floridsdorf. Weit überlegene Polizeikräfte stürmten die Hauptfeuerwache und nahmen 91 Feuerwehrmänner gefangen. Weissel wurde von einem Standgericht zum Tode verurteilt und am 15. Februar hingerichtet.

Gruppe 87 A

Reihe 53   **ILLETSCHKO** Leopold, Dr., Dkfm., Prof.
Nummer 29   *Wirtschaftswissenschafter*
           ✳ 22.10.1902, ✝ 12.6.1979
Er bereicherte die Betriebswirtschaftslehre durch seine zahlreichen theoretischen Arbeiten und galt als internationale Kapazität auf diesem Wissenschaftsgebiet. Er studierte an der Hochschule für Welthandel in Wien und arbeitete in Mittelschulen sowie in der Privatwirtschaft, 1951 wurde er Professor an der Hochschule für Welthandel.

Gruppe 100

Reihe 9   **STEIDLER** Josef
Nummer 28   *Schauspieler*
           ✳ 9.1.1846, ✝ 1.5.1923
Mit seiner charakteristischen „schiefen Pappen" und einem eigentümlichen Gang war er als Hauskomiker in Danzers Orpheum im 9. Bezirk ab 1880 für fast 20 Jahre ein Publikumsliebling. Er war berühmt für seinen Vortrag von Klapphornversen, das sind Scherzverse, die Ende des 19. Jahrhunderts sehr beliebt waren.

Gruppe 109

Reihe 10   **FRIEBERGER** Kurt (Ps. Karl Gustav Ger), Dr.
Nummer 10   *Schriftsteller*
✻ 4.4.1883, ♱ 19.11.1970
Schrieb farbenreiche und schwermütige Lyrik mit barocken Anklängen, impressionistische Dramen und Gesellschaftsstücke, Novellen und historische Romane. Der promovierte Jurist war ab 1909 im Staatsdienst, 1929-38 Presseattaché in Rom, vom Naziregime amtsenthoben, 1946-53 Senatspräsident beim Verwaltungsgerichtshof.

Gruppe 118

Reihe 18   **OPFER DER EXEKUTIVE JULI 1927**
Nummer 36-39 Hier befindet sich die Grabstätte von vier Polizeibeamten, die am 15. Juli 1927 den Tod gefunden hatten.
Böck Josef, Grüm Heinrich, Schimmerl Michael, Striegel Ferdinand.

Gruppe 133

Reihe 7   **RÜDEGER** Hans (Johann), Ing.
Nummer 2   ✻ 29.6.1892, ♱ 12.5.1927
Die Widmung erfolgte lt. Beschluß des Bürgermeisters am 4.5.1942.

Gruppe ALTE ARKADEN LINKS

Nummer 33   **WÄCHTER** Eberhard
Opernsänger
✻ 8.7.1929, ♱ 29.3.1992
Der Bariton mit seiner geschmeidigen Stimme und eleganten Gesangstechnik verfügte über ein breites Rollenfach, das von Mozart über Verdi und Puccini bis Wagner reichte. Er war auch als Konzert- und Liedsänger erfolgreich. Ab 1987 Direktor der Volksoper, 1991/92 gemeinsam mit Joan Holender Direktor der Staatsoper.

Gruppe ALTE ARKADEN RECHTS

Nummer 18   **HAAS** Philipp
Großindustrieller
✻ 7.6.1791, ♱ 31.5.1870
Er baute eine österreichische Webindustrie (Kleider- und Möbelstoffe sowie Teppiche) auf. Er konnte mit seinen Produkten, die bis dahin marktbeherrschenden Engländer vom Inlandsmarkt verdrängen und wurde auch auf den internationalen Märkten eine ernsthafte Konkurrenz für englische Gewebe.

Nummer 28   **SANETTY** Karoline
Philanthropin
✻ 15.2.1820, ♱ 17.12.1897
Gattin des Nadlermeisters Peter Sanetty. Sie stiftete 1886 50.000 Gulden für die Erbauung eines städtischen Waisenhauses für Mädchen im 8. Bezirk.

Gruppe ALTE ARKADEN RECHTS

Nummer 28   **SANETTY** Peter
Philanthrop
* 1.11.1814, ✝ 21.11.1885
Selbst im Waisenhaus aufgewachsen, stiftete der Nadlermeister, dessen Ehe mit Karoline Sanetty kinderlos geblieben war, im Jahr 1881 30.000 Gulden in Aktien für die Errichtung eines städtischen Waisenhauses für Knaben im 8. Bezirk.

Gruppe KIRCHENGRUFT

Nummer 1   **HEINL** Eduard, Dr. h.c.
Politiker
* 9.4.1880, ✝ 10.4.1957
Er baute 1945 die Handelskammer wieder auf und leitete 1946-48 das Bundesministerium für Handel und Wiederaufbau; bereits in der Ersten Republik war er 1920/21 und 1930-32 Handelsminister. Er kam schon in jungen Jahren zur christlich-sozialen Partei und war 1919-34 sowie 1945-49 Nationalrat.

Nummer 6   **LUEGER** Karl, Dr.
Politiker
* 24.10.1844, ✝ 10.3.1910
Als Volkstribun von faszinierender Wirkung, war der Begründer der christlich-sozialen Partei, von der ersten österreichischen Massenbewegung getragen, Bürgermeister von Wien geworden. In seiner Amtszeit (1897-1910) wurden der öffentliche Verkehr, die Gas- und Wasserversorgung den Erfordernissen einer 2-Millionen-Stadt angepaßt, aber auch Ansätze eines sozialen Netzes geschaffen. Ehrenbürger der Stadt Wien (1900).

Gruppe NEUE ARKADEN RECHTS

Nummer 2   **KELLERMANN** Georg
Philanthrop
* 7.3.1827, ✝ 30.12.1895
Der Inhaber eines Lederwarengeschäftes stiftete 600.000 Kronen für den Bau eines modernen Kinderspitals. Mit dem Geld wurde die Kinderabteilung des Wilhelminenspitals errichtet.

EHRENGRÄBER- QUELLEN- UND LITERATURVERZEICHNIS

UNGEDRUCKTE QUELLEN:

Von folgenden Institutionen wurden Materialien zur Erstellung der Biographien verwendet:

Dokumentation der Arbeiterkammer Wien
Dokumentation der Österreichischen Gesellschaft für historische Quellenstudien
Dokumentationsarchiv des österreichischen Widerstandes
Dokumentationsstelle für neuere österreichische Literatur
Institut für Österreichische Musikdokumentation
Österreichisch-Biographisches Lexikon - ungedruckte Materialien
Österreichisches Staatsarchiv
Wiener Stadt- und Landesarchiv

ZEITUNGEN:

Aus folgenden Zeitungen wurden Beiträge zur Erstellung der Biographien verwendet:

Amtsblatt der Stadt Wien
Arbeit und Wirtschaft
Arbeiter Zeitung
Das kleine Volksblatt
Der Eckartsbote
Der Kampf
Der Neue Mahnruf
Der Standard
Die Koralle
Die Presse
Freizeit und Kultur
Illustriertes Extrablatt
Kleine Wiener Kriegszeitung
Kronen Zeitung
Kurier
Neue Freie Presse
Neue Illustrierte Wochenschau
Neuer Kurier
Neues Österreich
Neues Wiener Journal
Neues Wiener Tagblatt
Neuigkeits-Welt-Blatt
Niederösterreichische Nachrichten
Österreichischer Bundespressedienst
Österreichische Militärische Zeitschrift
Rathauskorrespondenz/RK Kulturdienst
Reichspost
Solidarität

Völkischer Beobachter
Weg und Ziel
Weltpresse
Wiener Kurier
Wiener Mittag
Wiener Neueste Nachrichten
Wiener Tagebuch
Wiener Zeitung

LITERATURVERZEICHNIS:

ACKERL, Isabella/WEISSENSTEINER, Friedrich, Österreichisches Personenlexikon der Ersten und Zweiten Republik. Wien 1992.

ADLER, Josef/GRUBER, Clemens, Berühmte Gräber in Wien, Perlen-Reihe Band 1.1012. Wien/München/Zürich 1986.

Allgemeines Künstler-Lexikon, Leben und Werke der berühmtesten bildenden Künstler, vorbereitet von Hermann Alexander Müller, hrsg. von Hans Wolfgang Singer. 6. Aufl. 6 Bände. Frankfurt a. Main 1922.

Allgemeines Lexikon der bildenden Künstler des XX. Jahrhunderts. Bearb., red. und hrsg. von Hans Vollmer. 6 Bände. Leipzig 1953-1962.

Allgemeines Lexikon der bildenden Künstler von der Antike bis zur Gegenwart. Hrsg. von Ulrich Thieme, Felix Becker, Fred C. Willis und Hans Vollmer. 37 Bände. Leipzig 1907-50.

Die Arbeiter von Wien, Ein sozialdemokratischer Stadtführer, herausgegeben von Kurt Stimmer im Auftrag des Bildungsausschusses der Wiener SPÖ. Wien/München 1988.

Architektur in Wien, hrsg. vom Magistrat der Stadt Wien. Wien 1984.

AUBERT, Joachim, Handbuch der Grabstätten berühmter Deutscher, Österreicher und Schweizer. Berlin 1973.

Beckmanns Sport Lexikon A-Z. Leipzig/Wien 1933.

BERGGRUEN, Oskar, Kundmann's Bildhauerwerk, in: Die Graphischen Künste, 5. Jahrgang, Wien 1883, S 9-15.

BERGGRUEN, Oskar, Bildhauerwerke von Zumbusch, in: Die Graphischen Künste, 7. Jahrgang, Wien 1885, S 37.

BERGGRUEN, Oskar, Victor Tilgner's Bildhauerwerke, in: Die Graphischen Künste, 10. Jahrgang, Wien 1887, S 125-132.

BIBA, Otto, Johannes Brahms in Wien, Katalog der Gesellschaft der Musikfreunde. Wien 1983.

Biographisches Lexikon zur Geschichte der Böhmischen Länder. München 1979 ff.

Biographisches Lexikon der hervorragenden Ärzte der letzten fünfzig Jahre. Hrsg. und bearb. von Isidor Fischer. 2 Bände. Berlin/Wien 1932-33. 2.-3. Aufl. München/Berlin 1962.

Biographisches Lexikon der hervorragenden Ärzte aller Zeiten und Völker. Hrsg. von August Hirsch. 2. Aufl. 5 Bände. Erg.Band. Wien 1929-35. 3. Aufl. 5 Bände. Erg.Band München/Berlin 1962.

BODENSTEIN, Cyriak, Hundert Jahre Kunstgeschichte Wiens 1788-1888. Wien 1888.

BOUZEK, Helmut, Wien und seine Feuerwehr. Wien 1990.

Schaffende Bürger Österreichs in Wort und Bild, Bilder und Lebensbeschreibungen angesehener Mitbürger aller Stände. Wien o.J.

Bedeutende Wiener Bürgermeister, 80. Kleinausstellung des Wiener Stadt- und Landesarchivs. Wien 1978.

Bürgersinn und Aufbegehren, Biedermeier und Vormärz in Wien 1815-1848. Katalog. Wien 1987.

Das Burgtheater. Statistischer Rückblick auf die Tätigkeit und die Personalverhältnisse während der Zeit vom 8. April 1776 bis 1. Januar 1913. Zusammengestellt von Otto Rub. Wien 1913.

CIZEK, Franz, Pionier der Kunsterziehung (1865-1946). Katalog. Wien 1985.

CZEIKE, Felix, Das große Groner Wien Lexikon. Wien/München/Zürich 1974.

CZEIKE, Felix, Historisches Lexikon Wien, 3 Bände. Wien 1992-1994.

Deutsches Musiker-Lexikon. Hrsg. von Erich H. Müller. Dresden 1929.

Deutsch-Österreichische Literaturgeschichte. Ein Handbuch zur Geschichte der deutschen Dichtung in Österreich-Ungarn. Bände 2-4. Hrsg. von Johann Nagl, Jakob Zeidler und Eduard Castle. Wien 1914-37.

Deutsch-österreichisches Künstler- und Schriftsteller-Lexikon. Hrsg. von Hermann C. Kosel, Victor A. Reko und Heinrich Bohrmann d.J., 2 Bände. Wien 1902-06.

Deutschlands, Österreich-Ungarns und der Schweiz, Musiker in Wort und Bild. Eine illustrierte Biographie der gesamten alldeutschen Musikwelt, hrsg. und bearb. von Ernst Mann, Bruno Volger, Heinz Voss und Hans Gerloff. Leipzig/Gohlis 1909.

ECKSTEIN, Adolf (Hrsg.), Künstler Album. Wien 1890.

Ehrenbuch der Inhaber, Großoffiziere, Komture, Offiziere und Ritter des Österreichischen Verdienstordens, der Besitzer der Österreichischen Verdienstzeichen und Verdienstmedaillen und der Ehrenmedaillen für 40jährige Treue Dienste, Band 1. Wien 1936.

EISENBERG, Ludwig, Künstler- und Schriftsteller-Lexikon „Das geistige Wien", 3. Jahrgang. Wien 1891.

Die geistige Elite Österreichs. Ein Handbuch der Führenden in Kultur und Wirtschaft. Wien 1936.

ENDERLE-BURCEL, Gertrude, unter Mitarbeit von Johannes Kraus, Christlichständisch-autoritär, Mandatare im Ständestaat 1934-1938, Biographisches Handbuch der Mitglieder des Staatsrates, Bundeskulturrates, Bundeswirtschaftsrates und Länderrates sowie des Bundestages, hrsg. vom Dokumentationsarchiv des österreichischen Widerstandes/Österreichischen Gesellschaft für historische Quellenstudien. Wien 1991.

FEUCHTMÜLLER, Rupert/MRAZEK, Wilhelm, Kunst in Österreich 1860-1918. Wien 1964.

FIALA, Brigitte, Der Wiener Gemeinderat in den Jahren 1879 bis 1883 mit besonderer Berücksichtigung der in diesen Jahren neu eingetretenen Gemeinderäten, phil.Diss. Wien 1974.

FINKE, Edmund, Die Tautenhayns. Krems 1965.

FLOTZINGER, Rudolf/GRUBER, Gernot (Hrsg.), Musikgeschichte Österreichs, Band 2, Vom Barock zur Gegenwart. Graz/Wien/Köln 1979.

FREUND, Fritz, Das österreichische Abgeordnetenhaus, Ein biographisch-statistisches Handbuch. Wien/Leipzig 1907-1911.

Zur Geschichte der Friedhöfe in Wien, 2 Bände. Wien 1992.

FRIEDMANN, Oskar, Prominentenalmanach. Band 1. Wien/Leipzig 1930.

FRITZ, Herbert/HANDL, Reinhard/KRAUSE, Peter/TAUS, Gerhard, Farbe tragen, Farbe bekennen 1938-45, Katholisch Korporierte in Widerstand und Verfolgung. Wien 1988.

Gelitten für Österreich, Christen und Patrioten in Verfolgung und Widerstand, herausgegeben vom Karl von Vogelsang-Institut. Wien 1988.

GIEBISCH, Hans/GUGITZ, Gustav, Bio-bibliographisches Literaturlexikon Österreichs von den Anfängen bis zur Gegenwart. Wien 1964.

GINHART, Karl, Wiener Kunstgeschichte. Wien 1948.

GOLDNER, Franz, Die österreichische Emigration 1938-45. Wien/München 1972.

GUGITZ, Gustav, Bibliographie zur Geschichte und Stadtkunde von Wien, 5 Bände. Wien 1947-1958.

GUTGSELL, Christine, Engel- und Geniengrabskulpturen auf dem St. Marxer Friedhof in Wien. Dipl.-Arb. Wien 1990.

HANGLER, Reinhold/HAWLE, Christian/KILGUS, Hartmuth/KRIECHBAUM, Gerhard, Der Fall Karl Ginzkey und Seewalchen, Eine Dokumentation. Vöcklabruck 1989.

HAUBOLD, Barbara, Die Grabdenkmäler des Wiener Zentralfriedhofes von 1874 bis 1918. Münster 1990.

HAVELKA, Hans, Zentralfriedhof, Heft 30 der Ausgabe für den Verein der Geschichte der Stadt Wien. Wien 1983.

HAVELKA, Hans, Zentralfriedhof, in: Czeike, Felix (Hrsg.), Bezirkskulturführer. Wien 1985.

HAVELKA, Hans, Der Wiener Zentralfriedhof, herausgegeben von Felix Czeike. Wien 1989.

HEVESI, Ludwig, Victor Tilgners ausgewählte Werke. Wien 1897.

HEVESI, Ludwig, Rudolf Alt. Wien 1911.

HEYDEMANN, Klaus, Literatur und Markt, Werdegang und Durchsetzung eines kleinmeisterlichen Autors in Österreich (1891-1938), Der Fall Franz Karl Ginzkey. Phil. Habil. Wien 1985.

HOCHREITER, Otto/STARL, Timm (Hrsg.), Geschichte der Fotografie in Österreich, 2 Bände. Bad Ischl 1983.

HÖGLER, Fritz, Geschichte der Musik, Von der Antike bis zur Wiener Klassik. Wien 1951.

HONEGGER, Marc/MASSENKEIL, Günther (Hrsg.), Das große Lexikon der Musik, 8 Bände. Freiburg/Basel/Wien 1970-1978.

JÄGER-SUNSTENAU, Hanns, Die Ehrenbürger und Bürger ehrenhalber der Stadt Wien. Wien 1992.

Das Jahrbuch der Wiener Gesellschaft. Biographische Beiträge zur Wiener Zeitgeschichte. Hrsg. v. Franz Planer. Wien 1929.

JAVORSKY, Friedrich, Lexikon der Wiener Straßennamen. Wien/München 1964.

JERÁBEK, Rudolf, Potiorek: General im Schatten von Sarajevo. Graz/Wien/Köln 1991.

KAPNER, Gerhardt, Freiplastik in Wien. Wien/München 1970.

KITLITSCHKA, Werner, Grabkult&Grabskulptur in Wien und Niederösterreich, Vom Historismus zur Moderne. St. Pölten-Wien 1987.

KLEINDEL, Walter, Das große Buch der Österreicher. Wien 1987.

KNAUER, Oswald, Österreichs Männer des öffentlichen Lebens von 1848 bis heute. Wien 1960.

KNAUER, Oswald, Der Wiener Gemeinderat 1861-1962, in: Handbuch der Stadt Wien, Jahrgang 77. Wien 1962.

KNAUER, Oswald, Das österreichische Parlament von 1848-1966. Wien 1969.

KOLISKO, Maria, Caspar von Zumbusch. Zürich/Leipzig/Wien 1931.

KOSCH, Wilhelm, Biographisches Staatshandbuch. Lexikon der Politik, Presse und Publizistik. Band 1. Bern 1963.

KOSCH, Wilhelm, Deutsches Literatur-Lexikon. Biographisches und bibliographisches Handbuch. 2. Aufl. 4 Bände. Bern 1947-58.

KOSCH, Wilhelm, Deutsches Theater-Lexikon. Biographisches und bibliographisches Handbuch. Bisher 2 Bände. 3 Lfg. (A-Schlettow). Klagenfurt/Wien 1951ff.

Kunst: Anspruch und Gegenstand, Von der Kunstgewerbeschule zur Hochschule für angewandte Kunst in Wien 1918-1991, hrsg. von der Hochschule für angewandte Kunst in Wien. Salzburg/Wien 1991.

Kunst des 19. Jahrhunderts. Bestandskatalog der Österreichischen Galerie des 19. Jahrhunderts, Band 1: A-E, bearbeitet von Elisabeth Hülmbauer. Wien 1992.

Kunst des 20. Jahrhunderts, Bestandskatalog der Österreichischen Galerie des 20. Jahrhunderts, Band 1: A-F, bearbeitet von Cornelia Reiter, unter Mitarbeit von Stephan Koja und Hella Márkus. Wien 1993.

Das Künstlerhaus, Kaiser Franz Josef I. und die Ringstraße (Katalog), hrsg. von der Gesellschaft bildender Künstler Österreichs, Künstlerhaus. Wien 1979.

LACKNER, Nini/PEMMER, Hans, Der Prater, Von den Anfängen bis zur Gegenwart. Wien/München 1974.

LINNENKAMP, Rolf, Die Gründerzeit 1835-1918. München 1976.

LUKAS, Jan, Militärischer Maria Theresien Orden 1850-90. 2. Aufl. Wien 1891.

MARKL, Hans, Kennst du die berühmten letzten Ruhestätten auf den Wiener Friedhöfen?, Perlen Reihe, Band 1.012. Wien 1961.

Der Militär-Maria-Thersien-Orden. Die Auszeichnungen im Weltkrieg 1914-18. Unter Leitung von Carl Frhr. von Bardolff verfaßt von Oskar von Hofmann und Gustav von Hubka. 2. Aufl. Wien 1944.

MOSER, Hans Joachim, Musiklexikon. 4 Aufl. 2 Bände. Hamburg 1955.

MÜLLER, Peter, Die Ringstraßengesellschaft. Wien 1984.

MÚSIOL, Robert, Musiker-Lexikon. Stuttgart o.J. (1890).

Neue österreichische Biographie. Band 1 ff. Wien 1923 ff.

Österreichischer Aero-Club, Jahresbericht 1931. Wien 1932.

Österreichischer Aero-Club, 80 Jahre Österreichischer Aero Club, 80 Jahre Österreichische Luftfahrt. Wien 1981.

Österreichisches Biographisches Lexikon. Band 1 ff. Wien 1975 ff.

Österreich-Lexikon, Hrsg. v. Richard Bamberger und Franz Maier-Bruck. 2 Bände. Wien/München 1965-1967.

Der Österreichische Werkbund, Alternative zur klassischen Moderne in Architektur, Raum- und Produktgestaltung, hrsg. von der Hochschule für angewandte Kunst in Wien. Wien 1985.

PAV, Josef, Handbuch des österreichischen National- und Bundesrates 1945, nach dem Stand vom Juni 1946. Wien 1946.

PEMMER, Hans, Der Wiener Zentralfriedhof, Seine Geschichte und seine Denkmäler. Wien 1924.

PETER, Ernst, Die k.u.k. Luftschiffer- und Fliegertruppe Österreich-Ungarns 1749-1919. Stuttgart 1981.

Der Pilot. Monatsschrift für das gesamte Flugwesen und Luftschutz. Heft 6, 2. Jahrgang. Wien 1936.

PLAKOLM-FORSTHUBER, Sabine, Künstlerinnen in Niederösterreich 1897-1938, Malerei Plastik Architektur. Wien 1994.

RECHNITZ, Stefan, Grabstätten berühmter Männer und Frauen, Ein Rundgang durch die Wiener Vorstadtfriedhöfe, Mit einer Zusammenfassung der auf dem Wiener Zentralfriedhof befindlichen Ehrengräber berühmter Persönlichkeiten. Wien 1948.

RECHNITZ, Stefan, Der Wiener Zentralfriedhof, Grabstätten berühmter und verdienter Personen, 3 Bände. Wien 1956.

Repräsentanten der Industrie und Wirtschaft in der zweiten österreichischen Republik. Band Wirtschaft. Hrsg. vom Austria-Pressedienst. Wien 1957.

ROSSA, Ludwig, Straßenlexikon von Wien. Wien 1945.

SCHMIDT, Rudolf, Das Wiener Künstlerhaus, Eine Chronik 1861-1951, hrsg. von der Gesellschaft bildender Künstler Wiens. Wien 1951.

SCHMIDT, Rudolf, Österreichisches Künstler Lexikon von den Anfängen bis zur Gegenwart. Wien 1974-1979.

SCHULTE-KETTNER, Gabriele, Der Wiener Zentralfriedhof als historische Quelle. Phil. Diss. Wien 1979.

SIMBRUNNER, Peter, Wiener Straßennamen von A bis Z. Wien 1986.

StadtChronik Wien, 2000 Jahre in Daten, Dokumenten und Bildern. Wien/München 1986.

STEFAL, Martha, Die Tätigkeit des Wiener Gemeinderates 1889-1892. Phil. Diss. Wien 1974.

STOCKHORST, Erich, Fünftausend Köpfe, Wer war was im Dritten Reich. o.O. 1967.

STRZYGOWSKI, Josef, Die bildende Kunst der Gegenwart. Leipzig 1907.

STUCKENSCHMIDT, Hans Heinz, Die großen Komponisten unseres Jahrhunderts, Band 1, Deutschland/Mitteleuropa. München 1971.

SUTTER, Rotraut, Siebenbürger Sachsen in Österreichs Vergangenheit und Gegenwart. Innsbruck 1976.

SVOBODA, Johann, Die Theresianische Militär-Akademie zu Wiener-Neustadt und ihre Zöglinge von der Gründung der Anstalt bis auf unsere Tage. 3 Bände. Wien 1894-97.

Tagebuch der Straße, Geschichte in Plakaten, hrsg. von der Wiener Stadt- und Landesbibliothek. Katalog. Wien 1981.

TEICHL, Robert, Wer ist Wer? Lexikon österreichischer Zeitgenossen. Wien 1937.

TEICHL, Robert, Österreicher der Gegenwart. Lexikon schöpferischer und schaffender Zeitgenossen. Wien 1951.

Traum und Wirklichkeit, Wien 1870-1930. Katalog. Wien 1985.

UHL, Ottokar, Moderne Architektur in Wien von Otto Wagner bis heute. Wien/München 1966.

Die Vertreibung des Geistigen aus Österreich, Zur Kulturpolitik des Nationalsozialismus. Katalog. Wien 1985.

WAGNER-RIEGER, Renate, Wiens Architektur im 19. Jahrhundert. Wien 1970.

WEISSENSTEINER, Friedrich (Hrsg.), Die österreichischen Bundespräsidenten, Leben und Werk. Wien 1982.

WEISSENSTEINER, Friedrich/WEINZIERL, Erika (Hrsg.), Die österreichischen Bundeskanzler. Leben und Werk. Wien 1983.

WEIXLGÄRTNER, Arpad, August Pettenkofen. Wien 1916.

WERBA, Erika, Hugo Wolf (1860-1903), in: Große Österreicher, Band 13, Wien 1959, S 154-163.

Wer ist Wer in Österreich. Wien 1951.

Who's who in Austria? Zürich 1954.

Who's who in Austria? Zürich 1959/60.

Who's who in Austria? Zürich 1971/72.

WILPERT, Gero von (Hrsg.), dtv Lexikon der Weltliteratur, 4 Bände. Stuttgart 1963.

Wissenschaft und Kunst in der deutschen Ostmark, Illustriertes biographisches Lexikon von A-Z. Wien/Graz/Leipzig 1938.

WUNBERG, Gotthart, Das junge Wien, Österreichische Literatur- und Kunstkritik 1887-1902. Tübingen 1976.

WURZBACH, Constant von, Biographisches Lexikon des Kaiserthums Österreich, enthaltend die Lebensskizzen derjenigen Personen, welche seit 1750 in den österreichischen Kronländern gelebt und gewirkt haben. 60 Teile. Wien 1856-91. Reg. Band. Wien 1923.

ZEITLER, Rudolf, Die Kunst des 19. Jahrhunderts, Propyläen Kunstgeschichte, Band 11. Berlin 1966.

Die Zweite österreichische Republik und ihre Repräsentanten. Politische Leistung im Spiegel des wirtschaftlichen Erfolges. Wien/Linz 1960.

REGISTER

Impressum:
© Compress Verlag Wien
Alle Rechte vorbehalten
Autoren: Robert S. Budig, Gertrude Enderle-Burcel, Peter Enderle
Konzeptionelle Mitarbeit: Magistratsabteilung 43 - Städtische Friedhöfe
Titelfoto: Ausschnitt aus einem Glasfenster der Dr. Karl Lueger-Gedächtniskirche
(Foto: H. Strohmer)
Umschlagfoto: Dr. Karl Lueger-Gedächtniskirche - Gesamtansicht (Foto: H. Strohmer)
Herstellung: Repro Media, 1238 Wien
Druck: Carl Ueberreuther Druckerei Ges.m.b.H., 2100 Korneuburg
ISBN 3-900607-26-5